HEINRIC

CW01667889

## Kleiner

# Ötztaler Alpen

### und die angrenzenden Stubaier Alpen

**Ötztal, Pitztal, Kaunertal und Oberinntal mit ihren Orten, Wegen, Hütten, Übergängen und Gipfeln**

Mit 28 Bildern
und einer vielfarbigen Spezialwanderkarte 1:50000
mit vier Panoramen auf der Rückseite

BERGVERLAG RUDOLF ROTHER GMBH · MÜNCHEN

Umschlagbild:

Blick ins Taschachtal mit Pitztaler Urkund, Hochvernagtspitze und Hochvernagtwand; links der Brunnenkogel.

Farbfoto: Löbl-Schreyer

Bild gegenüber der Titelseite:

Blick von der Hohen Mut zum Rotmoosferner.

Foto: R. Löbl

Abbildungen im Text (in Klammern die Seitenzahlen):

Aretz (27, 45), K. Dammel (197), G. Dierza (133), L. Hensel (35), E. Höhne (51), R. Löbl (103), Lohmann (23, 59, 61), H. Müller-Brunke (69), F. Nussbaumer (183), Risch-Lau (39,), R. Rother (75, 181), W. Sauer (113), F. Thorbecke (109, 115, 135, 137, 139, 177, 187, 189, 207).

Der Text aller in diesem Führer beschriebenen Touren wurde nach bestem Wissen und Gewissen der Autoren ausgearbeitet. Autoren und Verlag können jedoch keine Haftung für die Richtigkeit der Angaben übernehmen.



14. Auflage 1980

ISBN 3 7633 3221 9

Hergestellt in den Werkstätten der Rudolf Rother GmbH, München

(2002 / 125)

# KLEINER FÜHRER DURCH DIE ÖTZTALER ALPEN

# Vorwort zur 14. Auflage

Die kurze Zeit, innerhalb der die 13. Auflage vergriffen und eine neue notwendig war, beweist die Beliebtheit dieses Kleinen Führers. Die Erfahrungen mit den anderen „Kleinen Führern“ haben gezeigt, daß die Wanderkarten im Maßstab 1:50000 im Mehrfarbendruck eine wesentliche Bereicherung und Ergänzung des Textes bedeuten.

So wird nun diese Auflage des Kleinen Ötztaler Führers ebenfalls mit einer solchen Karte versehen. Um das Buch preiswert zu halten, mußte ich den Textteil kürzen. Es fielen hauptsächlich schwierige Zweitanstiege oder außerhalb der eigentlichen Ötztaler Alpen gelegene Ziele fort.

Der Kleine Führer ist vor allem für die große Zahl der Urlaubsgäste und Bergwanderer gedacht, für Bergsteiger, die nicht über den Schwierigkeitsgrad III hinausgehen, sowie zur allgemeinen Information über das Gebiet der Ötztaler Alpen. Jenen, die höher hinaus wollen, sei der Alpenvereinsführer Ötztaler Alpen empfohlen, der auf über 400 Seiten eine umfassende Darstellung der Tourenmöglichkeiten zwischen Ötz-, Inn- und Etschtal bietet.

Da auch bei größter Aufmerksamkeit Fehler oder Ungenauigkeiten unterlaufen können, da andererseits immer wieder Veränderungen des Bestehenden erfolgen, bitte ich die Benützer des Führers, solche dem Bergverlag oder dem Bearbeiter mitzuteilen. Jenen Benützern des Führers, die mich auf Fehler und Mängel hinweisen, und meinen Vater, der mich mit Rat und Tat unterstützt, sei an dieser Stelle gedankt.

Poschenhof, Rum, Tirol, im Frühjahr 1980

Walter Klier

# Inhaltsverzeichnis



* Die vom Ötztal und seinen Seitentälern aus erreichbaren Teile der Sellrainer und Stubaier Alpen werden bei den einzelnen Talorten des Ötztals behandelt.

# I. Vorbemerkungen

## a) Allgemeines

Die Ötztaler Alpen besitzen die größten Gletschergebiete der Ostalpen überhaupt. Sie gliedern sich in neun Kämme, den Gurgler, Schnalser, Schalf-Ramolkamm und Kreuzkamm, östlich vom Venter Tal in den Geigenkamm, Weißkamm, Weißkugelkamm und Kaunergrat, welche zwischen Ötztal, Venter- und Kaunertal eingebettet sind, und den westlich des Kaunertales gelegenen Glockturmkamm.

Der höchste Berg der Gruppe ist die Wildspitze mit 3774 m. Ihr folgt die Weißkugel mit 3746 m. Obwohl die Höhe des Großglockners nicht erreicht wird, ist die durchschnittliche Gipfelhöhe der Ötztaler Alpen höher als die der Hohen Tauern.

Vier Täler durchziehen bzw. begrenzen die Ötztaler Alpen — Ötztal, Pitztal, Kaunertal und Oberinntal. Von diesen Tälern ist das Ötztal das weitaus bekannteste. Aufgabe dieses kleinen Führers ist, auch auf die anderen wenig begangenen Gebiete hinzuweisen und sowohl dem Bergsteiger als auch dem Bergwanderer Anregungen zu geben.

Das Netz der Autostraßen wurde in den vergangenen Jahren um zwei Straßen bereichert: die Timmelsjochstraße und die Landesstraße zum Weiler *Piburg*, die den Badegästen des Ötztales den Anstieg zum Piburger See wesentlich verkürzt. Durch das Netz der Autostraßen im Gebiet des Ötztales, durch eine Reihe von ausgebauten Güterstraßen, ferner durch die Gletscherbahn und die Sessellifte von Sölden, Gurgl und Hochgurgl, die auch im Sommer in Betrieb sind, kommen nun auch völlig Bergunerfahrene in ein Gebiet, in dem — trotz der modernsten Unterkünfte, die alle Ansprüche befriedigen — für den Nichtbergsteiger folgende Regeln zu befolgen sind:

1. Auch bei harmlosen Spaziergängen oder kleineren Bergfahrten, die im vorliegenden Führer als „unschwierig“ bezeichnet sind, nehme man festes Schuhzeug und warme Kleidung mit. Ferner darf der Bergunerfahrene auf keinen Fall vom Weg abweichen (Blumenpflücken usw.), da er dadurch in schwierige Lagen geraten kann und nicht nur sich, sondern auch andere in Gefahr bringt.

2. Gletscher sollte der Bergunerfahrene auch bei den als „unschwierig“ bezeichneten Übergängen nur mit Führer betreten. in jedem größeren Talort des Ötztaler Gebietes sind autorisierte Bergführer des ÖAV stationiert.

3. Die als „Alpenvereinswege“ bezeichneten Weges sind keineswegs Promenadewege, sondern zumeist Steige, welche in vielen Fällen nur von Schwindelfreien begangen werden können. Dieses Wegnetz wird zwar von den einzelnen AV-Sektionen so gut wie möglich instandgehalten, doch sind Schäden an Drahtseilen und unkenntlich werdende Markierungen nicht immer zu verhindern. Der Bergunerfahrene wird deshalb gut tun, sich vor Beginn einer Fahrt im Talort oder auf der Hütte zu erkundigen, in welchem Zustand sich der Weg befindet.

Ferner sei hier darauf hingewiesen, daß die Gletscher immer mehr zurückgehen. Wo ehedem Gletscher bis fast an die Hütte heranreichten, geht man heute von der Hütte ½—1 Std. über Moränen bis zum Gletscher. Wo es möglich war, haben die Hüttenwirte den Weg nachmarkiert. Jedoch ist auch hier dem Bergwanderer anzuraten, sich vorher auf der Hütte genau zu erkundigen. Die Ötztaler Alpen sind mit AV-Hütten gut versehen. Manche dieser Hütten — besonders auf italienischem Boden — sind derzeit geschlossen. Hierauf wird bei den Stützpunkten bzw. Übergängen kurz hingewiesen. Da sich auch diese Verhältnisse täglich ändern können, erkundige man sich besser vor Beginn einer Fahrt auf dem letzten Stützpunkt.

Maßgebend für die Höhenangaben sowie die Ortsnamen-Schreibweise waren die bisher erschienenen Blätter der Alpenvereinskarte der Ötztaler und Stubaier Alpen.

Die *österreichisch-italienische Grenze* verläuft, wie aus der Karte ersichtlich ist, zum Teil über die Gipfelkette der Ötztaler Alpen. Es ist meist stillschweigend erlaubt, die italienischen Hütten mit gültigem Ausweis (Paß oder AV-Ausweis) zu besuchen. Ein Abstieg in die italienischen Täler ist jedoch auch mit gültigem Reisepaß nicht erlaubt, da es sich hier um keine zugelassenen Grenzübergänge handelt. Da sich die Grenzübergangsbestimmungen täglich ändern können, ist es besser, sie jeweils vor Antritt eines Überganges auf italienische Hütten in Österreich zu erfragen.

Es bestand sowohl in Österreich als auch in Italien das Interesse, einen großen dritten Grenzübergang zwischen Reschen-Scheideck und Brenner zu schaffen. Am geeignetsten erschien das eisfreie

*Timmelsjoch,* welches sich in den Ötztaler Alpen befindet. Damit wurde eine neue unmittelbare Nord-Süd-Verbindung über Fernpaß — Ötztal — Timmelsjoch nach Italien hergestellt, die zu den schönsten der Ostalpen gehört. Der ständige Ausbau der Bundesstraße durch das Ötztal, der bereits im Jahre 1954 begann und derzeit noch fortgeführt wird (besondere Verbreiterung der Straße Sölden — Zwieselstein) dürfte hierzu ebenfalls beitragen. Der Paß ist in der schneefreien Zeit des Jahres ständig für den Verkehr geöffnet.

Die *Grenzen des Gebietes* sind das Oberinntal von der Mündung der Ötztaler Ache bis zur Mündung des Stiller Baches bei Finstermünz, das Tal des Stiller Baches bis Reschen-Scheideck, der Ober-Vintschgau bis Meran abwärts, das Passeiertal nördlich bis Rabenstein. Durch das Seeber- und Pankertal zieht die Grenze zum Timmeljoch hinauf, von wo sie abwärts durch das Timmel-, Gurgler-- und Ötztal verläuft und im Oberinntal bei der Einmündung des Ötztales den Kreis schließt.

Die österreichisch-italienische *Landesgrenze* verläuft im Gebiet der Ötztaler Alpen vom Timmeljoch südsüdwestlich über die Seeberspitze zur Hochwilde, von wo sie westlich im allgemeinen über den Hauptkamm — mit einer Ausnahme zwischen Niederjoch und Similaun — zieht und sodann über den obersten Teil des Hochjochferners bis zum Hochjoch verläuft. Von hier verfolgt die Grenze wieder den Hauptkamm zum Gipfel der Weißkugel, von wo sie nordöstlich über den Weißkamm die Hochvernaglwand erreicht. Von hier aus bleibt die Grenze wieder auf dem Hauptkamm und zieht über die Weißseespitze bis zur Bergkastelspitze, von wo sie westlich nach Reschen-Scheideck verläuft.

Die Ötztaler Alpen gehören mit ganz wenigen Ausnahmen zu den *Urgesteinsgebieten* (Granit, Gneis, Glimmerschiefer, Hornblende). Interessant ist ein Vorkommen von großen Granaten am Granatenkogel bei Gurgl und von Bimsstein bei dem Weiler Köfels, welcher wohl vulkanischen Ursprungs sein dürfte. Auch soll in vergangenen Zeiten — jedoch nicht verbürgt — in einem Zufluß der Ötzer Ache Gold gefunden worden sein, während bei Arzl sich Goldspuren im Quarz gefunden haben. Eine Silberader wurde oberhalb Tieflehn bei Planggeroß gefunden. In Haderlehen zwischen Sautens und Piburg-Oetz sowie an der Acherwand bei Habichen im vordersten Ötztal wurde einst Kupferbergbau getrieben, doch ist die Ausbeute an interessanten Mineralien im Ötztal heute ganz geringfügig, während man im Pitztaler Gebiet in der Umgebung von St. Leonhard seltene Mineralien wie z. B. Andalusit findet.

Im Kaunergrat und am Glockturm findet man eine schroffe Felsgipfelbildung, während im Zentralgebiet der Ötztaler Alpen weite Gletscherbecken und kugelförmige, vergletscherte Gipfel vorherrschen.

Typisch ist die treppenförmige Talbildung im Ötztal, die sich bis in die Gletscher-Regionen fortsetzt. Sie entstand durch das schrittweise Zurückweichen des Ötztalgletschers am Ende der letzten Eiszeit. Der berüchtigste unter den Ötztaler Seen war der Gurgler Eissee; der Gurgler Gletscher sperrte und staute in früheren Zeiten einen Abfluß des Langtaler Ferners und bildete auf diese Weise den Gurgler Eissee, dessen Ausbrüche im ganzen Ötztal, zuletzt 1834, großen Schaden verursachten. Neben ihm beängstigte der Rofensee die Bevölkerung des Ötztales. Hier sperrte der Vernagtferner den Abfluß des Hintereisferners, den Rofenbach. Noch 1848 richtete der Rofensee im Ötztal großen Schaden an. Durch die Ausaperung der Gletscher verschwanden diese beiden Seen gänzlich. Die Gefahren des Ötztaler Gebietes bilden in heutiger Zeit die Muren (Östener Mur bei Umhausen, die Mur vom Acherberg usw.). Durch Wildbachverbauungen größeren Stils sucht man dieser Gefahr zu begegnen.

Die Flora des Ötztaler Gebietes ist außerordentlich mannigfaltig. Abgesehen vom Säfenstrauch, einer Wacholderart, welche von der Umgebung von Umhausen an der Engelswand bis über Vent hinauf zu den Rofenhöfen die Talhänge bedeckt, gibt es im wenig bekannten Geigenkamm, besonders in den noch nicht von Alpenvereinswegen erschlossenen Gebieten, alle geschützten Pflanzen der Ostalpen. Als Merkwürdigkeit seien die Tamarisken — also ein ausgesprochenes Wüstengewächs — im alten Bett der Ache bei Huben erwähnt. — Im Pitztal kommen auch mehrere westalpine Pflanzen vor. Da das Ötztal ein außerordentlich mildes Klima besitzt, das an die klimatischen Verhältnisse im Vintschgau gemahnt, gedeihen hier Mais und Flachs. Im letzten Krieg wurden Versuchskulturen mit einer ausländischen gelben Riesenrübe in größtem Maßstab angebaut, doch gab man diesen Anbau nach einigen Jahren wieder auf. Neben anderen Früchten ist das Ötztal für seine Aprikosen bekannt. Auch das Pitztal ist in der Umgebung von Wenns außerordentlich fruchtbar.

In der Tierwelt der Ötztaler Alpen finden wir einen großen Gemsenbestand. Ehedem sollen laut alten Jagdbüchern Steinböcke hier heimisch gewesen sein. Rehe und Hasen finden sich in allen Tälern, ebenfalls Murmeltiere, Schneehühner, Auer- und Spielhähne, ferner im vorderen Ötztal, u.a. an der Armelenwand, Geier, sowie in den zentralen Gebieten Steinadler.

Noch 1899 machte ein Bär die Umgebung der Braunschweiger Hütte unsicher, doch auch im vorderen Ötztal muß es Bären gegeben haben, wie einheimische Landschaftsbezeichnungen (z.B. zwischen Oetz und Piburg „Bärfallen") kundtun.

Die Talorte, besonders die hochgelegenen Orte im Gebiet der Ötztaler Alpen, scheinen schon früh in der Geschichte auf. Vent ist die älteste Siedlung des Ötztales und schon 1241 in Urkunden erwähnt. Das Venter Tal wurde vom Vintschgau aus über das Schnalser Tal und Hochjoch besiedelt und gehörte zunächst zum Gericht Castelbell im Etschtal und war in Tschars, Bistum Chur, eingepfarrt. Erst ab 1350 gehörte Vent zur Gerichtsbarkeit Silz/Inntal, während Gurgl, um 1250 in alten Besitzurkunden von Vintschgauer Bauern als „Gurgele" aufgeführt, zur Pfarrei Silz im Inntal und zur Gerichtsbarkeit in Petersberg gehörte. Geschichtlich erwähnenswert sind auch die Rofenhöfe (2014 m) bei Vent, wo 1416 der verbannte Herzog Friedrich mit der leeren Tasche eine Freistatt fand. Die Rofenhöfe hatten Sonderrechte, d.h. sie konnten Asylrecht gewähren und besaßen noch bis 1849 völlige Steuerfreiheit. Einstmals sollen sie als Jagdschloß, zum Schloß Tirol gehörig, erbaut worden sein. Das vordere und mittlere Ötztal wurde vom Inntal aus durch Bajuwaren und schwäbische Alemannen besiedelt. Die Tiroler Freiheitskriege streiften das Ötztal nur einmal, als General Laudon auf seinem Rückzug nach Reschen-Scheideck über den Langtauferer Ferner zum Weißseejoch zog, um ins Kaunertal abzusteigen, wohingegen man auf dem Weg ins Kaunertal auf der alten Straße (die neue Straße liegt auf der anderen Inn-Seite) über die berühmte Pontlatzer Brücke in der Innschlucht (mit Denkmal) kommt, wo in den Freiheitskriegen schwere Kämpfe stattfanden. Die Siedlungen im Kaunertal sind zum Teil uralt. Das Schloß Berneck erinnert wieder an Herzog Friedrich mit der leeren Tasche, der hier auf seiner Flucht Unterkunft fand.

Zur bergsteigerischen Erschließung des Ötztaler Gebietes ist zu sagen, daß Hoch- und Niederjoch seit vielen Jahrhunderten von Schnalser Bauern, die im Nieder- und Rofental Weiderechte besaßen, im Sommer begangen wurden. Das Gleiche gilt für den Übergang ins Pfossental. Schon 1681 bestand ein Saumweg über das Hochjoch, der aber durch das Vordringen des Vernagtferners zerstört wurde. Zum ersten Male hört man von Bergbesteigungen durch Botaniker, z.B. 1818 von Katterföld, 1820 kamen Eschenlohr und Hilsberg über das Timmeljoch, 1829 erschien der Bergsteiger Kyselack, der „Schildermaler“ der Gipfel, aus dem Passeiertal über das Timmeljoch. Die touristische Erschließung der Ötztaler Alpen blieb jedoch der zweiten Hälfte des 19. Jahrhunderts vorbehalten. Auch durch militärische Vermessungen wurden Gipfel erstbestiegen, so z.B. Die Hochwilde 1852 durch Oberst Johann Ganschl. 1847 kamen die Brüder Schlagintweit in die Ötztaler Alpen. Es tauchen die Namen wie Dr. von Ruthner, A. I. Specht, Tuckett und Weilenmann auf. Sodann hören wir von dem berühmten Gletscherpfarrer Franz Senn, der 11 Jahre in Vent lebte und von dort aus sich größte Verdienste um die verkehrsmäßige, wissenschaftliche und vor allem bergsteigerische Erschließung der Ötztaler Alpen erworben hat. Die Kuraten von Vent und Gurgl erwarben sich große Verdienste um die Bergsteiger, da sie ihnen — damals gab es in dieser Gegend noch keine Gasthöfe oder Hütten — gastfreundlich Unterkunft gewährten und auf diese Weise den notwendigen Stützpunkt für ihre Bergfahrten boten.

Allmählich wurden die ersten Hütten im Ötztaler Zentralgebiet gebaut, als erste Alpenvereinshütte das Gepatschhaus 1873, als Privathütte 1883 das Ramolhaus. Heute sind die Ötztaler Alpen bergsteigerisch gut erschlossen.

## b) Skilauf in den Ötztaler Alpen

Die Ötztaler Alpen sind eines der schönsten Skigebiete der Ostalpen. Die verhältnismäßig ungefährlichen, spaltenfreien Gletscher bieten lange Abfahrten, die mehr Ausdauer als Technik des Skifahrens erfordern. Daneben findet der gute Tourenfahrer eine reiche Auswahl der herrlichsten Steilhangfahrten, z.B. an der Weißkugel, im Schnalser und Gurgler Kamm. Neben den hochalpinen Fahrten im Umkreis von Obergurgl, Vent und Hochsölden gibt es schöne Skigebiete in den Seiten- und Grenzkämmen, z.B. um Sölden und Nauders. Gurgl besitzt einen Übungslift vom Hotel Edelweiß zur Gaisbachbrücke und einen großen Sessellift zur Hohen Mutt sowie am Ortseingang den Festkogellift (Sessellift), welcher über die Hänge der Roßkarschneide hinaufleitet.

Für Anfänger hat Obergurgl hinter dem Ortsende den Madstuhl-Schlepplift (von 1900 m auf 1960 m) am sogenannten Idiotenhang erbaut. Bei der Gurgler-Wald-Abfahrt befindet sich der Steinmann-Schlepplift, der von 1930 m auf 2100 m Höhe leitet. Am Ortsanfang (von Untergurgl aus) führt der Ochsenkopf-Lift (Schlepplift von 1905 m auf 1985 m) auf den Ochsenkogel.

Von der Hotelsiedlung Hochgurgl führt ein ganzjährig betriebener Sessellift in drei Sektionen auf die Gratschneide des Wurmkogels (3070 m), der auch bergsteigerische Bedeutung durch Verkürzung der Anmarschwege auf einige Berggipfel hat. Von der Bergstation des Liftes führen einige Steige weiter. Ein Schlepplift führt von der Angerer Alm (nächst der Hotelsiedlung) nordwestwärts in 200 m Länge auf 2250 m (Krumpfwasserlift). In Vent befindet sich ein Schlepplift von Pension Ober-Vent bis zum Stauteich des E-Werkes (Gampenlift); ein weiterer Schlepplift (Ochsenkopflift) liegt am Eingang des Niedertales. Sessellift auf die Stableiner Heuhütten, 2356 m.

In Sölden baute Hans Falkner gleich nach dem zweiten Weltkrieg den Sessellift nach Hochsölden, einen der längsten österreichischen Sessellifte, Höhenunterschied 700 m, Fahrzeit 17 Min.; es folgten in den folgenden Jahren eine ganze Reihe von Sesselliften und Schleppliften.

Sämtliche Sessellifte leiten (bis auf einen, der nur im Winter betrieben wird) in große Höhen. Sie sind daher auch für den Bergsteiger, der damit seine Touren verkürzen kann, ebenso selbstverständlich für den Ski-Tourenfahrer, von großer Bedeutung, Daneben gibt es eine große Reihe von Übungsliften.

Der größte Anziehungspunkt von Sölden ist die 1966 eröffnete Ötztaler Gletscherbahn, deren große Kabinen für je 45 Personen in zwei Sektionen (Talstation 1350 m, Mittelstation 2170 m, Bergstation 3040 m, parallel zur 1. Sektion Entlastungs-Doppelsessellift) die Sommer- und Winter-Touristen auf den Gaislachkogel bringen, dessen Gipfel nur 18 m oberhalb der Bergstation liegt. Hier genießt man einen Rundblick auf viele Gletscher und Dreitausender. Restaurants in der Mittel- und Bergstation bieten Erfrischung. Anstelle der Schutzhütte wurde ein Panorama-Restaurant auf der Bergstation erbaut. Für die Bergsteiger und Kletterer erschließt die Bahn neue Möglichkeiten, den Skifahrern bietet sie gute Schneeverhältnisse bis spät in den Juni hinein.

Eine farbige Karte aller Lifte, mit Nummern versehen, liegt im Verkehrsverein auf:

Sessellift 1 führt nach Innerwald, Talstation bei Hotel Bergland (nur im Winter). Links von der Bergstation des Übungsliftes der Waldlift Nr. 3, der von den Häusern zur unteren Waldgrenze leitet.

Rechts, etwas unterhalb von der Talstation des Übungsliftes liegt der Wiesenlift Nr. 4, der ungefähr ebenso hoch hinaufführt wie der Übungslift Nr. 2. Zwischen der Gletscherbahn und dem kombinierten Sessellift-Übungslift Innerwald beginnt etwa auf der Höhe der Bergstation des Liftes 1 oberhalb der ersten Waldgrenze der Rauthlift (Schlepplift), welcher über einen freien Wiesenhang zur unteren Waldgrenze leitet, seine Bergstation liegt etwa in gleicher Höhe wie der Waldlift 3.

Auf der anderen Seite der Ache, talauswärts, noch etwas weiter als die Talstation des Sesselliftes nach Hochsölden, befindet sich der Rechnaulift (Schlepplift), der ebenfalls über Wiesenhänge, vom Weiler Rechnau, zur unteren Waldgrenze leitet.

Die Sesselbahn Sölden — Hochsölden trägt die Nr. 7. Sie setzt sich in Hochsölden (dort umsteigen) als Rotkogellift Nr. 8 (Sesselbahn Rotkogel) fort, der auf eine Höhe von 2369 m führt. Dieser Sessellift ist, ebenso wie Lift 7 und 9, auch von Bedeutung für die Bergsteiger. Der Hanglift 9 beginnt südlich unterhalb von Hochsölden an der oberen Waldgrenze. Seine Bergstation liegt auf 2090 m unterhalb Sonnblick. Der Groß-Schlepplift Giggijoch, mit 10 bezeichnet, führt auf 2500 m. Seine Talstation liegt 2292 m hoch, wohin man von der Bergstation des Rotkogelliftes abfahren kann. Der Hainbachkarlift 11 endet unterhalb der Rotkogeljochhütte, von wo aus man gerne den Schwarzkogel sowie die umliegenden Gipfel besteigt. Der Gratlift Nr. 12 leitet von 2160 m nördlich unterhalb der Mittelstation der Gletscherbahn rechts über die Hänge des Gaislachkogels zum sogenannten Gratl. Neben der Gletscherbahn liegt die Talstation des Wasserkarliftes (Schlepplift) Nr. 13, welcher ganz in der Nähe der Gletscherbahn über die Hänge des Gaislachkogels hinaufführt. Seine Bergstation liegt auf 2421 m, Abfahrtspiste zur Gaislach-Alm. Schlepplift Nr. 14, der Gaislachlift, dessen Talstation sich auf der Gaislach-Alm, 2010 m, befindet, führt zur Bergstation auf 2104 m Höhe. Dafür sind inzwischen einige weitere Anlagen gekommen, so daß Sölden heute neben der Seilbahn über sechs Sessel- und zwölf Schlepplifte verfügt.

Im Gebiet des Rettenbachferners wurde ein Sommerskigebiet erschlossen. Die Straße zweigt bei km 4 der bestehenden Hochsöldener Straße ab und erreicht nach 12 km den Rettenbachferner. Ein Schlepplift führt auf das Pitztaler Jöchl, 2995 m, ein Doppelsessellift auf das Rettenbachjöchl, 2988 m. Jenseits auf dem Tiefenbachferner ist ein weiteres Sommerskigebiet im Entstehen, das durch einen Tunnel mit der Rettenbachfernerstraße verbunden wird. Ein weiterer Lift führt an den Ostgrat der Inneren Schwarzen Schneid. Für Sommer-Skilauf ist das Gebiet der Ötztaler Alpen ebenfalls gut geeignet, besonders die Umgebung des Brandenburger Hauses. Eine der schönsten Sommer-Skifahrten führt vom Brandenburger Haus auf die Weißseespitze.

Näheres über Skilauf im „Skiführer durch die Ötztaler Alpen“ von Dr. Henriette Prochaska, Bergverlag Rudolf Rother, München 19 (mit Skikarte 1:50000). Man würde dem Skigebiet der Ötztaler Gruppe und ihrer angrenzenden Berge nicht gerecht werden, wenn man nur die Skiparadiese der Inner-Ötztaler Gipfel mit ihrer Umgebung schildern wollte. Auch im vorderen und mittleren Ötztal mit Grenzbergen sowie in den anderen Tälern der Gruppe und ihren angrenzenden Gipfeln gibt es Skigebiete, die teilweise internationalen Ruf erlangt haben.

In erster Linie zählt dazu Kühtai, das im Winter für das vordere Ötztal jetzt erhöhte Bedeutung gewonnen hat. Der Schlepplift auf die Hohe Mutt, der Wiesberglift und ein großer Lift Kühtai — Plenderle — Seekopf (Drei-Seen-Lift) sowie der Hochalterkar-Doppelsessellift sind für Anfänger und Fortgeschrittene bestimmt. Früher im Winter vom Sellraintal aus nur mit Jeep erreichbar, hat die Gemeinde Oetz die ehemalige Güterstraße nach Kühtai günstiger trassiert und sie außerdem verbreitert, so daß sie nunmehr als Landesstraße gilt und mit Postautos ganzjährig befahren werden kann. Die Straße wird während der ganzen Wintersaison offengehalten, eine Maut wird nicht verlangt. Durch diese Tatsache wird es Kühtai ermöglicht, den Überschuß an Wintergästen, den der Ort trotz vieler Hotelbauten nicht mehr aufnehmen konnte, an Oetz abzutreten, von wo man in kurzer Zeit in die Kühtaier Gebiete gelangen kann. Von Kühtai aus verkehren jetzt auch im Winter Postbusse ins Sellraintal sowie ins Ötztal.

Außer der schnellen Erreichbarkeit von Kühtai hat Oetz noch eine Skihütte im eigenen Gemeindegebiet: die Neue Bielefelder Hütte. Die alte Hütte wurde durch eine Lawine zerstört, die neue an einem anderen, lawinensicheren Platz in einem ausgesprochen guten Skigebiet erbaut und von der Sektion Bielefeld des DAV als Skihütte eingerichtet. 1975 wurde die Acherkogelbahn eröffnet (Doppelsessellift), wodurch dieses Gebiet von Oetz aus leicht erreichbar wurde. Im hinteren Stubaital wurde in den letzten Jahren das Gebiet um die Dresdner Hütte durch die Stubaier Gletscherbahn großzügig erschlossen. Von der Mutterbergalm (1740 m) führt die Bahn in zwei Sektionen zur Station Eisgrat (2800 m); ein Schlepplift führt weiter auf das Stubaier Eisjoch (3100 m); weitere Anlagen auf den weiten Gletscherfeldern des Fernauferners. Damit wird dem Skiläufer wie auch dem Bergwanderer und Bergsteiger eines der schönsten Gebiete der Ostalpen zugänglich gemacht.

Umhausen errichtete den Rainbachlift (Schlepplift) bei den Wiesen in der Nähe des Stuibenfalles für Anfänger. — Auch der Ort Niederthai, der sich als herrliches Tourengebiet für Skitouristen bereits seit langem einen Namen machte, hat zwei Schlepplifte errichtet. Die Straße zwischen Niederthai und Umhausen ist eine ideale Rodelbahn. Zahlreiche Spaziergänge im Winter gebahnt.

Längenfeld hat den Schlepplift am Brand gebaut, Talstation in der Nähe der Kirche. Dieser Lift führt bergauf am Spohnsteig. Bisher nur ein Bauernhaus am Brand, jedoch ist eine Eisbar auf der Bergstation geplant. Längenfeld ist Ausgangspunkt für Gries im Sulztal (Jeepverkehr), den Ski-Hochtouristen schon längs als Skiparadies bekannt. Nun befinden sich drei Ski-Schlepplifte im Ort, und am Ortsausgang, auf der Sonnenseite, jedoch schneesicher, links von der Straße in Richtung Amberger Hütte.

Huben erbaute einen Schlepplift auf die Mühlleite, vom Ortsrand erreichbar.

Im Pitztal sind außer den bekannten Skiparadiesen rund um die Braunschweiger Hütte und Taschachhaus, wo zahlreiche Tourenskikurse abgehalten werden, noch wunderschöne unschwierigere Skigebiete im vorderen Tal. Arzl und Wenns haben im Venetberg mit dem an seinem Fuße liegenden Alpengasthof Plattenrain ihr bevorzugtes Gebiet, während Jerzens das Hochzeigerhaus als wichtigen Skitouren-Stützpunkt besitzt. In Jerzens 2 Schlepplifte: der Liftbichl-Lift und ein Lift auf die Wiesenhänge von je 400 m Länge (Übungshänge), und der Schlepplift (Hochzeigerhaus-Lift). Auf dem Liftbichl befindet sich die Talstation des zur Bergstation in Höhe von 1950 m leitenden Sesselliftes (nächst dem Hochzeigerhaus), der in einer weiteren Schleppliftsektion seine Fortsetzung findet. Skischule am Ort. Ein Schlepplift befindet sich in Piller.

Auch die Orte des inneren Pitztales besitzen Lifte: In Planggeroß befindet sich ein Schlepplift am Ortsrand, ein Schlepplift beim Hotel sowie die Skischule „Inneres Pitztal“. In Tieflehn führt ein Schlepplift auf die Übungswiese. Auch Mandarfen besitzt einen Schlepplift im Ort. Von Mandarfen führt eine Sesselbahn auf den Muttenkopf, 2296 m, ins Gebiet der Rifflseehütte. Westlich der Hütte Schlepplift (600 m Länge). Mandarfen und Mittelberg sind die Ausgangspunkte zum Taschachhaus mit seinem Tourenparadies und Skikursen im Winter. Auf dem Weg von Mittelberg zur Braunschweiger Hütte befindet sich ein Gepäcklift.

Feichten im Kaunertal hat zwei Schlepplifte. Der frühere Lift nach Nufels (Privatschlepplift) ist aufgelassen. Etwas links von seiner Trasse ist der neue Lift entstanden, welcher länger als der alte Lift ist und zur Schlucht, also höher als der alte Lift, führt, ferner ein Schlepplift, der ab Dorfmitte in 160 m Länge auf die Hänge führt. Für das Kaunertal ist das Gepatschhaus das Ski-Hochtourenzentrum. Die Abfahrt über den Gepatschferner zum Hause ist seit langen Jahren bekannt und beliebt.

Das Skiparadies um Serfaus ist international bekannt. Nach Komperdell (Kölner Haus) führt im Sommer und Winter eine Kabinenseilbahn. Südöstlich der Talstation der Komperdell-Seilbahn befinden sich zwei Schlepplifte, der Bifanglift, der auf eine Höhe von 1580 m leitet, rechts von ihm der kleinere Babylift. Eine Sesselbahn, deren Talstation etwas südwestlich von der Komperdell-Seilbahn-Talstation liegt, führt auf den Alpkopf. Abwärts in ¼ Std. zum Kölner Haus bzw. zur Seilbahn-Bergstation und zur Restauration. Auf der Komperdell-Alm befinden sich noch drei Schlepplifte, der eine in Richtung Alpkopf, der zweite ist der Gampenlift (Schlepplift unterhalb vom Kölner Haus, Bergstation 1958 m), als dritter leitet der Plansegglift (Schlepplift) auf den Plansegg, 2400 m.

In Obladis wurde das Sanatorium renoviert, es ist geplant, mehrere Skiabfahrten abholzen zu lassen und Schlepplifte zu bauen, damit Obladis neben dem Kurbetrieb auch Wintersportbetrieb bekommt, nachdem sich gute Tourenmöglichkeiten in nächster Nähe befinden. — Da die Straße ins Kaunertal in Prutz abzweigt, kann man von dort aus ebenfalls das Gepatschhaus unschwierig erreichen. Seit dem Ausbau des Stauwerkes der TIWAG im Kaunertal führt die Fahrstraße bis unter die Staumauer. Postautoverkehr bis zur Märchenwiese.

Im hinteren Oberinntal am Dreiländereck hat Pfunds-Stuben, dessen Skizentrum Hohenzollernhaus bei den Ski-Hochtouristen seit langem bekannt war, einen Schlepplift in Richtung Kobl geschaffen. Besonders schöne Abfahrten finden sich im Gebiete von Tschey, um Kobl und in den unteren Kobler Bergwiesen. Ein Skischlepplift im Ort Stuben, ein Schlepplift in Gschleitz auf die Gschleitzwiesen im Ausbau. Gebahnte Winterspaziergänge und kilometerlange Rodelbahnen sind vorhanden.

Nauders, auf guter Straße von Pfunds-Stuben erreichbar, gilt schon seit langem als Wintersportparadies. Das Skigebiet Kleinmutz-Lawerz besitzt den Sessellift Kleinmutz. Talstation 1350 m, Bergstation 1812 m, sowie den Sessellift Lawerz, der von 1350 m auf eine Höhe von 1500 m leitet. Den Schlepplift Mösle, Talstation 1448 m, Bergstation 1490 m, sowie den Schlepplift Riatsch, der von 1530 m auf 1560 m führt.

Im Skigebiet Stables befinden sich drei Schlepplifte, der Schlepplift Stables, Talstation 1385 m, Bergstation 1800 m; der Schlepplift Stables-Hochboden, Talstation 1780 m, Bergstation 2140 m, sowie der Schloßlift (Schlepplift), Talstation 1385 m, Bergstation 1500 m. Neu erschlossenes Skigebiet Bergkastel (2600 m), Seilbahn, Lifte.

Die Übungswiesen für die Anfänger liegen im Ortsbereich. Skischule am Ort. Gebahnte Wege und mehrere Rodelbahnen.

## c) Abkürzungsverzeichnis

| | | |
|---|---|---|
| AV | = | Alpenverein(s) |
| bez. | = | bezeichnet |
| bew. | = | bewirtschaftet |
| Ghs. | = | Gasthaus |
| Min. | = | Minuten |
| N | = | Norden |
| nördl. | = | nördlich |
| O | = | Osten |
| östl. | = | östlich |
| P. | = | Punkt (der Karte) |
| R | = | Randzahl |
| S | = | Süden |
| s. | = | siehe |
| Std. | = | Stunde, Stunden |
| südl. | = | südlich |
| W | = | Westen |
| westl. | = | westlich |

Die Angaben „unschwierig", „mäßig schwierig" usw. der Alpenskala gelten nur für *geübte* Bergsteiger, nicht für Anfänger! Für Ungeübte ist bereits eine „mäßig schwierige" Tour sehr schwierig und deshalb meist abzuraten!

## d) Randzahlenverzeichnis

Das Randzahlenverzeichnis am Schluß des Führers dient der raschen Orientierung. Für Ergänzungen in späteren Auflagen wurde eine Reihe von Randzahlen absichtlich freigehalten. Sie sind also in dieser Auflage ohne Text:

10, 20, 36—38, 43, 50, 62—65, 103, 104, 126, 127, 131, 156, 170, 173—175, 191, 206, 228, 229, 235, 240—242, 262, 263, 282, 283, 295, 296, 317, 318, 326, 327, 341, 352—354, 361—363, 369, 371, 376, 404, 405, 410, 411, 439, 447, 448, 459, 464, 465, 473, 482, 483, 496, 504, 508, 511, 514, 515, 535, 536, 545, 546, 558—561, 579, 580, 583, 591, 594, 601—603, 607, 608, 623, 624, 638, 639, 651, 657, 658, 668, 676, 677, 694, 695, 722, 723, 747, 748, 766, 767, 779, 783, 784, 796—798, 806—811, 823, 824, 836, 837.

# II. Die Täler der Ötztaler Alpen

## a) Das Ötztal

### ● 1 Zugänge

1. Die Bahnstrecke Lindau—Innsbruck, Schnellzugstation Ötztal, wo das Ötztal einmündet. Von der Station zu jedem Zug Postauto bzw. zweimal am Tag Wagen der Ötztaler Verkehrsgesellschaft ins Ötztal.

2. Wer von Richtung Lindau—Arlberg bzw. Fernpaß—Imst kommt, kann in Roppen/Oberinntal (Personenzug-Haltestelle) aussteigen und auf kleiner Waldstraße (auch für Kraftwagen befahrbar) in 1¼ —1½ Std. Fußmarsch die Sommerfrische Sautens im Ötztal erreichen.

3. Täglich viermal Busverbindung der Ötztaler Verkehrsgesellschaft von Innsbruck ins Ötztal.

4. Der Bergsteiger benutzt die Bahnstrecke Bozen—Meran und die Vintschgau-Bahn. Die wichtigsten italienischen Ausgangspunkte für die Ötztaler Alpen sind Meran (für das Passeier Tal), Schnalstal, Schluderns-Glurns und Mals.

### ● 2 Die Straße durch das Ötztal

Von der Eisenbahnstation Ötztal, bei welcher gegenüber vom Tschirgant die Ötztaler Ache mündet, in großem Bogen über den Schuttkegel der Ötztaler Ache auf der breiten Bundesstraße (Anschluß von Haiming zur Kreuzung Imst—Ötztal. Hier beginnt die Straße durch das Ötztal, die zunächst fast eben, sodann sanft ansteigend nach Ebene im Ötztal führt. An dem schönen Wasserfall von Ebene vorbei auf die breite Talstufe von Oetz, weiter ansteigend auf die nächste Talstufe nach Habichen (Gemeinde Oetz). Nun überschreitet die Straße die Ache und führt in Windungen, die steile Acherplatte zur linken Seite, auf die nächste Tal-Terrasse nach Tumpen (Wasserfall). Die Straße führt nach S zum Weiler Östen und wieder ansteigend auf den Schuttkegel des Hairlachbaches zur Sommerfrische Umhausen (neue Umfahrungsstraße). Von hier führt sie durch Wald, zweimal die Ache überschreitend, durch das romantische Maurach (eine enge Waldschlucht) zum Talbecken von Dorf und Heilbad Längenfeld an der Mündung des Sulztales und weiter zum S-Ende des Längenfelder Talbeckens nach

Huben, wo das Breitlehntal sowie Pollestal in das Ötztal einmünden. Durch eine enge Schlucht geht es nun weiter nach Aschbach. Von hier führt die Straße steiler auf das Talbecken von Sölden und wieder durch eine enge Felsenschlucht (Kühtreien-Schlucht), sodann in einem großen Bogen auf die letzte Talstufe des Ötztales, Zwieselstein, wo sich das Ötztal gabelt („zwieselt").

Vom Zwieselstein führt die 8,5 km lange Gurgler Autostraße über die Gurgler Ache zunächst im Bogen an der linken Talseite, ½ Std. durch Wald sanft bergan, dann fast eben weiter zur Brücke am Pillberg, 1 Std., über diese auf das andere Ufer des Baches und über Wiesen nach Untergurgl (Angern), 1796 m. Kurz nach Untergurgl, beim Weiler Poschach, zweigt die Timmelsjochstraße ab. Die Gurgler Autostraße führt über die Weiler Poschach und Pirchhütt (Pirchett) vorbei nach Obergurgl, 1927 m. Die zweite Abzweigung von Zwieselstein ist die 10 km lange Straße nach Vent. Die Straße ist in den letzten Jahren gut ausgebaut worden; ganzjährig befahrbar. Anschluß an den Postautoverkehr von Zwieselstein, mehrmals am Tag.

Von Zwieselstein zunächst über die Ache zurück und immer am linken Ufer der Venter Ache, langsam ansteigend, nach Heiligkreuz (Kurzlehn), 1712 m. Von hier aus zieht die Straße fast eben, immer mit dem Blick auf die Talleitspitze, am Weiler Winterstall vorbei, der auf dem rechten Ufer der Ache liegen bleibt, bis Vent, 3½ Std. Gehzeit von Zwieselstein.

## ● 3 Die Timmelsjoch-Hochalpenstraße

Diese Straße stellt die schnellste Nord-Süd-Verbindung vom Fernpaß nach Meran dar (Juni—Oktober).

Sie beginnt zwischen Untergurgl (Angern) und Obergurgl beim Weiler Poschach (8 km von Zwieselstein bis zur Abzweigung), und führt in 12 Kehren (11,8 km) zum Timmelsjoch, 2509 m, mit Parkplatz und Rasthaus auf österreichischer Seite. Die größte Steigung beträgt 10½ %. Bis zum Joch wird die Straße auf der österreichischen Seite in der Sommersaison von Postautos sowie der Ötztaler Verkehrsgesellschaft ab Gurgl (zwei Kurse täglich) befahren (Mautstraße).

Von hier führen Steige auf den Kamm und auf diesem entlang zu fünf kleinen Seelein, von denen das erste nach etwa 100 m erreicht wird. Schöner Blick auf die Südtiroler Seite.

Bergwanderern und Bergsteigern sei der Steig an den Seen entlang empfohlen, der zu Geröllhalden führt, über welche man weglos zum

Panker Joch gelangt, von wo man ebenfalls eine herrliche Aussicht genießt.

Bis zum letzten See, 400 m vom Joch (20 Min.), führen ebene Steige über den Kamm, für jedermann begehbar. Vom letzten See weglos zum Panker Joch 1½—2 Std. Diese Strecke bleibt nur geübten Bergsteigern vorbehalten. Die Aussicht vom Timmelsjoch selbst ist grandios, bei guter Sicht bis zur Marmolata, zum Langkofel und anderen Dolomitengipfeln. Die Straße bietet nicht nur dem Autofahrer eine schnelle Nord-Süd-Verbindung, sondern auch dem Bergsteiger eine außerordentliche Verkürzung vieler Anmarschwege.

## Talorte und Spaziergänge im Ötztal sowie Bergfahrten in das benachbarte Gebiet der Stubaier Alpen

### ● 4 Ötztal

Schnellzugstation der Bahnstrecke Innsbruck — Lindau. 46 km von Innsbruck. Ausgangspunkt der Postautolinie in das Ötztal. Hotels im Ort. Industrieansiedlung.

### ● 5 Ebene, 730 m

Romantischer Weiler mit der „Teufelsschmiede" am Wasserfall aus dem Nedertal, an der Mündung der Auer Klamm. Gasthaus am Ort.

*Zugänge:* 3,5 km Autostraße von Station Ötztal.

● **6** Auf Fußweg vom Hotel Ötztaler Hof durch Wald über den Schuttkegel der Ache, die Straße abschneidend, welche man auf ihrem Höhepunkt vor der Kreuzung wieder erreicht. Weiter auf der Ötztaler Straße, von welcher nach einigen Minuten rechts ein Fußweg abzweigt, der zunächst durch Wald, dann über Wiesen an den Weilern Brunnau und Ambach vorbei nach Ebene führt. *Spaziergänge, Hütten* und *Bergfahrten* sowie *Übergänge* siehe *Sautens* und *Oetz* (beide Orte etwa ½ Std. Gehzeit von Ebene).

*Spaziergänge auf der Stubaier Seite*

● **7** **Au,** ½ Std. Bei der sogenannten „Teufelsschmiede" stürzt ein schöner Wasserfall durch die romantische *Auer Klamm* herab. Der

Morgennebel über dem Ötztal, von der Timmelsjochstraße aus.

alte Alpenvereinssteig ist aufgelassen. Ein guter Saumweg führt zum Ghs. Bergfrieden in Au; neu trassierter Fußweg zum prächtig gelegenen Weiler Au, dessen weit ins Tal schauendes Kirchlein als Wahrzeichen des Ötztales gilt.

### **Sautens,** 809 m

● **8** Schönes Sommerfrischdorf, besonders fruchtbare Umgebung, Mais-Anbau, Aprikosengegend, einst durch Muren stark heimgesucht.

Hotel, Gasthäuser und Pensionen, 2 Cafés, in Haderlehen ein Gasthaus, Schlepplift, Schwimmbad.

*Zugänge:*

● **9** Von **Roppen** im Oberinntal, 706 m (Ausgangspunkt des Forchheimer Wegs R 378) auf kleiner Güterstraße südwestl. zum Weiler Waldele (Kapelle). Westl. weiter zum schönen Dorf Wald, an den Kreuzwegstationen vorbei nach Sautens, 1¼ Std. Landschaftlich schöner als die Autostraße von Ötztal nach Oetz und daher oft als Zugangsweg ins Ötztal benutzt.

● **11** Von **Ebene** auf der alten Straße über die Achenbrücke und im Bogen in ½ Std. über Wiesen nach Sautens.

● **12** Von **Ebene** auf Fußweg. Zunächst auf der Autostraße an der Auer Klamm mit Wasserfall über die Brücke auf der Autostraße in Richtung Oetz. Kurz nach der Brücke (5 Min.) zweigt rechts ein Steig ab, der über einen Steg die Ache überquert und durch Wiesen zum Pirchhof nach Sautens führt, etwa ½ Std.

*Spaziergänge:*

● **13** **Ritzlerhof.** Auf Güterstraße von der Kirche durch Wiesen und Wald zum Ritzlerhof, schöne Aussicht.
Zwischen Kirche und Ritzlerhof ist rechts der Straße ein Café.

● **14** **Ritzlerhof.** Auf Fußweg vom Pirchhof durch Wald, zur Güterstraße, die kurz vor dem Ritzlerhof erreicht wird, etwa ½ Std.

Nach **Oetz** s. R 25 in umgekehrter Richtung.

Nach **Piburg** und zum **Piburger See** über Ritzlerhof s. R 85.

● **15** **Haderlehen.** Auf der Güterstraße von der Kirche in Richtung Ritzlerhof bis zur Abzweigung der Autostraße nach Haderlehen (mit Jausenstation und Gasthaus Haderlehen-Mayrhofer), schöne Aussicht, ½—¾ Std.

● **16** **Haderlehen.** Wie R 15 auf der Straße gegen Ritzlerhof 5 Min. vor dem Ritzlerhof zweigt durch Wald ein Fußweg ab (Markierungsspuren), der nach Haderlehen führt, ½—¾ Std.

● **17** **Haderlehen über Ritzlerhof.** Vom Ritzlerhof führt ein steiler unmarkierter Fußsteig unmittelbar über die Wiesenhänge nach Haderlehen.

● **18** **Stollen** und **Knappenlöcher,** 1 Std. Von der Kirche in leicht nordöstl. Richtung auf Markierung 3 über Wiesen nach Bad. Hier biegt der Weg westl. zu den Stollen ab. Von dort nordwestl. zu den Knappenlöchern, 1 Std. Nordöstl. der Knappenlöcher ein germanischer Opferstein.

● **19** Von den Stollen aus kann man auch auf schattigem Waldweg schnell auf die mit „2" markierte Bergstraße zwischen Sautens und Haderlehen gelangen, auf welcher man entweder rechts aufwärts zum Weiler Haderlehen (Gasthaus) gelangt oder links abwärts nach Sautens zurückkehrt.

*Hütten, Bergfahrten, Übergänge:* Vgl. Oetz und Piburg; von Sautens zeitlicher Mehraufwand von einer guten halben Stunde.

## **Oetz,** 820 m

● **21** Der Luftkurort des Ötztales; besonders mildes Klima. Oetz besitzt eine südliche Vegetation. Hier gedeihen Mais, Wein, Pfirsiche und Aprikosen, Edelkastanien, Flachsanbau.

Weit ausgedehnte Gemeindejagd, Forellen-Reichtum, Piburger See mit Schwimmbad. Ein geheiztes Freischwimmbad am Waldrand von Oetz, für 10000 Besucher berechnet. Unterhaltung der Sommergäste durch Volksfeste, bei denen die schönen alten Trachten gerne gezeigt werden, Kinovorführungen zweimal die Woche, Lichtbildervorträge über die Landschaft des Ötztales, ein Minigolfplatz und eine automatische Kegelbahn sowie Bücherei in der Gemeinde und im Pfarrhof. Foto-Spezialgeschäft am Ort.

Die hochgelegene Pfarrkirche wurde im 14. Jahrhundert erbaut (St.-Michaelis-Kapelle), 1667 vergrößert und 1744 barockisiert. Malerische alte Häuser zieren den Ort. Das Ghs. Stern mit sehenswerten Freskenmalereien aus dem 16. und 17. Jahrhundert, Tor und Erker (früheres Gerichtshaus).

Zur Gemeinde Oetz gehören der Weiler Habichen auf der nächsten Talstufe des Ötztales und der idyllisch am Berg gelegene Weiler Piburg mit seinem Naturschutzgebiet um den schönen Piburger See, den größten und schönsten See der Ötztaler Gruppe. Ein Campingplatz mit Einrichtungen in Oetz, ein weiterer in Piburg geplant.

Hotels, Gasthäuser und Pensionen auch für verwöhnte Ansprüche, sorgen für die Gäste. Zahlreiche Privatzimmer. Tennisplatz, Minigolf.

*Zugänge:* Von Ötztal-Bahnhof 6,5 km Autostraße, Postautoverkehr.

Hütten: In den Ötztaler Alpen: Armelehütte. — In den Stubaier Alpen: Neue Bielefelder Hütte. Acherkogelbahn (Doppelsessellift). Gipfel und Übergänge s. bei den Hütten und Übergang nach Jerzens im Pitztal.

*Spaziergänge:*

● 22 **Haidach — Piburger See,** 45—50 Min. Über die Achenbrücke und auf bez. Weg an der Berglehne aufwärts, an den bez. Abzweigungen zur Wellerbrücke — Achenstürzen und zur Kohlstatt vorbei und zum Schluß auf den Rücken der Anhöhe, immer durch den Wald, die den See vom Ötztal trennt. Schöne bequeme Weganlage mit Bänken. Abwärts und in wenigen Minuten zum See mit Schwimmbad (Café-Restaurant „Seehäusl", Georg Haid; großes Alpinum), Kahnfahrt, Zeltlagerplatz.

● 23 **Kohlstatt — Piburger See,** 1 Std., kleiner Umweg, als Rundgang zu benutzen. Auf bez. Weg durch Wald zur Kohlstatt (Quelle mit Bildstock auf einem Waldplatz). Von hier auf dem von Habichen heraufziehenden Waldweg zum See und zum Schwimmbad s. R 80. Nach Piburg s. R 76 und R 80.

● 24 **Habichen über die Achstürze,** ¾—1 Std. Auf Steig immer am Ach-Ufer entlang bis zu den Achstürzen bei der Wellerbrücke und von dieser auf bez. Fußweg durch Wald zur Autostraße und nach Habichen.

● 25 **Sautens,** ½ Std. Über die Achenbrücke auf dem Weg zum Weiler Piburg bis zum Raststein, sodann auf bez. Wiesenweg nach Sautens.

● 26 **Ritzlerhof,** ¾ Std. Wie bei R 25 zum Raststein und weiter auf dem Wiesenweg in Richtung Sautens, von welchem wenige Minuten nach dem Raststein ein bez. Fußweg links steil durch

Oetz (links) und Sautens mit Acherkogel.

Wald, etwa ½ Std. ansteigend, zuletzt über die Wiesen des Ritzlerhofes zu diesem führt.

Zum Weiler Piburg R 76, 30—45 Min.

*Spaziergänge, Gipfelfahrten, Übergänge im Gebiet der Stubaier Alpen*

● **27** Auf Fahrstraße oder Fußweg in ½ Std. nach Au. Als Rundgang kann man über die Auer Klamm nach Ebene absteigen, R 7.

● **28** **Schlatt-Riedeben,** 1½ Std.. Auf bequemen Fußwegen bzw. kleinen Straßen über Wiesen, zum Schluß durch Wald in großen Kehren, immer mit herrlicher Aussicht auf die Berge des inneren Ötztales.

● **29** **Stufenreich — Windegg,** 2½ Std. Von der Mühlauer Brücke führt der Weg nach Stufenreich mit schönen Ausblicken auf das Ötztal, ½ Std.; in einer weiteren Stunde nach Windegg und auf der Güterstraße nach Oetz zurück.

*Anmerkung:* Die Berghöfe der ganzen Stubaier Talseite, die sich auf den Berglehnen des Acherkogels, Wetterkreuzes und dessen Ausläufern gegen das Inntal zu befinden, sind durch Weganlagen (zumeist kleine Güterstraße) miteinander verbunden. Man kann also von jedem Ausgangspunkt schöne Rundgänge — immer mit herrlicher Aussicht auf die Ötztaler Gruppe — unternehmen.

● **30** **Bielefelder Hütte,** 2150 m. Im Winter 1950/51 wurde die alte Bielefelder Hütte durch Lawinen zerstört. Die neue Bielefelder Hütte, welche den heutigen Anforderungen angepaßt, aber eine echte Alpenvereinshütte geblieben ist, liegt in herrlicher aussichtsreicher Lage auf dem vom Wetterkreuz über den Roßkopf nach Oetz abfallenden Grat in 2150 m Höhe. Der Platzwechsel hat den Vorteil, daß die Hütte nun in lawinensicherem Gebiet steht und über das Wetterkreuz Anschluß an das Kühtaier Skiparadies gefunden hat. Die Hütte wird vom 15.2. bis April und vom 1.6. bis 30.9. bewirtschaftet.

● **31** **Acherkogelbahn von Oetz.** Vom südl. Ortsende führt die neue Doppelsesselbahn mit 2 Sekionen bis kurz unter die Bielefelder Hütte. Bergstation Kühtaile-Alm, 2020 m. 2 Schlepplifte.

● **32** **Von Oetz über Windegg — Wiesberg — Rotes Wandl,** 3½—4 Std. Von Oetz entweder auf dem Auer Kirchweg hinter der Kirche über die Hexenplatte zur Güterstraße Oetz — Oetzer-Au oder unmittelbar auf der Güterstraße, in großem Bogen ausholend, zum Weiler Klingenburg (von welchem man links nach Schlatt gelangt). Hier rechts abzweigend fast eben zum Weiler Riedeben und leicht ansteigend in gleicher Richtung bis Seite zur Materialbahn der Bielefelder Hütte.

Hierher gelangt man mit Jeep von Oetz, Postamt (Anschluß an jedes Postauto geplant, auch im Winter Verkehr). Bei Bedarf fährt der Jeep über die Seilbahnstation hinaus noch nach Windegg (Ende der Güterstraße). Gepäcktransport zur Bielefelder Hütte möglich. Personenbeförderung nicht gestattet.

Von Seite ansteigend zum höchsten Weiler *Windegg*. Über Almweg in den Wald und auf markiertem Weg auf das Rote Wandl, etwa 1950 m, dann abwärts entweder zur Kühtaile-Alm (Getränke usw. erhältlich) oder auf Almweg bis zu einer Mulde. Links kommt hier der Weg von der Kühtaile-Alm, welcher zur Bielefelder Hütte führt, herauf. Von der Mulde fast eben bis zur Wegtafel und dann an der Berglehne über Almböden sanft ansteigend zur Bielefelder Hütte, ab Kühtaile-Alm etwa 30 bis 35 Min., ab Mulde etwa 25 Min.
Ein Saumweg ab Windegg zur Hütte ist geplant.

● **33 Von Oetz über Windegg — Focke-Wald,** 3—3½ Std. (von-Schott-Weg).

Mit Jeep oder zu Fuß wie R 32 nach Windegg, von hier dem Wasserleitungsweg folgend. Links Abzweigung durch den Focke-Wald steil in Kehren unmittelbar zur Neuen Bielefelder Hütte. Dieser Anstieg ist der kürzeste, aber auch der steilste.

● **34 Von Oetz über Windegg und den Wasserleitungsweg,** etwa 4 Std. (bequemer Anstieg).

Mit Jeep oder zu Fuß wie R 32 nach Windegg, von wo man dem Wasserleitungsweg folgt, an der Abzweigung zum Focke-Wald vorbei; hinter dieser steil ansteigend, sodann nach kurzer Zeit wieder nahezu eben, die Wasserleitung überquerend zum Riegel (Acherberger Alm) und nach links sanft ansteigend zur Bielefelder Hütte.

● **35 Ochsengarten — Balbach — Kühtaile-Alm — Bielefelder Hütte,** 1¾—2¼ Std.

Von Ochsengarten — zu Fuß oder mit Jeep auf der Güterstraße von Oetz erreichbar — beim Gasthaus Ochsengarten (Scheiber) über die Brücke auf die linke Talseite. Zwischen den zwei Häusern vom Hof Balbach durch eine Gasse empor auf den bez. Weg, der zuerst am Waldrand, sodann durch den Wald in vielen kurzen Kehren, zuletzt über den Almboden zur Balbachalm in 1¼—1½ Std. führt.

Von dieser Alm auf waagrechtem Steig mit herrlicher Aussicht bequem westl. zur Kühtaile-Alm, von wo man mäßig ansteigend eine Mulde erreicht (hierher kommt von rechts der Weg vom Roten Wandl). Leicht links zur Wegtafel, nun nach rechts an der Berglehne und sanft ansteigend über Almböden zur Bielefelder Hütte, 30—35 Min. ab Kühtaile-Alm. **Ein zweiter Weg** (Martin-Busch-Weg) führt von Balbach in etwas kürzerer Zeit zum letzten Anstieg mit Umgehung der Kühtaile-Alm.

*Gipfelfahrten von der Bielefelder Hütte*

● **39 Acherkogel,** 3010 m (Hausberg von Oetz). Normalanstieg unschwierig bis mäßig schwierig, für Bergunerfahrene jedoch nur mit Führer. Bez., teilweise Steigspuren, 3 Std. Alle anderen Anstiege auf den Acherkogel sind schwierig bis sehr schwierig.

Auf Steig bis unter die Mittertaler Scharte. Dort zweigt man rechts ab und steigt zuerst über Geröll — am Maningseele vorbei — dann über Felsen zum Firnfeld und — dieses links liegen lassend — auf einer Felsrippe zum Gipfelgrat empor, der sich zwischen westl. Signalgipfel und Hauptgipfel befindet, und über ihn kurz zum Gipfel. Bei ungünstiger Witterung steigt die Schwierigkeit des Anstiegs beträchtlich, da bei der Höhe des Berges die Vereisungsgefahr groß ist und man leicht von der Normalroute abkommt.

● **40 Wetterkreuz,** 2572 m, unschwierig, bez. Steig, 1—1¼ Std. Von der Hütte, der Berglehne des Roßkopfs querend — am Steig, der links zum Roßkopf abzweigt, vorbei — weiter die Hänge in gleicher Richtung querend — immer fast eben — bis unterhalb des Wetterkreuzgipfels, den man auf gutem Steig unschwierig erreicht.

**Wechnerkogel,** 2941 m, schwierig; **Maningkogel,** 2900 m, 2 bis 3 Std., schwierig; **Wörglgratspitze,** 2850 m, 2—3 Std., schwierig. Felsklettereien aller Schwierigkeitsgrade.

*Übergänge von der Bielefelder Hütte*

● **41 Kühtai,** 4—4½ Std., unschwierig. Wie R 40 zum Wetterkreuz und vom Gipfel östl. herab ins Wörgltal zum kleinen Wörgltaler See und zur Ißalpe, von welcher ein Waldweg ins Nedertal auf die Straße führt, die von Ochsengarten an Marail vorbei heraufkommt; diese verfolgt man weiter nach Kühtai.

● **42 Kühtai über das Wetterkreuz — Mittertaler Scharte** (Theodor-Streich-Weg), 4—4½ Std. Gut bez. AV-Steig, unschwierig.

R 41 wird wegen dieses neuerbauten AV-Weges vermutlich nur noch selten begangen.

Wie R 40 von der Bielefelder Hütte auf das Wetterkreuz. Von hier auf dem Theodor-Streich-Weg, Klein-Windegg westseitig und Groß-Windegg ostseitig umgehend, an den Fuß der Wörglgratspitze, diese westseitig querend, unschwierig in die Mittertaler Scharte, 2575 m. Von hier aus steil ins obere Mittertal hinab; durch dieses abwärts, über die Brücke auf die Straße und aufwärts nach Kühtai.

Der alte Weg vom Platz der alten Bielefelder Hütte zur Mittertaler Scharte wird aufgelassen.

● **44 Gubener Hütte über den Wilhelm-Oltrogge-Weg,** 7—8 Std., bez. AV-Steig.

Von der Neuen Bielefelder Hütte auf dem Wege zum Wetterkreuz s. R 40. Für Geübte unschwierig; Bergunerfahrenen ist der Weg abzuraten.

● **45 Umhausen über Hohe Warte,** 7 Std. Bergunerfahrene nur mit Führer.

Wer unmittelbar nach Umhausen absteigen will, verfolgt den Oltroggeweg nur bis zur Hohen Warte. Von hier aus über den westl. Bergrücken, bez., jedoch weglos, zur Niederen Warte und von dort zu den Hütten der Reichalm, 1½ Std. Von den Reichalmhütten auf Almweg nach Farst, ½ Std., und auf Steig in 1 Std. nach Umhausen. Teilweise ist der Oltroggeweg zwar instandgesetzt, die Abzweigung nach Umhausen aber nur streckenweise neu bez. worden. Daher ist diese Abzweigung nur Bergerfahrenen anzuraten.

● **46 Dortmunder Hütte über die Niederreichscharte und Längental,** 7½ Std. Nur für Bergerfahrene!

● **47 Kühtaile-Alm — Balbach-, Obere Iß- und Obere Hemerwald-Alm** (Mittergrathüttte, wo sich ein Kath. Jugendheim befindet) **— Dortmunder Hütte,** 3—3½ Std.

Wie R 35 zur Kühtaile-Alm, von hier zur Balbachalm. Man quert nun, leicht auf- und absteigend die oberen Hänge des Zwölferkögeles (2229 m, kann in ½—¾ Std. vom Weg aus unschwierig begangen werden). Weiter auf dem bez. Steig zur Oberen Ißalm. Nun entweder in steilen Kehren hinab auf den Ißboden und auf der Fahrstraße talein zur Dortmunder Hütte, oder fast eben weiter zur Oberen Hemerwaldalm (Mittergrathütte) und weiter zur Dortmunder Hütte. Oder auf dem Martin-Busch-Weg — die Kühtaile-Alm nicht berührend — zur Balbach-Alm.

**Kühtai,** 1967 m

● **48** mit dem ehem. kaiserlichen **Jagdschloß** aus dem 17. Jahrhundert und der **Dortmunder Hütte** des DAV (Berghotel), sowie Hotels, Pensionen und Alpen-Gasthäusern. Hallenschwimmbad mit Sauna sowie Freibade-Gelegenheit im **Hirschebensee.** Im Winter ist Kühtai ein beliebter Wintersportplatz. Durch die Autoverbindung mit Oetz und Gries im Sellrain, die lange Anmarschwege erspart, ist es auch im Sommer in den Vordergrund des Interesses der Besucher von Oetz gerückt, da nunmehr sämtliche Hüttenwege, Gipfelfahrten und Übergänge von Kühtai auch von Oetz aus bequem unternommen werden können. Leihbücherei in der Dortmunder Hütte, automatische Kegelbahn, Bars, Cafés, Tiroler Abende.

● **49** *Winterbetrieb:* Schlepplift Hohe Mutt, 700 m Länge, Höhenunterschied 200 m, sowie Drei-Seen-Lift Kühtai — Plenderle — Seekopf, Länge 1400 m, Höhenunterschied 350 m. Skischule am Ort. Wiesberg-Lift (Schlepplift). Doppelsesselbahn Hochalter.

Stauseen im Finstertal und Längental stehen kurz vor der Fertigstellung (1979).

*Zugänge:*

● **51** **Von Oetz** auf Landesstraße, für Fahrzeuge aller Art (Postautoverkehr), über Au nach Ochsengarten, 1½ Std. Gehzeit (in Ochsengarten Ghs.), von hier weiter auf der Straße über Marail (Alpengasthaus) — links über eine Brücke erreichbar — zur Hemerwaldalm, von welcher man rechts zur Dortmunder Hütte, links 10 Min. weiter nach dem Jagdschloß Kühtai gelangt, 4 bis 4ı Std. Gehzeit von Oetz.

● **52** **Von Oetz auf Fußweg über Schlatt,** 3½—4 Std. Wie bei R 28 nach Schlatt und auf Fußweg über die Baracken der im letzten Krieg erbauten, jedoch durch Kriegsereignisse zerstörten Stauwerkbauten (das ganze Tal von Ochsengarten sollte ein Stausee werden) auf die Straße nach Ochsengarten, wodurch Weg R 51 stark abgekürzt wird. ½ Std. auf der Straße oberhalb des Nederbaches zur sog. Hölle, wo links ein Fußweg nach Marail abzweigt, oder man quert bei der Hölle über eine Brücke den Nederbach und kommt, die Straße weiter verfolgend, nach ½ Std. zu einer zweiten Abzweigung nach Marail (Ghs.), welches man auf Fußweg erreichen kann.

● **53** **Landesstraße von Innsbruck nach Kematen — Gries i. Sellrain.**

● **54 Bielefelder Hütte über die Iß-Alm,** 3½—4 Std.

Zwischen Kühtai und Marail führt ein rot bez. Fußsteig in Kehren ziemlich steil ansteigend zur Oberen Iß-Alm, 1229 m. Ab Kühtai besser zur Oberen Hemerwaldalm, 1942 m, Katholisches Jugendheim, **Mittergrathütte,** keine Bewirtschaftung für die Öffenlichkeit; durch das Mittertal führen Wege rechts zur Alm mit der Mittergrathütte, ½ Std. ab Dortmunder Hütte. Über den Mittertaler Bach, den man vor dem Hang queren muß. Von der Mittergrathütte zur Oberen Iß-Alm geht man bequemer auf dem vorgeschriebenen, rot bez. Weg. Von hier leitet der Weg teilweise eben, sodann leicht auf- und absteigend, die oberen Hänge des Zwölferkögeles querend (das unschwierig in etwa ½—¾ Std. vom Weg aus erstiegen werden kann) zur Balbachalm, etwa 2—2½ Std. Von hier wie bei R 35 über die Kühtaile-Alm zur Neuen Bielefelder Hütte.

Von der **Balbachalm** auch über den Martin-Busch-Weg unmittelbar zur Neuen Bielefelder Hütte.

Von diesem Höhenweg genießt man stundenlang eine herrliche Aussicht. Er wird daher sehr empfohlen, da er bis auf den Anstieg zur Oberen Iß-Alm sehr bequem ist.

● **55 Spaziergänge:** Hier seien nur kurz erwähnt: Hirschebensee, 1½ Std.; Wiesberg, 1 Std.; Finstertaler Seen, 1¼—1½ Std. (s. auch R 70).

*Gipfelfahrten von Kühtai*

● **56 Wetterkreuz,** 2572 m, 3¼ Std., unschwierig, bez. Weg. Auf Talweg zur Unteren Ißalm hinab, 40 Min., und auf Waldweg zur Oberen Ißalm, an der Mündung des Wörgltales gelegen, durch dieses über den kleinen Wörgltaler See zum Gipfel des Wetterkreuzes. Ferner s. Bielefelder Hütte, die neuen Theodor-Streich-Wege.

● **57 Pirchkogel,** 2831 m, unschwierig, bez. Weg, 2½ Std. Schöner Aussichtsberg. Über Wiesenhänge auf die Terrasse des Schwarzmooses und über die SW-Hänge zum Gipfel. Im Winter beliebte Skitour.

● **58 Gaißkogel,** 2823 m, 2½ Std., für Bergerfahrene unschwierig.

● **59 Kraspesspitze,** 2955 m. Wie in R 70 auf die Finstertaler Scharte, dann am Steig links vom Grat, gegen O ab, über einen Felssporn hinüber, weiter gegen NO ansteigend, zuletzt von S oder SO unschwierig auf den Gipfel. Von der Dortmunder Hütte 3½ Std.

● **60 Zwölferkogel,** 2988 m. Mäßig schwierig, 3—4 Std. durch das Finstertal; durch das Längental schwieriger.

Vom südl. Ende des Stausees im Finstertal gegen W empor in Richtung auf eine Plattenrinne; durch sie empor auf einen Sattel. Man quert nach rechts, steigt über ein Schuttfeld empor und erreicht zuletzt von SO den Gipfel.

● **61 Acherkogel,** 3010 m, 5—6 Std. Nur für Bergsteiger, schwierig, durch das Mittertal, jedoch lohnend (s. R 42 und R 39).

Neben diesen häufig begangenen Gipfeln sind noch folgende zu nennen: Rietzer Grieskogel und Hocheder, unschwierig für Bergerfahrene auf bez. Weg, sowie Sulzkogel, Gamskogel, Pockkogel, Hochreichkopf, Hohe Wasserfalle in 3—5 Std. für Bergsteiger unschwierig bis mäßig schwierig zu erreichen.

*Übergänge von Kühtai*

● **66 Flaurling über die Flaurlinger Scharte,** 2401 m, 5—6 Std., unschwierig für Bergerfahrene. Östlich auf den Kühtaier Sattel und bei Wegabzweigung links in das Klammbachtal auf AV-Weg zur Flaurlinger Scharte, 2 Std. Zunächst auf dem zur Neuburger Hütte führenden bez. Weg abwärts, von welchem man rechts zur Haagalm, 1568 m, im Flaurlinger Tal und in 1½—2 Std. zur Bahnstation Flaurling absteigt.

● **67 Neuburger Hütte über Flaurlinger Scharte,** 5—6 Std., für Bergerfahrene unschwierig. Wie bei R 66 zur Scharte und auf dem bez. Höhen-AV-Weg zuerst eben, dann mäßig absteigend zur Neuburger Hütte, etwa 3½ Std. von der Scharte.

● **68 Stamser Alm über das Kreuzjöchl,** 2565 m, 3—4 Std., für Bergerfahrene unschwierig. Auf Steigspuren durch das Klammbachtal zum Kreuzjöchl, 2½ Std. Jenseits steil hinaus zur Stamser Alm, 1¼ Std., von welcher in 2½ Std. die Bahnstation Stams erreicht werden kann. Nicht zu empfehlen, vom Kreuzjöchl nur beschränkte Aussicht.

● **69 Peter-Anich-Hütte,** 5—6 Std. Über das Kreuzjöchl, 2565 m, und weiter östl. über den Blockgrat zum Gipfel des Rietzer Grieskogels, 2887 m, von wo ein bez. AV-Weg zur Peter-Anich-Hütte hinableitet.

Blick vom Pirchkogel über den Vorderen Grießkogel auf die Berge um die Finstertaler Seen (vor dem Bau des Stausees).

● **70** **Finstertaler Seen — Finstertaler Scharte,** 2768 m — **Gubener Hütte im Zwiselbachtal,** 4½ Std. Bez. Wege, sehr lohnend.

Vom Jagschloß Kühtai, von der Dortmunder Hütte und von Stockach führen leicht ansteigende bez. Wiesenwege in Richtung Finstertaler Seen, die sich beim sog. **Klammele** treffen. Von hier führt ein Steig auf die Staumauer des Finstertal-Stausees hinauf, 1 Std. (Vom See erreicht man auf gut markiertem Weg über Wiesen und Felsen den **Pockkogel,** 1½ Std., für jedermann begehbar. Schöne Aussicht.) Sodann am O-Ufer zum Gubener Weg, der in zahlreichen Kehren zur Finstertaler Scharte, 3 Std. von Kühtai, und jenseits durch das Kar steil hinab zur Gubener Hütte (2034 m) führt, 1½ Std.

● **71** **Längentaler Scharte,** 2670 m — **Gubener Hütte,** 4¾ Std. Für Bergunerfahrene nur mit Führer. Wird nicht empfohlen. Siehe auch Bielefelder Hütte.

● **72** **Niederreichscharte,** 2746 m — **Reichalm — Weiler Farst — Umhausen,** 7 Std. Mühsam, wird, da teils verfallen, nicht empfohlen. Näheres s. Bielefelder Hütte.

● **73** **Über die Mittertaler Scharte zur Bielefelder Hütte,** s. R 42 in umgekehrter Richtung.

● **74** **Über das Wetterkreuz zur Bielefelder Hütte,** 3¾ Std. unschwierig, bez. Weg. Wie bei R 56 zum Wetterkreuz und von dort über Wiesenhänge zur Bielefelder Hütte.

## ● 75 **Piburg** (Gemeinde Oetz), 950 m

Auf einer Bergterrasse der Hänge der Karköpfe im vorderen Geigenkamm gelegen, mit Naturschutzgebiet um den Piburger See. Idyllische Sommerfrische mit Bergwaldumgebung.
Gasthäuser und Pensionen.

Hütten: Armelenhütte und Erlanger Hütte s. Oetz. Gipfel, sowie Übergang s. bei den Hütten und Übergang nach Jerzens im Pitztal.

*Zugänge:*

● **76** **Von Oetz auf der Piburger Straße,** ½—¾ Std.

Über die Ache und bis kurz vor dem Raststein (großer Felsen), wo die neu erbaute Straße, die teilweise den Fußweg überbaut hat, beginnt.

● **77 Piburger See und Schwimmbad,** 3 bzw. 15 Min.

Auf schönem Weg über Wiesen in 3 Min. zum Seeufer und rechts an seinem Ufer durch Wald immer mit Blick auf den Acherkogel zum Schwimmbad (mit Sommerwirtschaft Georg Haid, Kahnfahrt, Zeltlagerplatz).

● **78 Oetz über das Schwimmbad und durch das Haidach,** 1¼ Std.

Wie bei R 77 zum Schwimmbad und von dort wie bei R 22 in umgekehrter Richtung durch das Haidach nach Oetz.

● **79 Oetz über das Seeufer und das Privatbad,** etwa 1 Std.

Zum Seeufer in 3 Min. und nun links an seinem Ufer entlang (die Badeanstalt an diesem Ufer ist Privatbesitz), am Zugang zum Privatbad vorbei und durch Wald zur Straße (kurz vor Erreichen der Straße Gedenkkreuz) und über diese nach Oetz.

● **80 Neuer Weg vom Schwimmbad nach Oetz und Piburg.**

Vom Schwimmbad auf dem neu angelegten, mit Bänken versehenen Weg, leicht an- und absteigend, zum Privatbad und s. R 79 rechts nach Oetz, links auf R 79 in umgekehrter Richtung nach Piburg.

● **81 Seejöchl,** ¾ Std. Am Seeufer durch den Wald auf dem Weg zum öffentlichen Schwimmbad, von welchem ein bez. Steig zum Seejöchl abzweigt (Aussichtsbank).

**Seejöchl über Kohlstatt,** 1—1¼ Std. Wie bei R 86 zur Kohlstatt und von hier auf bez. Weg zum Seejöchl.

● **82 Kanzel und Kluft,** 1¼—1½ Std. Zum öffentlichen Schwimmbad und von hier auf bez. Weg über Stufen steil zur Kluft (interessanter Erdriß), und weiter zur Kanzel, schöne Aussichtsbank. Man kann Kanzel und Kluft auch erreichen, wenn man zunächst vom öffentlichen Schwimmbad den Weg nach Oetz verfolgt, von welchem, einige Minuten nachdem er sich abwärts neigt, ein bez. Weg zur Kanzel und Kluft links abzweigt.

● **83 Achstürze,** 1—1¼ Std. Zum Schwimmbad und auf dem Weg nach Oetz, den man etwas abwärts verfolgt, bis rechts ein bez. Fußweg zu den Achstürzen und zur Wellerbrücke (mit Steg) abzweigt. Ein Abweichen von der Brücke ist lebensgefährlich!

Von der Wellerbrücke kann man, diese überquerend, auf Weg R 24 in ½ Std. Habichen erreichen.

● **84** **Habichen,** 1 Std, Auf dem Seeweg zum Schwimmbad. Kurz vor diesem zweigt ein bez. Weg ab, der durch eine vom Bergsturz zurückgebliebene Felswildnis und uralten Wald (sog. Märchenwald) zur Kohlstatt (Quelle mit Bank und Bildstock) und weiter durch Wald und Wiesen zur Straße Habichen-Tumpen und über die Achenbrücke nach Habichen führt.

● **85** **Ritzlerhof** ½ Std., und **Sautens,** ¾ Std. Auf bez. Weg am Wasserfall des Wildbaches vorbei durch Wald zum Ritzlerhof, von wo auf R 13 und R 14 mit entsprechendem Mehraufwand von Zeit Sautens erreicht werden kann.

● **86** **Haderlehen,** 30—35 Min. bzw. **über Haderlehen nach Sautens.** Schöner aussichtsreicher Höhenweg. Auf Karrenweg über Wiesenhänge, an einem kleinen Sägewerk vorbei, zum Wald, durch welchen man in kurzer Zeit zu den Wiesen von Haderlehen, zur Jausenstation Mayrhofer und weiter zum Weiler Haderlehen gelangt.

● **87** Von hier kann man auf R 15 und R 16 Sautens erreichen bzw. auf Steig R 17 zum Ritzlerhof gelangen und auf diese Weise Anschluß an eine Rundtour bekommen.

● **88** **Habichen** (Gemeinde Oetz), 844 m

Kleines Sommerfrischendorf, zum Teil mit schönen alten Häusern, altes Glockengießerhaus, Haus mit interessanten Fresken und Prinzessinnenhäusl. Habichen liegt schon nicht mehr auf der gleichen Talstufe wie Oetz. Von Habichen führt die Autostraße in Kehren durch die Felsenge hinauf auf die nächste Talstufe mit dem Ort Tumpen.
Gasthäuser, Pensionen und Cafés am Ort.

*Zugänge:* 8,5 km Autostraße von Station Ötztal.

*Spaziergänge:*

● **89** **Piburger See über Kohlstatt,** ¾ Std., bzw. **nach Piburg, 1 Std.** Siehe R 84 in umgekehrter Richtung.

● **90** **Habicher See,** 10 Min. Über die Achenbrücke und links auf Steig über die Felder zum kleinen Habicher See, der zeitweise austrocknet. Vermutlich hat der Zulauf vom Tumpener Bach auf das Wiedererscheinen des Sees Einfluß.

Umhausen im Ötztal.

● **91** **Tumpen auf Fußweg,** ½ Std. Über den Habicher See und auf Steig steil auf die nächste Talstufe und eben an dem kleinen Mühlbach entlang nach Tumpen zum Gasthof Acherkogel (bez.). Hütten, Gipfelfahrten und Übergänge wie bei Oetz und Tumpen.

● **92** **Bielefelder Hütte.** Von Habichen aus führt unmittelbar in nördl. Richtung am Berghang ein bez. Fußsteig empor, welcher nach 1½ Std. den von Oetz heraufkommenden alten Hüttenweg R 31 bei der Pfaffenebene erreicht.

### **Tumpen,** 936 m

● **93** Der hübsche Sommerfrischenort liegt am N-Ende des 5 km langen Talbeckens, an dessen S-Ende Umhausen liegt. Gasthaus Acherkogel.

*Zugänge:* 10,5 km Autostraße von Station Ötztal. — Auf Fußweg von Habichen über Habicher See R 89, 91. — Auf der alten Fahrstraße, welche die Autostraße in Kehren teilweise abschneidet und rechts von der Autostraße Habichen—Tumpen abzweigt, ½ Std.

*Spaziergänge:* Auf Fußweg zum Mühlbach-Wasserfall 10 Min., zur „Grube" 10 Min.

Hütten: Armelehütte, Erlanger Hütte. Gipfel und Übergänge siehe diese Hütten.

### **Umhausen,** 1036 m

● **94** Hauptort der Talstufe, hübsche Sommerfrische und Touren-Zentrum für Ötztaler und Stubaier Alpen. Älteste Niederlassung im Ötztal. Der Ort liegt auf dem Schuttkegel, der im Laufe der Jahre vom Hairlacher Bach aus den Kühtaier Bergen aufgeschüttet wurde. Durch reichliche Wasserzerstäubung auch bei hohen Temperaturen keine lästige Hitze. Schöne gotische Dorfkirche (älteste Kirche im 13. Jhdt., 1482 umgebaut, 1680 vergrößert) mit Taufstein aus dem 15. Jhdt.,schönem Kreuz aus dem 16. Jhdt. und gotischer Muttergottes in der Totenkapelle. Im Gasthaus „Krone" (Marberger) schönes Erkerzimmer aus dem Jahre 1684 im Stil der Tiroler Renaissance. Handwebe-Industrie. 1 Schlepplift, 2 Lifte in Niederthai, 1 weiterer in Köfels sowie Rainbach-Schlepplift in der Nähe des Stuibenfalles. Schwimmbad mit Liegewiese am Weg zum Wasserfall. Im Winter Eislaufplatz, Eisschießen, Naturrodelbahnen, Skischule in Niederthai.

Gasthäuser am Ort (für jeden Anspruch, zahlreiche Privatbetten).

Hütten: In den Ötztaler Alpen: Armelehütte, Erlanger Hütte, Frischmann-Hütte. Gipfel und Übergänge s. diese Hütten. In den Stubaier Alpen: Guben-Schweinfurter Hütte.

*Zugänge:* 15,5 km Autostraße ab Station Ötztal.

● **95 Von Tumpen auf dem alten Weg,** 1¼ Std. Am Fuße der Engelswand durch das Murengebiet von Östen, das fast jedes Jahr von Schutt- und Schlamm-Muren verwüstet wird, welche aus der „Farstrinne" unter der Hohen Wasserfalle, 3002 m, dem kleinen Weiler immer wieder neuen Schaden zufügen. Nach 1¼ Std. erreicht man Umhausen.

● **96** *Spaziergänge:* Eine Anzahl gepflegter Spazierwege umgibt den Ort. Es seien hiervon aufgeführt:

● **97 Öhrlacherwäldchen,** ¼ Std.

Nach N an der Schmiede vorbei bis zum Dorfende und auf der alten Straße nach Farst über Wiesen und Felder in das Öhrlacherwäldchen. Man braucht nicht auf demselben Weg zurückzugehen, sondern kann über Östen den Rundgang vollenden.

● **98 Marienruhe,** 5 Min.

Auf durch niederes Gemäuer eingefaßtem Weg zu den am prächtigen Lärchenwald stehenden Ruhebänken, von wo man das Dorf mit den westl. Bergen und dem Gletscher des Blockkogels sieht. Rückweg kann auf demselben Weg bzw. auf Weg 99, zu welchem man aufsteigt, erfolgen.

● **99 Hirschbachtälchen,** ½ Std.

An Gletscherschliffen, auf welchen einst die Burg Hirschberg stand, vorbei, das sich verengende Tälchen ansteigend bis zum Leiersbach. Abwärts den Bach auf Steig, welcher zum „Sattele" führt, überquerend (kleiner Hügel mit Kapelle). Hinunter auf gleichem Weg oder abwärts zur Straße nach Niederthai und diese überquerend auf dem Steppsteig (R 100) zurück.

● **100 Steppsteig,** ½ Std.

Am Fuß des Narrenkogels durch Birkenwald in zahlreichen Kehren windet sich der Steig dahin und vereinigt sich sodann mit R 105.

● **101** An weiteren Spaziergängen seien erwähnt: der Bischoffsplatz, die Hintere Kanzel, Vordere Kanzel, der Achenpfad-Meffersteig, Hopfgarten und Achrainwäldchen.

● **102 Nach Köfels,** 1½ Std. Taleinwärts, dann rechts auf gut ausgebauter Gemeindestraße, auch für Pkw. befahrbar, über die Köfler Brücke im Wald in 2 Kehren sanft ansteigend nach Köfels (Ghs. Edelweiß, Köfels). — Bimssteinvorkommen. In der Ortsnähe Naturschutzgebiet. Im Winter ein Schlepplift auf der Übungswiese, Skischule, Kurzstreckenabfahrten, Naturrodelbahn ins Tal zur Ache und zur Bundesstraße.

*Ausflüge*
*in der benachbarten Stubaier Gruppe*

● **105 Stuibenfall,** ¾ Std. Die größte Sehenswürdigkeit in der Umgebung von Umhausen. Gewaltiger Fall in zwei Absätzen. Wird teilweise für die Elektrizitätsversorgung nutzbar gemacht.

Von der Kirche in Umhausen führen zwei gut bez. Fußwege zu den Fällen, von denen der eine am Café Stuböbele vorbei (eine knappe halbe Stunde von Umhausen), der andere am rechten Ufer des Hairlachbaches hinaufführt. Letzterer für Pkw. befahrbar. Beide Wege vereinigen sich im Wald. Auf AV-Steig am Fall zur Frischmann-Brücke hinauf und zur Straße, die von Umhausen nach Niederthai (Gasthaus bei Einmündung des Weges) führt und über sie nach Umhausen hinab.

● **106 Niederthai,** 1537 m, 1½ Std. (mit Umweg über den Wasserfall und die Frischmannbrücke 2 Std.). Auf der Landesstraße von Umhausen in weiter Kehre nach Niederthai (Postautolinie). Gasthäuser und Pensionen am Platz. Bergführer im Ort. Für den Winterbetrieb zwei Schlepplifte.

*Spaziergänge um Niederthai*

● **107 Taufererberg — Großer Rundgang,** 2 Std. (Markierung rot-weiß).

Wegbeginn gegenüber vom Ghs. Stuibenfall, am Fahrweg vor der Brücke. Aussicht auf Stuibenfall und Umhausen, sowie später auf das Längenfelder Becken. Über Wiesle und Mauslassattel zurück.

● **108 Taufererberg — Kleiner Rundgang,** 1 Std.

Anstieg bei Tellachboden (mark. Weg Nr. 5, rot), sodann auf der weißroten Markierung bis zur großen Steinplatte mit Ausicht auf Wiesle—Hauerseegletscher. Zurück über den Zirbenboden — Mauslassattel. (Wer Weg Nr. 5 weiter verfolgt, kommt nach Umhausen.)

● **109** **Wolfseck.** ½ Std. (Mark. blau-rot), Eingang Weg Nr. 5. Zum Stuibenfall s. R 106 in umgekehrter Richtung, ½ Std.

● **110** **Wiesle** über Mausla-Jöchl (rot-weiß mark.), ¾ Std. und weiter nach Längenfeld s. R 125.

● **111** **Platte,** ½ Std. (rot mark.).

Durch „Sennhof" auf die südl. Talseite, dem Berghang entlang über „Höfle" und „Bichl" auf die großen Steinplatten, mit sehr schöner Aussicht (bis auf die hinteren Ötztaler Berge und Gletscher). Bequemer Spaziergang.

● **112** **Bergle,** 2000 m, 1½ Std. (rot mark.)
Vom „Sennhof" südl. ansteigend.

● **113** **Grasstall,** 1 Std. bis zum Taleingang (blau mark.). Abzweigung vom Grasstallweg rechts. Talabschluß das „Hörndle", 2986 m.

● **114** **Grasstallsee,** 2534 m, 3¼ Std. Anstieg durch das Grasstall (blau mark.), am Fuß des Grasstallferners.

● **115** **Larstighöfe,** 1765 m, 1 Std. Bequemer Spaziergang.
Waldweg über „Grasstallfeld" (rot mark.) oder Talweg (älteste Ansiedlung von Niederthai im 13. Jahrhundert). Jetzt Alm mit Jausenstation.

● **116** **Larstigtal,** bis Taleingang 1½ Std. (rot-weiß mark.). Hinter den Larstighöfen rechts abzweigend, eines der schönsten Hochtäler Tirols. Talschluß: Strahlkogel, 3295 m, und Larstigferner.

● **117** **Bergmahderweg,** 2 Std. Rundgang.

Unmittelbar vor den Larstighöfen über eine kleine Brücke auf die südl. Talseite und auf Höhenpfad zurück. Aussicht ins Larstig- und Grasstall.

● **118** **Kreuzjöchl,** 2643 m, 3¼ Std. (rot mark.).

Durch das Larstigtal taleinwärts zum Talschluß. Am Fuß des Strahlkogels („Großes Moos") rechts die Geröllhalde hinauf. Man kann auch direkt vom Kreuzjöchl ins Grasstall absteigen.

● **119** **Grue-See,** 2500 m, und **Grue-Joch,** 2740 m, 3½ Std. bzw. 4 Std.

Auf R 115, jedoch vor den Larstighöfen auf die linke Talseite, durch die Mähder steil auf unbez. Pfad zum See, von welchem man links zum Grue-Joch gelangt.

Abstieg durch das Wannenkar über Finstertaler Alm, Horlachtal möglich.

● **120** Auf die Ausflüge zum Larstiggletscher und Larstigscharte, 3022 m, 3½ Std. bzw. 4½ Std., sei nur hingewiesen (Ungeübte nur mit Führer!). Das gilt auch für den Übergang Larstigscharte — Zwiselbachjoch, 2870 m.

*Gipfelfahrten von Niederthai*

● **121 Breiter Grieskogel,** 3294 m, etwa 4 Std., lohnend, unschwierig. Über den Larstighof auf bez. Steig über eine bewaldete Talstufe und weiter zur Larstigscharte, von welcher man über den Grieskogelferner an die Gipfelkuppe gelangt, deren steile Hänge man am südl. Rand überwindet. Über den N-Grat zum Gipfel. Ungeübte nur mit Führer.

● **122 Strahlkogel,** 3290 m, schöner Kletterberg. Nur für Bergsteiger, von allen Seiten schwierige Kletterei. Vom Grasstaller Ferner bzw. Larstigferner beginnen die drei verschiedenen Führen.

● **123 Grasstaller Grieskogel,** 3167 m, für Geübte unschwierig, 3 Std. Durch das Grasstaller Tal zum Grasstaller Ferner und zur Scharte zwischen Strahlkogel und Grasstaller Grieskogel, von dieser über den gut gangbaren W-Grat unschwierig zum Gipfel.

*Unschwierigere Bergfahrten*

● **124 Narrenkogel,** 2300 m, 3 Std., rot bez., über Platte bzw. über Bergle in 2¾ Std., sowie **Brand,** 2300 m, rot mark., über Eck rechts den Kahlhang hinauf mit Abstieg ins Grasstall.

*Anmerkung:* Alle Gipfel der Larstiggruppe, welche entweder von Niederthai oder von der Gubener Hütte erstiegen werden, sind für Bergunerfahrene nur mit Führer begehbar.

*Übergänge:*

● **125 Längenfeld über das Wiesle,** 2—3 Std. Auf gut bez. Weg zum Alpengasthof „Wiesle“, ½ Std. herauf und durch Wald hinunter zur Ötztaler Autostraße, welche man bei der Nößlachkapelle vor Au am Ausgang des Maurachs erreicht, und von hier nach Längenfeld, 1—1¼ Std.

Das „Wiesele“, Endpunkt eines hübschen Spaziergangs von Längenfeld nach Niederthai, mit den Gipfeln des Geigenkammes.

SIEHE DAS HERZ DAS
DIE MENSCHEN SO SEHR GELIEBT.

## Guben-Schweinfurter Hütte

● **128 Guben-Schweinfurter Hütte,** 1980 m, 3½ Std. Von Umhausen nach Niederthai, R 106, und über die Wiesen des Horlachtales zum Larstighof, 1765 m, und zur Mulde der Horlach-Almen, oberhalb derer die Guben-Schweinfurter Hütte erbaut ist, 2 Std. von Niederthai.
Die Hütte ist bewirtschaftet 14 Tage vor und nach Ostern, 15. 6.—30. 9. Sie hat 22 Betten, 34 Matratzenlager sowie Winterraum mit AV-Schloß, 10 Lager.

*Gipfelfahrten von der Guben-Schweinfurter Hütte:* Unschwierige Gipfel für Bergsteiger, für Unerfahrene jedoch nur mit Führer, sind: Hohe Wasserfalle, Hochreichkopf, Finstertaler Fernerkogel, Kraspespitze (bez. AV-Steig vom Übergang über die Finstertaler Scharte nach Kühtai), Zwiselbacher Roßkogel und Breiter Grieskogel, vom Zwiselbachjoch, alle um 3000 m, 4½—5 Std. von der Hütte. Schwierige Fels- und Eisklettereien: Strahlkogel, Larstigspitze und die anschließenden Berge der Larstiggruppe, Zwiselbacher Grieskogel, Vordere Sonnenwand (Hoher Grieskogel), Gleirscher Fernerkogel, alle über 3000 m, 4—5 Std. von der Hütte.

● **129 Paischlerkogel,** 2616 m, 2 Std. Aussichtsberg der Hütte. Durch das Horlacher Finstertal und das Wannenkar unschwierig zu ersteigen.

*Übergänge von der Guben-Schweinfurter Hütte*

Zur Bielefelder Hütte über den Oltroggeweg (R 44 in umgekehrter Richtung); nach Kühtai über die Längentaler Scharte (R 71 in umgekehrter Richtung); über die Finstertaler Scharte (in Verbindung mit einer Besteigung der Kraspesspitze), R 70 in umgekehrter Richtung.

● **130 Neue Pforzheimer Hütte über das Gleirschjöchl,** 4 Std., bez. Weg.

Auf dem alten Jochweg über die begrünte Tallehne in das Samerschlagkar, aus diesem nordöstl. in Kehren steil zum Gleirschjöchl, 2736 m, 2 Std. Jenseits über Weidehänge zur Pforzheimer Hütte, 1 Std. Über den Gleirschhof, 1 Std., nach St. Sigmund und Gries im Sellrain.

● **132 Winnebachseehütte über das Zwiselbachjoch,** 4½ — 5 Std.

Von der Hütte auf bez. Weg zum Zwiselbachtal und durch dieses auf AV-Steig zum Zwiselbachferner, über welchen man sanft ansteigend auf das Zwiselbachjoch, 2871 m, gelangt. Jenseits über Schutt und Schnee auf bez. Weg ins Winnebachkar und talaus am Winnebachsee vorbei zur Hütte.

### **Längenfeld**, 1179 m

● **133** Längenfeld ist das Heilbad des Ötztales und liegt auf einer langgestreckten Talstufe an der Mündung des Sulztales. Es wird durch den Fischbach, der hier, aus dem Sulztal kommend, in die Ötztaler Ache mündet, in zwei Teile, nämlich Unterlängenfeld und Oberlängenfeld, geteilt. Die Gemeinde Längenfeld ist wie alle großen Gemeinden des Ötztales weit verstreut und umfaßt sowohl das ganze Längenfelder Becken bis Huben und Aschbach sowie die Orte im Sulztal und auf der Stubaier Bergseite.

Längenfeld hatte als Heilbad schon im 16. Jahrhundert einen Ruf durch seine Schwefelquellen, die sowohl zum Trinken als auch zum Baden benützt werden. Die gotische Kirche stammt aus dem 14. Jahrhundert. Sehenswert ist das schön gebaute und mit Fresken geschmückte Ghs. Hirschen. Der größte Sohn Längenfelds, welcher Bedeutung für die Erschließung der Ötztaler Alpen hat und darüber hinaus für die ganze Bergsteigerwelt, war der Gletscherpfarrer Franz *Senn*, welcher in Unterlängenfeld geboren wurden. (Gedenktafel am Geburtshaus und Denkmal in Oberlängenfeld.)

Hotels, Gasthäuser, Pensionen und 1500 Privatbetten für alle Ansprüche. Leihbücherei, zweimal wöchentlich Kino, Lichtbildervorträge, Milchbar, Cafés, Minigolf, Postautohaltestelle, Arzt, Apotheke, außerdem ein Heimatmuseum, das im Ortsteil Lohn in einem alten Bauernhaus untergebracht ist.

Hütten: In den Ötztaler Alpen: Hauerseehütte (Selbstversorgerhütte). In den Stubaier Alpen: Amberger Hütte, Winnebachseehütte.

Übergänge: Über das Wiesle nach Niederthai und s. obige Hütten. Gipfel. s. Hütten.

Wintersport: Schlepplifte am Brand und in Burgstein.

● **134** *Zugänge:* 25 km Autostraße von der Bahnstation Ötztal. Von Umhausen quert die Straße zweimal die Ache und zieht dann durch die waldige Talschlucht des Maurach, die man bei der Nößlachkapelle wieder verläßt, um auf das Talbecken von Längenfeld und über das Dorf Au und die Weiler Espan und Dorf nach Längenfeld zu gelangen, etwa 2 Std. Dieser Teil der Straße ist auch als Spaziergang hübsch.

*Spaziergänge:* Längenfeld hat über 50 km besonders gepflegte, ebene Spazierwege, sowie leicht ansteigende Wege und Tourenwege mit Bänken, die zum Teil in die Ötztaler Berge, zum Teil auf die Stubaier Seite führen.

Einige besonders ebene Wege sollen hervorgehoben werden.

● **135 Klammweg:** Links und rechts des Fischbachs liegt die Klamm, ein Waldteil, durch welchen verschiedene ebene Spaziergänge, mit Ruhebänken versehen, führen (zur Zeit in Verbauung, jedoch demnächst wieder neu hergestellt).

a) Von Oberlängenfeld links an der Kirche vorbei durch den Fischbach-Schutzdamm, über den Klammsteg zur Mühle und weiter zur Fischbach-Staumauer, etwa ¼ Std.

b) Wenn man von der Fischbachbrücke rechts abbiegt, gelangt man auf mehreren Wegen in den „Klamm"-Wald.

c) Auch vom Gemeindehaus führen eine Fahrstraße und einige Fußwege in die Klamm.

● **136 Infang,** ¼—½ Std. Infang wird der Waldteil zwischen linker Seite Fischbachbrücke und Ötztaler Ache genannt. Auch dieser Gemeindewald ist von Wegen mit Ruhebänken durchzogen und bietet einen schönen Ausblick.

Im Infang wurde ein Campingplatz mit Einrichtungen (Jausenstation, Wasser usw.) errichtet.

● **137 Auenweg,** 2½ Std. Wie bei R 136 durch den Infang. Hier wird die Ötztaler Ache auf einer Hängebrücke überschritten und dann rechts weiter, am Ufer der Ache — die Weiler Oberried, Lehn und Unterried links liegen lassend — nach Winkeln. Von hier kann man über die vorgenannten Weiler nach Längenfeld zurückkehren. Von Oberried gelangt man über den sogenannten Hohen Steg über die Ache und nach Unterlängenfeld.

Der ganze Rundweg benötigt 2½ Std. Ein Wiesenweg, für kühles Wetter geeignet.

● **138 Variante,** 3 Std. Wie Weg R 137 nach Winkeln und weiter an die Ache, sodann über eine Brücke über die Ache zur Ötztaler Talstraße, auf welcher man in Richtung Längenfeld zurückgeht. In einigen Minuten nach Au (Ghs.), von wo man über die Weiler Espan und Dorf Unterlängenfeld auf der Straße gelangt. Wer von Au aus nicht die Hauptstraße benützen will, geht vom Ghs. Lamm links zu einem Kirchlein, von welchem man über Wiesen nach Dorf kommt.

Hier wird die Straße überquert und wieder auf Wiesenweg nach Unterlängenfeld.

● **139 Pestkapelle,** 25 Min. Wie bei R 136 zum Infang, sodann auf der Hängebrücke über die Ache und zunächst kurz rechts, dann noch vor dem Zaun der Oberrieder Wiesen auf dem Weg links kurz ansteigend zu einer Waldwiese, auf deren Höhe eine Kirche aus dem Jahre 1661 steht. In der ersten Hälfte des 17. Jahrhunderts wütete die Pest auch in Längenfeld, weshalb man auf dem sogenannten Kropfbichl einen eigenen Pestfriedhof mit Kirche erbaute. Benutzt wurde er allerdings nie, da schon vor der Fertigstellung des Baus die Pest zum Erlöschen kam.

● **140 Dr.-Knoll-Weg — Teufelskanzel,** Rundweg, 2 Std. Wie bei R 139 zur Pestkapelle, hinter welcher der bez. Dr.-Knoll-Weg abzweigt, der in mehreren Kehren sanft ansteigend zur Teufelskanzel, 1400 m, leitet. Diese ist ein kleiner, für sich stehender, sehr steiler Felszacken. Man genießt von hier aus schöne Aussicht. Zu beachten ist, daß man auf dem Hinweg sich nicht durch die Abzweigungen in die Irre locken läßt, sondern immer auf den Kehren bleibt.

Von der Teufelskanzel links zum sogenannten Duringweg (rot-weiß markiert) und bei Astlehn hinunter und nach Oberlängenfeld zurück. Dieser Rundweg benötigt 2 Std., bis zur Teufelskanzel ab Längenfeld 1 Std. 20 Min.

● **141 Lehnbach-Wasserfall,** ¾ Std. von Unterlängenfeld. Entweder auf Weg R 136 über Infang und Hängebrücke oder von Unterlängenfeld, bei dem Elektrogeschäft auf der Straße links über den Hohen Steg nach Oberried und weiter zum Weiler Lehn. Bei den ersten Häusern, kurz nach der Brücke, über den Lehnbach links auf Steig, steil in Kehren am tosenden Lehnbach hinauf zum Wasserfall. Empfehlenswerter Spaziergang.

● **142 Gottsgut,** ¾ Std. Auf bez. Weg über Wiese nach Gottsgut, von wo man auf der Straße nach Längenfeld zurückgelangt.

● **143 Burgstein,** 1500 m. Über die Straße, ¾ Std. Hinter dem Postamt in Oberlängenfeld zweigt eine gute Bergstraße, mit Aussichtsbänken versehen (für Autos befahrbar), ab, die aussichtsreich, immer mit Blick auf die Ötztaler Gruppe auf der anderen Talseite, an der Berglehne entlang in ¾ Std. bequem nach Burgstein (Ghs.) führt. Von Burgstein neue Straße nach S, die nahe beim Ghs. Tannenhof die Talstraße erreicht.

● **144 Über Brand,** 1½ Std. Bei der Kirche in Oberlängenfeld zweigt der Spohnsteig ab, der zunächst steil, teils über Stufen, ansteigend ins Sulztal führt. Nach einer guten Viertelstunde zweigt bei einer Bank rechts ein Steiglein ab, das durch Wald, sodann über Wiesen zum Hofe von Brand leitet. (Schöner Blick auf das Längenfelder Becken mit Geigenkamm.) Am Haus vorbei über Wiesen zum Zaun. Nunmehr leicht ab- und wieder ansteigend, teils über Stiegen (Vorsicht!) zu den Wiesen von Burgstein, 1½ Std.

Diese beliebte Sommer- und Winterfrische befindet sich auf einer Hochfläche über einem fast 200 m senkrecht abfallenden Felsen mit einigen Häusern, Gasthaus und Kirche. Der Blick auf die Ötztaler Gruppe ist herrlich und umfassend, so daß ein Ausflug nach Burgstein zu empfehlen ist.

Man kann den Ausflug noch verlängern und zur Plattergrube, Waldwiese mit Gletscherblick, 1 Std. 20 Min., ansteigen. Auch ein Besuch des Wiesle bei Burgstein, einer idyllischen Waldwiese mit schöner Sicht, 1 Std. von Burgstein, ist anzuraten.

Im Laufe der nächsten Jahre entstehen im Längenfelder Becken durch die Flurbereinigung ganz neue Güterstraßen durch die Wiesen. Diese Straßen werden staubfrei gemacht und können auch bei Regenwetter begangen werden.

● **145 Hauersee** (2331 m), 3½—4 Std.

Wie bei R 139 auf den Kropfbichl. Weiter auf AV-Steig durch den Wald hinauf, bei einer Wegverzweigung rechts, um den Giggelberg herum ins oberste Hauertal und zum See.

Ein anderer Zugang führt von Unterlängenfeld über die Weiler Oberried und Lehn und die Innerbergalm in 3—4 Std ebenfalls zum Hauersee.

● **146** Nach **Gries im Sulztal** und auf den **Gamskogel.** Unschwierig, siehe R 148.

Weitere Ausflüge: Zur Almwirtschaft Wurzbergalm (Waldruhe); zum Wiesle und weiter nach Niederthai; zur Grubealm (Ghs.). Von Unterried über Leckalm, Jausenstation Lehner-Stabele zur Innerbergalm (Almweg).

Gries im Sulztal mit Mutterberger Seespitze (links) und Sulzkogel (rechts).

*Stützpunkte, Hütten und Gipfel im angrenzenden Stubaier Gebiet*

**Gries im Sulztal,** 1572 m

● **147** Beliebte Sommerfrische in herrlicher Lage. Fahrstraße, Linien-Jeepverkehr. — Da keine Durchzugsstraße (jedoch mit Auto erreichbar), für Ruhesuchende zu empfehlen. — Skiparadies für Tourenfahrer. 3 Schlepplifte.

Gasthäuser und Pensionen am Ort, Café, Privatzimmer.
Hütten: Amberger Hütte, Winnebachseehütte.
Gipfel und Übergänge s. bei den Hütten.

a) *Zugänge: Über die Straße,* 1½ Std. Die Fahrstraße beginnt in Unterlängenfeld beim Ghs. Edelweiß. Sie zieht sich zunächst in einigen Kehren (Stationsweg) zur Höhe empor, von wo sie nahezu eben über Unterlehn, einen Bauernhof, nach Gries leitet.

b) *Fußweg über den Spohnsteig,* 1½ Std. (Jetzt als Forstweg ausgebaut.)

Der Spohnsteig beginnt bei der Kirche in Oberlängenfeld und leitet, zunächst steil ansteigend, teils über Stufen ins Sulztal. Bei einer Bank Wegabzweigung (rechts nach Brand). Hier links 10 Min. noch weiter im Sulztal ansteigend, dann fast eben auf schöner Waldpromenade hoch über der Schlucht mit dem tosenden Fischbach nach Unterlehn und immer am Fischbach, der beim Bauernhof erreicht wird, entlang nach Gries.

Weg b) wird als Anstieg, Weg a) als Abstieg empfohlen.

*Gipfelfahrten von Gries:*

● **148 Gamskogel,** 2815 m, und **Hörndle,** 2986 m, 4—5 Std., unschwierig für Bergerfahrene. Ausdauer und Bergschuhe erforderlich.

Von Gries südl. über den Fischbach und durch den Nederwald zur Nißl-Alm, zuerst über Almboden, dann über schrofendurchsetzte Hänge auf Steig (immer auf diesem bleibend) zum Gipfel mit schöner Sicht auf die Stubaier und Ötztaler Gruppe mit ihren Gletschern. Seit 1952 Kriegerdenkmal-Gipfelkreuz. Der Gamskogel gilt als Hausberg von Längenfeld und kann auch von Sommerfrischlern ohne Führer bestiegen werden.

● **149 Lochkogel,** 3043 m, mäßig schwierig (für Ungeübte mit Führer), 3½ Std. Auf unbez. Almweg von Gries steil über Hänge zur

Nißl-Alm, von wo man das Kar bis an den Fuß des Gipfelaufbaus verfolgt. Man steigt in Richtung der linken Schulter auf den Grat und über ihn kurz zum Gipfel.

● **150 Winnebachspitze,** 3115 m, etwa 3 Std. Nur für Bergsteiger. Von Gries taleinwärts und über die steilen Gras- und Felshänge, die südl. zum Kühelekar herabstreichen, hinauf (Achtung, brüchiges Gestein und schlüpfrige Grashänge). Zum Schluß über Platten und steile Rinnen zum Gipfel. Abstieg kürzer und unschwieriger über Putzenkarferner zur Winnebachseehütte, 1¾ Std. Abstiegszeit.

### **Winnebachseehütte,** 2362 m

Im Besitz der AV-Sektion Frankfurt a.d. Oder, bewirtschaftet Ostern, Pfingsten, 1.7. bis Mitte September. 6 Betten, 18 Matratzenlager, Winterraum mit AV-Schloß, 14 Lager. Frühjahrsskigebiet.

● **151** 2 Std. Von Gries auf bez. Karrenweg links abzweigend über den Weiler Winnebach, zum Schluß ziemlich steil an der rechten Bachseite zum Winnebachkar, an dessen Beginn die Hütte am ziemlich seichten Winnebachsee liegt.

*Gipfelfahrten von der Winnebachseehütte*

● **152 Gänsekragen,** 2915 m, 1½ Std. AV-Weg.

In steilen Kehren führt der Weg, für Bergerfahrene unschwierig auf den Gipfel.

● **153 Breiter Grieskogel,** 3294 m, 3 Std. Man geht zunächst in Richtung Zwiselbachjoch, hält auf die linke Mulde des Winnebachkars zu und steigt südwestl. mäßig steil über den Grieskogelferner zur Spitze. Lohnender Aussichtsberg. Nur für Geübte oder mit Führer.

● **154 Seeblaskogel,** 3230 m, 3 Std., unschwierig. Von der Hütte auf bez. AV-Weg bis knapp unter den Gipfel, zum Schluß über den obersten Teil des Grüntatzenferners sanft ansteigend auf die Spitze. Nur für Geübte oder mit Führer.

Der **Längentaler Weiße Kogel,** 3208 m, **Großer Gaißlehnkogel,** 3216 m, **Kühlehnkarschneide,** 3196 m, **Winnebachspitze,** 3155 m, **Strahlkogel,** 3295 m, sind von der Winnebachseehütte schwierig in 3—4 Std. zu erreichen.

● **155** **Guben-Schweinfurter Hütte** über das Zwiselbachjoch s. R 132 in umgekehrter Richtung, 4 Std.

● **157** **Amberger Hütte über Bachfallenscharte und Längentaler Joch,** 5—5½ Std. Mäßig schwierig. Wie bei R 156 zum Längentaler Joch, auf Steigspuren zum Schrankar hinab. Am Zugang des Kares (immer rechts vom Bach halten) trifft man einen Steig, der über steile Schrofen und Wiesen in zahlreichen Kehren ins Sulztal führt, 2—2¾ Std., wo man den Weg zur Amberger Hütte erreicht. Auf ihm an der Hinteren Sulztalalm vorbei in ¼ Std. zur Amberger Hütte. Selten begangen.

● **158** **Westfalenhaus über das Winnebachjoch,** 3 Std. Teilweise bez. AV-Weg. Auf Steig nördl. durch das Winnebachkar bis zur Abzweigung (Wegtafeln) und über Moränen zum Winnebachjochferner, der erst kurz vor dem Joch betreten wird, 1¾ Std. Vom Joch aus hält man sich ganz links am Gletscher und trifft bald den AV-Steig, der zum Westfalenhaus hinableitet, 1—1¼ Std.

● **159** Über die **Roßkarscharte** kann man auch die **Neue Pforzheimer Hütte** erreichen.

## **Amberger Hütte,** 2135 m

Im Besitz der AV-Sektion Amberg, bewirtschaftet 1.3. bis Mitte Mai, Pfingsten, 1. 7. bis 15.9. 22 Betten, 36 Matratzenlager, Winterraum mit AV-Schloß, 14 Lager.

● **160** *Zugang:* Von Gries im Sulztal durch Zirbenwald an der Vorderen und Hinteren Sulztalalm vorbei allmählich ansteigend, zuletzt durch eine tief eingeschnittene Schlucht zur herrlich gelegenen Amberger Hütte. Bequemer Hüttenanstieg, der als Spaziergang empfohlen werden kann. 2 Std.

Die Gipfelfahrten von der Amberger Hütte können von Bergunerfahrenen nur mit Führer unternommen werden.

● **161** **Schrankogel,** 3496 m, zweithöchster Berg der Stubaier Alpen, einer der schönsten Aussichtsberge der Ostalpen, 4½ bis 5 Std. Auf bez. Steig in Richtung Schwarzenbergjoch auf die Moräne, wo man den AV-Steig über das „Hohe Eck" und die „Franzensschneid" zum W-Grat des Berges und über ihn zum Gipfel verfolgt (Achtung auf Wächten!).

● **162 Hinterer Daunkopf,** 3225 m, 4 Std., für Geübte unschwierig. Auf AV-Steig zum Daunjoch, 3½ Std., und nördl. über den Kamm in ½ Std. auf den Gipfel. Lohnender Aussichtsberg.

● **163 Windacher Daunkogel,** 3351 m, 5½ Std., mäßig schwierig. An der westl. Seite des Sulztalferners auf Steig bis unter die Wilde Leck, 2 Std., und von hier aus gerade empor zum Wütenkarsattel westl. des Gipfels, welchen man über seinen W-Grat erreicht. — Schwieriger ist der Anstieg über den O-Grat, welcher auf dem Weg zum Daunjoch erreicht wird, jedoch ½ Std. kürzer.

● **164 Wilde Leck,** 3361 m, einer der schönsten Kletterberge der Stubaier Alpen. Über den SO-Grat oder über den NW-Grat, beides 6 Std., schwierig bis sehr schwierig.

*Übergänge von der Amberger Hütte*

● **165 Nach Sölden über das Atterkarjöchl,** 6¼ Std. Bez. AV-Weg, für Bergunerfahrene nur mit Führer. Von der Hütte ¼ Std. taleinwärts, dann rechts auf AV-Steig ins Roßkar und zum Atterkarjöchl, 2970 m, 3 Std., mit schönen Blick auf die Ötztaler Alpen. Jenseits über das Atterkar zur Kaiserbergalpe, 2970 m, und auf Steig zum Ötztal hinaus, 2 ½ Std; südl. über Kaisers auf der alten Ötztaler Straße nach Sölden, ½ Std.

● **166 Zur Fieglhütte über den Wütenkarsattel und das Seekarjoch,** 7—8 Std. Nur für Bergerfahrene. Schöne, aber mühsame Gletscherwanderung. Von der Hütte auf AV-Weg zum Sulztalferner, welchen man erst unterhalb des O-Grates der Wilden Leck betritt, 2½ Std. Auf dem Gletscher hält man sich ganz rechts in südl. Richtung zum Wütenkarsattel, 3115 m, 1—1½ Std. Über den Wütenkarferner südwestl. zum Seekarjoch, 3114 m, ¾ Std. Jenseits steil weglos (links halten!) über schrofendurchsetzte Rasenhänge zum Seekarsee und weiter südl. über die Schrofenhänge hinab zum Fiegl-Wirtshaus (Fieglhütte) im Windachtal (R 214), 2—2½ Std., und weiter nach Sölden, 1¼ Std.

● **167 Hochstubaihütte,** bew. 4 Std. Schöne Gletscherwanderung. Von der Hütte auf AV-Weg talein bis zum Talschluß und in Kehren zur Zunge des Sulztaler Ferners. Südl. über die Moräne weiter aufwärts zum Fuß der Wilden Leck, wo der Gletscher betreten wird. Man hält sich südl. (ganz rechts), zum Schluß steil zum Wütenkarsattel, 3115 m, 3½ Std. Auf den Wütenkarferner hinab und wieder ansteigend südl. zur Hütte, 3173 m.

● **168 Hildesheimer Hütte über das Daunjoch und das Bildstöckljoch,** 6—7 Std. Zum Daunjoch s. R 162, 3—3½ Std. Über den Daunkogelferner südl. querend auf die von der Dresdner Hütte hinaufziehende Führe zum Bildstöckljoch, 1½ Std. Südl. über einen niederen Kamm und jenseits über den Gaiskarferner auf AV-Steig zur Hildesheimer Hütte, ½—¾ Std.

● **169 Dresdner Hütte,** 4½ Std., mehr begangen als R 168. Zum Daunjoch auf AV-Weg vom W-Rand des Sulztalferners, dann rechts über Firn, Fels, 3100 m, 3—3½ Std. Südöstl. den Daunkogelferner abwärts querend zur rechten Moräne, wo man auf AV-Weg östl. über Schutt- und Rasenhänge zur Dresdner Hütte gelangt.

● **171 Westfalenhaus über das Längentaler Joch,** 4½—5 Std., unschwierig. Von der Hütte ¼ Std. talauswärts, an der Hinteren Sulztalalm vorbei, und auf bez. Steig in steilen Windungen zum Schrankar. Auf Steigspuren durch das Kar und über Blockwerk und Schutt zum Längentaler Joch, 2991 m, 1½ Std. Sich rechts haltend auf den Längentaler Ferner herab und in die Fernau, wo man links auf AV-Steig zum Westfalenhaus gelangt, 1½—2 Std.

● **172** Zur **Winnebachseehütte** über das Längentaler Joch und die Bachfallscharte 5—6 Std., s. R 157 in umgekehrter Richtung.

## Huben, 1194 m

● **176** Huben liegt am S-Ende des Längenfelder Talbeckens, an der Mündung von Breitlehn- und Pollestal, und ist als Ausgangspunkt für wichtige Übergänge und lohnende Gipfelfahrten bekannt.

Huben, einst ein ausgeprägtes Bergsteigerdorf, hat sich inzwischen zur Sommerfrische für Ruhesuchende entwickelt, da es abseits von der großen Ötztaler Bundesstraße (Umfahrungsstraße vorhanden) in stiller und geschützter Lage liegt. Unterstützt wird diese Umwandlung des Ortes, der auch für Nachkuren geeignet ist, durch ein neuerbautes, gut eingerichtetes Diätheim in Mühl bei Huben. Sommerfrischler können die Ausflüge und Spaziergänge rings um Längenfeld mit einem Zeitmehraufwand von ¾—1 Std. bequem unternehmen.

Gasthäuser, Pensionen, Fremdenheime, Diätheim, Privatbetten, Postautohaltestelle, Bergführerstandort.

Winterbetrieb: 1 Schlepplift auf der Mühlleiten.

*Zugang:* 29 km Autostraße von Station Ötztal.

*Ausflüge:*

● **177 Gottsgut — Längenfeld.** Nach Mühl an der Mündung des Breitlehntales, durch Wald empor, bis zum Weg, der nach Gottsgut rechts hinunter verfolgt wird. Von hier zum Weiler Astlen über die Ache und auf der Straße nach Längenfeld.

● **178 Weiler Burgstein,** 1500 m, ¾ Std.

Von Huben verfolgt man die Talstraße in Richtung Oberlängenfeld. Hinter der Brücke über die Ache zweigt rechts ein Steig ab, der bequem über die Felder, sodann über den sogenannten „Weiten Berg" zur Hochfläche von Burgstein führt, ¾ Std. Als Rückweg wird die Fahrstraße nach Längenfeld (s. R 143 in umgekehrter Richtung) empfohlen.

● **179 Ebener Alm,** 2053 m, im Sommer bew., 2½ Std. Auf bequem angelegtem, bez. Weg, zu empfehlen.

*Übergänge:* Über das Breitlehnjöchl (Neue Chemnitzer Hütte), 2640 m, nach Trenkwald, 6½—7 Std. Für Geübte unschwierig, jedoch für Bergunerfahrene nur mit Führer. R 599). Über das Pollesjöchl, 2995 m — Pitztaler Jöchl, 3032 m, Braunschweiger Hütte — Mittelberg i. Pitztal, 7—7½ Std. bis zur Braunschweiger Hütte. Bez. AV-Weg. Für Geübte unschwierig, nur in Verbindung mit Besteigung des Polleskogels lohnend. Über das Weißmaurachjoch, 2923 m, nach Planggeroß i. Pitztal, 6—7 Std. Teilweise verfallener AV-Steig.

### **Sölden,** 1381 m, mit **Hochsölden,** 2050—2150 m

● **180** Das Bergsteigerzentrum des Ötztals. Beliebter Sommer- und Winterkurort. Zu der großen Gemeinde Sölden gehören auch die berühmten Höhenorte Obergurgl, Hochgurgl und Vent, die getrennt aufgeführt sind, und Hochsölden, das in 20 Min. vom Dorf Sölden aus erreichbar ist (Sessellift, Kabinenbahn auf das höhergelegene Gigijoch). Busverbindung von Sölden nach Hochsölden, auch für Privatwagen im geregelten Einbahnverkehr. Die Rundtour über die Gipfel der Zentralgruppe ab Rettenbachferner (Jöchl) mit Ende in Obergurgl oder umgekehrt wird sowohl im Sommer als im Winter gerne und häufig durchgeführt. Ötztaler Gletscherbahn auf den Geislachkogel, 3058 m. Doppelsessellift Stabelebahn am Eingang des Rettenbachtales, zahlreiche kleinere Lifte.

Straße ins Rettenbachtal (Abzweigung am südl. Ortsende von Sölden, Mautstraße. Sommerskigebiet am Rettenbachferner (Rettenbachjöchl — Pitztaler Jöchl). Überm Joch auf dem Tiefenbachferner ist ein weiteres Sommerskigebiet im Entstehen, das durch einen Tunnel mit der Rettenbachstraße verbunden wird.

Sehenswert sind die Kirche (spätgotisch, 1750 barockisiert) sowie der kleine Friedhof mit schmiedeeisernen Grabkreuzen.

Hütten: In den Ötztaler Alpen: Braunschweiger Hütte. In den Stubaier Alpen: Brunnenkogelhaus, Siegerlandhütte, Hildesheimer Hütte, Hochstubaihütte.

*Unterkünfte:* Hotels, Gasthäuser, Pensionen und Privatzimmer für alle Ansprüche.

Gipfel und Übergänge siehe Hochsölden und bei obigen Hütten.

● **181** *Zugang:* 40 km Autostraße von Station Ötztal. — Die Autostraße von Huben nach Sölden ist wohl das romantischste Stück der Straße durch das Ötztal und daher auch als Fußweg empfehlenswert, 2 Std. Hinter Huben wird das Tal zu einer engen Schlucht eingeengt, in welcher nur die Straße und die Ache Platz finden. Am Gasthaus Aschbach, 1253 m, vorbei, die Ache überquerend, steiler ansteigend durch zwei kleine Felstunnel. Nach 11 km gelangt man in das Talbecken von Sölden, vom Nederkogel, 3166 m, überragt.

*Spaziergänge und Ausflüge von Sölden*

Ein Netz von Spaziergängen liegt um Sölden, die teilweise auf Promenadewegen, teils kleinen Straßen zu bewirtschafteten Berggaststätten führen. Die von den Berggasthäusern ausgehenden Gipfelfahrten sind getrennt bei den Gipfeln behandelt.

● **182** In den **Hofer Lärchwald,** 10 Min. Über Rechenau nach Schmiedhofbrücke ½ Std. Über den Höhenweg nach Pitze ½ Std.

● **183 Windauer Brücke — Granbichlkopf — Rettenbach,** ½ Std. Über die Felder in 5 Min. zur Windauer Brücke und auf dem Weg am Felsen emporsteigend zum Granbichlkopf, einem Felsriegel, welcher der Kirche gegenüber senkrecht mit seiner Vorderwand zur Ache abstürzt. Schöner Blick. Weiter bis Rettenbach.

● **184 Grünsee,** 1½ Std. Auf grün markiertem Weg an der Kirche und am Schulhaus vorbei geradeaus (Achtung! Nicht rechts abzweigen!) durch Wald und Wiesen zum Weiler Unterwald. Von hier weiter durch Wald (links zweigt der Weg in die Pitze ab), immer ge-

Blick auf Sölden.

radeaus auf den kleinen Felshügel, in dessen Mulde der kleine Grünsee mitten im Wald eingebettet liegt. Man verfolgt den Weg am Seeabfluß weiter zur Pitze und gelangt von dort auf der Straße nach Sölden zurück.

● **185 Windachschlucht,** ¾ Std. Wie bei R 183 zum Granbichlkopf. Hinter den Häusern biegt der Weg um den Berg herum und führt in die Schlucht mit großartigem Tiefblick. Man wandert schluchteinwärts, sanft ansteigend bis zu einer Lichtung, von wo man auf rechts abzweigendem Weg über die Klammenge durch den Wald nach Sölden zurückgelangt.

● **186 Kühtreinschlucht — Zwieselstein,** 1 Std. Auf der Talstraße etwa 10 Min. taleinwärts. Hier reicht die Straße fast unmittelbar an die Ache. Dort verläßt man die Straße und gelangt auf rotweiß bez. Weg an einer Kapelle vorbei über die Wohlfahrter Brücke, bequem am Uferfelsen ansteigend, am Haus „An der Platte“ vorbei, teils durch Wald, teils über Waldblößen (eine schöne Gletschermühle und mehrere schöne Gletscherschliffe links am Wegrand) zur Schlucht. Links oben stehen die beiden Bauernhäuser „Im Moos“ mit schönem Rundblick auf das Talbecken auf dem linken Wiesenpfad. Ein Steig leitet hoch oben über der wildschäumenden Ache. Man hat stets schöne Tiefblicke in die Schlucht und steigt leicht auf und ab, zuletzt über Wiesen nach Zwieselstein (2 Gasthäuser).

● **187 Rettenbach — Berghof — Grünwald — Hainbach,** 1 Std.

● **188 Über Kaisers nach Aschbach,** 1¼ Std. Talauswärts auf der Straße etwa 10 Min. zur Schmiedhofer Brücke, die überquert wird, und links nach Kaisers. Am Ortseingang rechts ab durch den Weiler; zwei einzelnstehende Häuser bleiben rechts. Nun über den Sturzbach, der vom Wütenkarferner herabkommt, auf den Felsblock, den sogenannten „Kaiser“, mit hübschem Rundblick. Durch die felsige Wandschlucht und sanft ansteigend zu den Bergmähdern von Brand. Auf kleinem Wiesenweg mit Blick auf die Talstraße hinab, an einer kleinen Kapelle vorbei, zum Ghs. Aschbach.

Wer nicht den gleichen Weg als Rückweg benutzen will, geht auf der Talstraße durch die zwei schönen Straßen-Felstunnels nach Sölden zurück.

Timmelsjochstraße, Blick auf Hochsölden.

● **189** **Hochsölden,** 2070 m. Auf bequemem Saumweg, 2 Std. **Zur Waldgrenze,** etwa 2000 m, 15 Min.

An der „Schönen Aussicht" den Bergrücken abwärts zur Waldgrenze.

● **190** Über die **Geislacher Alm** in das **Venter Tal,** bez., 4 Std.

Von der Kirche in Sölden über die Höfe von Plödern, den Weiler Innerwald, das Ghs. Gstrein am Geislacher Sattel (1982 m), zur Geislacher Alm. Von hier steil hinab ins Venter Tal und nach Heiligenkreuz. Hierher auch von Hochsölden (R 200)

*Spaziergänge und Ausflüge von Hochsölden*

● **192** Waldgrenze, etwa 2000 m, 15 Min. Gampaalm, 2000 m, ½ Std. Zu den Faldern, 2200 m, ½ Std. Leitenbergalm (Edelweißhütte), 1800 m, auf Höhenweg ¾ Std. Rettenbachalm, 2100 m, 1 Std. Hamracher Hütte, 2472 m, 1 Std., Haimbachhütte, 2387 m, 1 Std. Rotkogeljochhütte, 2600 m, 1½ Std., Schwarzsee, 2740 m, 2½ Std. Geislachalm, 2000 m, 3 Std.

● **193** **Gamperalm (Gampaalm),** ½—¾ Std. Auf gelb bez. Weg am Ghs. Sonnenblick vorbei, durch zwei Senken leicht ab- und ansteigend, über das Weidacheck (Ruhebänke) zu den Wiesen der Gamperalm. Man verfolgt den Höhenweg, welcher zur Rettenbachalm führt, nicht weiter, sondern steigt zu den Almhütten der Gamperalm ab.

Schöne Sicht auf das Windachtal und die Stubaier mit Zuckerhütl. — Von den letzten Almhütten steigt man steil zum Höhenweg Hochsölden—Rettenbachalm an und auf ihm wieder zurück nach Hochsölden.

● **194** **Zu den Faldern,** 2200 m, ½ Std. Empfehlenswerter Spaziergang.

● **195** **Edelweißhütte,** 1800 m, ¾ Std. Auf rot bez. Höhenweg vom Berghotel nördl. an den Almhütten vorbei zur „Hölle", einem schattigen Plätzchen. Nun oberhalb der Baumgrenze durch Latschenbestände zu den blumigen, aber steilen Wiesen der Edelweißhütte, die auf der Leitenbergalm liegt.

Von der Hütte führt ein steiler Weg zur Edelweißwand empor (Vorsicht!)

● **196** **Hamracher Hütte** (auch Hamracher Ötze genannt). 2172 m, 1 Std.

Vom Berghotel führt ein Höhenweg in Windungen auf dem Bergrücken hinauf zu den Hochwiesen der Hamracher Hütte.

● **197** **Haimbachhütte,** 2387 m, 1 Std. (auch Haimbacher Ötze = Weide genannt).

Vom Sonnenblick auf kleinem Steig ziemlich steil in 20 Min. zum Steinmandl und in Kehren über Alpenrosenhänge und Heidekraut zur kleinen Haimbacher Hirtenhütte. Etwas nördl. liegt der Abstieg über die Hamracher Hütte, mehr zu empfehlen.

● **198** **Rotkogeljochhütte,** 2600 m, 1½ Std. Zu empfehlender Hüttenweg, für jeden Bergunerfahrenen begehbar.

● **199** **Schwarzsee,** 2740 m, 2 Std. Dieser See liegt am Fuß des Rotkogels. Kein Badesee, jedoch landschaftlich herrlich gelegen. Wie bei R 196 oder 197 zur Hamracher oder Haimbacher Hirtenhütte und von dort über die Bergmähder am Fuß des Roßkirpl-Rotkogels bis zur Bergsenke zwischen Rot- und Schwarzkogel. Nun über Blockwerk über die Felsschneide (blau bez.) und zum See.

● **200** **Geislacher Alm,** 2000 m, 2½—3 Std. Am Sonnblick vorbei in Richtung Gamperalm zum Weidacheck (Ruhebänke) und hier leicht ansteigend immer am Bergrücken entlang, auf aussichtsreichem Höhenweg, leicht auf- und absteigend, zum Berggasthaus Falkner (derzeit nicht bew.) auf der Rettenbachalm, von wo man einen Weg talaus zu drei kleinen Heuhütten verfolgt und über einen kleinen Steg über den Gletscherbach, sodann am rechten Ufer am Höhenweg weiter talaus, sanft ansteigend (nicht Richtung Sölden — am Bach absteigend), an einzelnen Föhren um den Berg herum, mit schönen Tiefblicken auf das Söldener Talbecken zu den Hütten der Geislacher Alm und rechts zur Almwirtschaft über die Almwiesen. Schöner Blick ins Venter Tal (s. auch R 190).

*Ausflüge von Sölden zu den umliegenden bewirtschafteten Almen bzw. Berggaststätten in den Ötztaler Alpen*

● **201** **Leitenbergalm — Edelweißhütte,** etwa 1800 m, 1½ Std. Auf bez. Saumweg nördl. auf die Leitenbergalm (auch Leiteralm genannt), auf welcher die Edelweißhütte liegt, die ihren Namen von der Edelweißwand (Hüttenkletterei) bekommen hat.

● **202** **Hochsölden** (bez. Höhenweg) — Edelweißhütte, 45 Min.

● **203** **Geislacher Alm, Gasthaus Sonnenplatte,** 2100 m, 2 Std. Südwestl. auf Bergstraße durch Wald zur Geislacher Alm. (Jeepverkehr vom Besitzer der Geislacher Alm. Für Pkw. in beiden Richtungen befahrbar.) Siehe R 190, R 200.

● **204** **Rettenbachalm,** etwa 2000 m, 2 Std. Westl. durch lichten Wald zur Rettenbachalm, 1949 m, und ½ Std. weiter zum Berggasthaus Falkner, 2138 m, 2 Std. von Sölden.

Als Stützpunkte sind, da AV-Hütten fehlen, obengenannte Berggasthäuser, besonders aber Hochsölden und die Rettenbachalm zu empfehlen.

*Übergänge von Sölden:* Über das Haimbachjöchl, 2727 m, und Weißmaurachjoch zur Neuen Chemnitzer Hütte und nach Planggeroß im Pitztal R 604, 605. Über das Pitztaler Jöchl — Braunschweiger Hütte nach Mittelberg im Pitztal R 670 (einer der beliebtesten und meist begangenen Übergänge der zentralen Ötztaler Gruppe).

● **205** Etwa 100 m oberhalb der Edelweißhütte (etwa 1800 m) wurde im Sommer 1976 die **Schutzhütte Leiteralm** eröffnet. Besitzer ist Stefan Gstrein, Leite 54, 6450 Sölden. Die Hütte ist in 10 Min. über Wiesenhänge von der Edelweißhütte auf steilem Pfad zu erreichen.

*Bergfahrten in die nächstgelegenen Gebiete der Stubaier Alpen*

Sölden ist der wichtigste Ausgangspunkt im Ötztal für die Hütten und Gipfel der zentralen Stubaier Alpen.

● **207** **Brunnenbergalm,** 2000 m, 1½ Std. Nordöstl. auf bez. Saumweg über den Weiler Windau durch Wald zum (jetzt unbewirtschafteten) Gh. Falkner, 1¼ Std., und weiter zur Brunnenbergalm.

● **208** **Kleblaralm,** 1985 m, 2 Std. Von Sölden, zunächst den Weg zur Fieglhütte verfolgend, sodann links (nördl.) abzweigend in einem großen Bogen und einigen kürzeren Kehren auf Saumweg durch Wald zur Alm.

Um nicht den gleichen Rückweg zu machen, kann man zunächst den Weg in gleicher Richtung weiter verfolgen und sodann südl. rechts gerade abwärts den Weg zum Ghs. Fiegl kurz vor der Windachalm erreichen und auf ihm zurück nach Sölden gelangen; oder man geht an der Abzweigung vorbei in gleicher Richtung um in weit ausholendem Bogen den Weg zum Ghs. Fiegl kurz vor diesem zu erreichen.

● **209** **Brunnenkogelhaus,** 2735 m, am Vorderen Brunnenkogel, 4 Std. Wie bei R 207 von Sölden zur Brunnenbergalm und in vielen

Kehren auf Saumweg zum Brunnenkogelhaus. — Im Besitz des Österr. Touristenklubs, Sektion Wien, 2 Betten, 13 Lager, bew. 1. 6. bis 15. 9., im Winter unbenutzbar.

*Gipfel um das Brunnenkogelhaus*

● **210 Vorderer Brunnenkogel,** 2761 m, 5 Min. Dieser Gipfel ist der Hüttenberg, dessen höchster Punkt in wenigen Minuten erreicht wird.

● **211 Hinterer Brunnenkogel,** 2887 m, unschwierig, ½ Std. Schöne Aussicht, lohnend.

Auf bez. Weg zum Gipfel, der eine Holzpyramide der Landesvermessung trägt.

*Übergänge*

● **212** Über alle Gipfel des Windacher Kamms und die Windacher Scharte zur **Siegerlandhütte,** 7—9 Std. Nur für Geübte, mäßig schwierig.

● **213 Wannenkögel — Timmelsjoch,** 5 Std. Auf bez. Weg über den Hinteren Brunnenkogel, ½ Std., weiter auf dem Grat zum Rotkogel, 2892 m, dann weglos über die Vorderen Wannenkögel, 2967 m und 2994 m, zum *Hinteren Wannenkogel,* 3091 m, schöner Aussichtsberg, 2½—3 Std., von hier südwestl. in ein Trümmerkar, dann südöstl. bei der Höhenkote, 2600 m, zum Fuß des Timmelsjochberges querend. Etwas absteigend und südl. weiter zum Timmelsjoch, 2509 m

● **214 Fiegl-Wirtshaus** (auch Fieglhütte genannt), 1957 m, 2 Std. 1951 durch Lawinen zersört, neu aufgebaut. Von Sölden über die Ötztaler Ache und über Wiesen zum Eingang des Windachtales, durch dessen klammartige Schlucht man auf bequemem Saumweg an der rechten Seite des Tales teils durch Wald, teils über einen sonnigen Wiesenhang zu den Weiden der Windachalm, 1½ Std., und über sie zur Fieglhütte gelangt, ½ Std.

● **215 Bildstöckljoch — Dresdner Hütte,** 4½—5 Std., unschwierig (wird meist in umgekehrter Richtung begangen). Vom Fiegl-Wirtshaus taleinwärts zur Wegteilung (rechts Hildesheimer Hütte), links auf AV-Steig in zahlreichen Windungen steil aufwärts, 2 Std., sodann rechts in die Arzgrube und nordöstl. zum Windachferner, auf dem man weiter nordöstl. am Jochsee vorbei zum Bildstöckljoch,

3144 m, 1¼ Std. ansteigt. Heute geht man meist knapp rechts über das niedrigere Stubaier Eisjoch, 3133 m (wenige m über der Schlepplift-Bergstation). Über den Schaufelferner im Bogen nach links zu den Moränen, wo man auf den AV-Weg zur Dresdner Hütte, 1½ Std. trifft. Oder über den Gletscher gerade hinab zur Station Eisgrat der Stubaier Gletscherbahn.

● **216 Hildesheimer Hütte,** 2899 m. Für die Besucher von Sölden ist die Hildesheimer Hütte der wichtigste Stützpunkt im Gebiet der Stubaier Alpen, da er für Gipfelfahrten im Stubaier Zentralkamm am besten geeignet ist. AV-Sektion Hildesheim, bew. Ostern, Pfingsten, 30. 6.—20. 9., 22 Betten, 51 Matratzenlager, Winterraum mit AV-Schloß, 5 Lager. Herrliches Frühjahrsskigebiet.

Von Sölden wie R 214 zum Fiegl-Wirtshaus. Von hier 20 Min. eben zur ersten Wegteilung (links Weg zum Bildstöckljoch), rechts sanft im Windachtal ansteigend zur zweiten Wegteilung (rechts alter Hüttenweg und Weg zur Windacher Scharte), links in Kehren zum Nietel, 2 Std. Nun steil über Felshänge zu einem Schuttkar, über das man auf bequemem Saumweg die schön gelegene Hütte oberhalb des Gaiskarsees erreicht, etwa 5 Std. von Sölden.

*Gipfel um die Hildesheimer Hütte*

● **217 Schußgrubenkogel,** 3211 m, 1¼ Std., unschwierig auf AV-Weg über den O-Grat zur Spitze.

● **218 Schaufelspitze,** 3333 m, unschwierig für Bergerfahrene, Aussichtsberg, 1¼ Std. Auf AV-Weg westl., dann rechts über den Gaiskarferner sanft ansteigend zum Isidornieder, 3158 m, ¾ Std. Von hier rechts auf kleinem Steig in ½ Std. zur Schaufelspitze.

● **219 Aperer Pfaff,** 3351 m, unschwierig für Geübte, 1½—2 Std. Zwei Wege: a) Auf AV-Weg zum Gaiskarferner und über ihn, zuletzt über Schutt und Schnee zur Schaufelnieder, 3040 m, ½ Std. bis ¾ Std.; von hier über den W-Grat über Blockwerk mühelos zum Gipfel. b) Zum Gaiskarsee auf gutem AV-Weg, an dessen linkem Ufer und östl. steil zum Pfaffenjoch, 3230 m, 1—1¼ Std. Vom Joch in 20 Min. über den O-Grat (Blockgrat) auf den Gipfel.

● **220 Pfaffenschneide,** 3500 m, 2 Std. Lohnend, mäßig schwierig. Wie bei R 219b zum Pfaffenjoch und in 1¼ Std. über die W-Flanke mäßig steil auf den Gipfel. Bei Vereisung schwierig.

● **221 Wilder Freiger,** 3418 m. Wird in Verbindung mit einer Überschreitung Zuckerhütl — Wilder Pfaff — Wilder Freiger — Nürnberger Hütte von ausdauernden und erfahrenen Bergsteigern in 8 Std. oft gemacht.

● **222 Wilder Pfaff,** 3458 m, 2 Std. Wie bei R 219b zum Pfaffenjoch, 1—1¼ Std., und weiter unter den nördl. Abstürzen der Pfaffenschneide nordöstl. den Sulzenauferner querend, über die breite W-Flanke und über Firn zum Gipfel.

● **223 Zuckerhütl,** 3507 m, höchster Berg der Stubaier, großartiger Aussichtsberg, unschwierig bis mäßig schwierig. Unschwierigster Anstieg von der Hildesheimer Hütte, 2½ Std. Wie bei R 219b zum Pfaffenjoch und wie bei R 224 zum Pfaffensattel. Nun entweder südöstl. über brüchige schneefreie Felsen, nicht schwierig in 25 bis 30 Min. zur Spitze oder je nach Schneeverhältnissen schwieriger über den nach NO abfallenden Firnrücken (O-Grat) in 30 bis 40 Min. zum Gipfel.

*Übergänge von der Hildesheimer Hütte*

● **224 Becherhaus über den Wilden Pfaffen,** 3—3½ Std. Nicht schwierig für Bergerfahrene. Becherhaus italienisch, doch Grenzübergang ohne Abstieg auf die Südtiroler Seite gestattet. Wie bei R 219b auf das Pfaffenjoch und über die oberste Firnmulde des Sulzenauferners östl. und südöstl. (rechts) unter den Wänden der Pfaffenschneide und des Zuckerhütls vorbei zum flachen Pfaffensattel, 3332 m (zwischen Zuckerhütl und Wildem Pfaffen gelegen) und aus ihm auf den Gipfel, über welchen die Grenze verläuft. Abwärts über den steilen brüchigen O-Grat (Felsgrat), Versicherungen, die aber zum Teil verfallen sind, auf den Übeltalferner und zur Pfaffennieder, von welchem man in ½ Std. östl. zum Becherhaus gelangt.

● **225 Amberger Hütte über das Bildstöckl- und Daunjoch,** 4—5 Std. Unschwierig für Bergerfahrene, s. R 168 in umgekehrter Richtung.

● **226 Dresdner Hütte über das Bildstöckljoch,** 2½—3 Std. Lohnendster und gebräuchlichster Übergang. Nicht schwierig für Bergerfahrene.

Von der Hütte in westl. Richtung über den Grat ansteigend, dann rechts abbiegend auf AV-Steig zum Gaiskarferner und über diesen sanft ansteigend links auf den flachen Sattel des Gaiskarnieders.

Jenseits auf den obersten Teil des Windacher Ferners und über ihn nordwärts zum Stubaier Eisjoch (Bergstation der Lifte) und auf den Schaufelferner. Über den Gletscher hinab zur Station Eisgrat der Stubaier Gletscherbahn (AV-Weg zur Dresdner Hütte).

● **227 Über das Pfaffenjoch und die Lange Pfaffennieder zur Dresdner Hütte,** 3—3½ Std. Unschwierig für Geübte. Auf AV-Weg zum Gaiskarferner hinab und an dessen linkem Ufer über Schutt und Schneeflecken (ganz links haltend) aufwärts zum Pfaffenjoch, 3212 m, zwischen Aperem Pfaffen und Pfaffenschneide gelegen, 1—1¼ Std. Nördl. absteigend, wieder ganz links am Gletscher haltend, sodann sanft ansteigend zum Pfaffengrat, von welchem ein versicherter Steig steil über Felsen zur Langen Pfaffennieder, 3063 m, führt, ½ Std. Von hier links über Fels und Schutt zum flachen Fernauferner, in großem Bogen nach W zur Kurvenstation des Gletscherliftes Fernau. Hier wendet man sich nordwärts und trifft bald auf den AV-Steig zur Dresdner Hütte.

● **230 Siegerlandhütte,** 2710 m, 2—3 Std. Von der Hildesheimer Hütte auf dem Zugangsweg talab. Abzweigung am steilen, gut begehbaren Hang zum Gaisbach, diesen überquerend und über die ausgeaperten Felsen am S-Rand des Pfaffenferners entlang und hinauf zur Siegerlandhütte. Neuer eisfreier Weg.

## **Siegerlandhütte,** 2710 m

● **231** Am Rande des östl. Scheiblehnferners. AV-Sektion Siegerland, bew. 20. 6—10. 9., 33 Betten, 45 Matratzen, Winterraum mit AV-Schloß, 4 Lager. — Von Sölden über Fiegl-Wirtshaus, 5 Std., unschwierig. Wie bei R 214 zum Fiegl-Wirtshaus. Von hier durch das Windachtal aufwärts, an den Abzweigungen des AV-Weges zum Bildstöckljoch und des Saumweges zur Hildesheimer Hütte vorbei zum Talschluß und in zahlreichen Kehren über die Moränen des Scheiblehnerferners zur Hütte.

### *Gipfel um die Siegerlandhütte*

● **232 Scheiblehnkogel,** 3060 m, 2½ Std. Unschwierig für Bergerfahrene. Von der Hütte südwestl. auf den Scheiblehnferner und über die NO-Seite unschwierig auf den Gipfel.

● **233 Hohlkogel,** 2960 m, 3 Std. Mäßig schwierig. Den Scheiblehnferner in südl. Richtung aufwärts querend zum felsigen Seitenkamm zwischen Scheiblehnferner und Hangendem Ferner, über

Der Gipfelgrat des Zuckerhütls.

welchen man in mäßig schwieriger Kletterei zum Hohlkogel gelangt. Man kann in ¾ Std. Gratkletterei über den Verbindungsgrat den Scheiblehnkogel erreichen und von ihm unschwieriger über den Scheiblehnferner zur Siegerlandhütte absteigen.

● **234 Schrakogel,** 3135 m, 3½ Std. Unschwierig für Bergerfahrene. Südwestl. zum Schrakarferner und aus ihm über den W-Grat unschwierig auf den Gipfel (wird gerne in Verbindung mit dem Wannenkogel gemacht, welchen man über den Verbindungsgrat in etwa 1 Std. erreicht).

● **236 Sonklarspitze,** 3467 m, 2½ Std., unschwierig bis mäßig schwierig. Auf Pfadspuren nördl. über ein Kar und weiter nördl. steil über Firn auf den Scheiblehnkamm, welcher auf die Sonklarspitze führt. Schöner Aussichtsberg.

● **237 Zuckerhütl,** 3507 m, 4 Std., mäßig schwierig. Mehr als Abstiegsweg zu empfehlen. Zur Schaufelnieder (Fernaujoch), 3050 m, und auf das Pfaffenjoch, 3212 m; zum Pfaffensattel, 3332 m (in der Steilrinne unterhalb des Pfaffensattels Seilsicherung) und über den O-Grat steil zum Gipfel.

● **238 Wilder Pfaff,** 3471 m, 4 Std. mäßig schwierig. Wie oben zum Pfaffensattel und über die breite W-Flanke über Firn zum Gipfel.

● **239 Pfaffenschneide,** 3500 m, mäßig schwierig, etwa 4 Std. Wie oben zum Pfaffenjoch und von hier über die W-Flanke mäßig steil in ¾—1 Std. auf den Gipfel. Herrlicher Aussichtsberg.

Ausdauernde Bergsteiger (nichts für Ungeübte) können alle Gipfel des Windacher Kammes bis zum Brunnenkogelhaus über die Windacher Scharte in 8—9 Std. überschreiten.

### *Übergänge von der Siegerlandhütte*

● **243 Zur Hildesheimer Hütte über das Gamsplatzl,** 2½ Std., s. R 230 in umgekehrter Richtung.

● **244 Zur Dresdner Hütte über das Gamsplatzl und Fernaujoch,** 4½ Std. Unschwierig für Bergerfahrene. Zum Gamsplatzl und Fernaujoch (Schaufelnieder). Über den Fernauferner gerade (nördl.) abwärts zur Dresdner Hütte.

● **245 Zum Becherhaus über die Sonklarspitze,** 4 Std. Nicht schwierig für Geübte. Wie bei R 236 zur Sonklarspitze, 2½ Std. und östl. zur Müllerhütte auf der Pfaffennieder, italienisch. (Von dieser kann man nördl. zur Sulzenauhütte absteigen), östl. in 1½ Std. zum Becherhaus (wegen Grenzübergang vorher fragen!).

### **Hochstubaihütte auf der Wildkarspitze,** 3173 m

● **246** Eine der höchstgelegenen Hütten der Ostalpen. Sie steht auf der Wildkarspitze, mit herrlicher Aussicht nach allen Seiten hin. Im Besitz der AV-Sektion Dresden (derzeit mit Sitz in Wuppertal-Elberfeld). Neu instandgesetzt. Bew. 1.7.—Mitte Sept., 10 Betten, 50 Matratzenlager, Winterraum mit AV-Schloß, 5 Lager. Sommerskikurse.

*Zugänge:*

● **247 Von Sölden über Fiegl-Wirtshaus,** 5 ½ Std. Bez. Weg. Wie R 214 zum Fiegl-Wirtshaus, 2 Std, und auf AV-Steig in einigen langen Kehren über die nördl. Talseite zum Unteren Seekarsee, 2655 m, 2 Std. Von hier rechts empor, den Oberen Seekarsee, 2827 m, links liegen lassend, über Blockwerk zum obersten Karteil, aus dem der Steig über ein Felsband auf den Grat führt. Nun über Firn links auf die Gipfelkuppe der Wildkarspitze, 3173 m.

● **248 Von Sölden über die Kleblaralm und Laubkarsee,** 5 Std. Unschwierig. Wie bei R 208 zur Kleblaralm und weiter auf bez., neu ausgebautem Weg zum Laubkarsee, von hier auf den Wildkarferner und auf bez. Steig über Fels und Firn zur Hochstubaihütte. Besserer Anstieg als R 247, welcher sich in schlechtem Zustand befindet.

*Gipfel um die Hochstubaihütte*

● **249 Hoher Nebelkogel,** 3211 m, ¼ Std. Unschwierig. Über den Felsgrat zur südl. vorgelagerten Kuppe des als selbständiger Gipfel wenig ausgeprägten Nebelkogels, den man beim Zugang R 247 vom Fiegl-Wirtshaus über das Seekar unschwierig mit besteigen kann.

● **250 Warenkarseiten-Spitze,** 3345 m, ¾—1 Std. Unschwierig. Selten besucht, doch überaus lohnend. Der Gipfel wird über den Firnsattel der Warenkarseite, der diese mit der Wildkarspitze verbindet, erreicht.

● **251 Windacher Daunkogel,** 3351 m, 1½ Std. Mäßig schwierig. a) Auf den *Wütenkarsattel,* 3115 m, über den anfangs breiten, dann imer schmaler werdenden W-Grat (Firngrat) auf die Spitze.

b) Unschwieriger über die *Warenkarscharte*, 3187 m, und über die felsigen S-Hänge des Gipfels.

*Übergänge von der Hochstubaihütte:*

● **252 Zur Amberger Hütte über den Wütenkarsattel** s. R 167 in umgekehrter Richtung.

● **253 Zur Dresdner Hütte über das Daunjoch,** 3¼ Std. Sehr lohnend, unschwierig. Östl. hinab auf den Wütenkarferner und mit Schleife nach N zum Wütenkarsattel, 3115 m. Jenseits den Sulztaler Ferner überquerend (ganz rechts halten!) zur Daunscharte, jenseits auf den leicht begehbaren Daunkogelferner hinab und zur Moräne zwischen Schaufelferner und Daunkogelferner querend, wo der Steig, welcher von der Dresdner Hütte zum Bildstöckljoch führt, erreicht wird. Über ihn zur Dresdner Hütte hinab.

### ● 254 **Zwieselstein,** 1450 m

Freundliches Dorf, im Talschluß des Ötztales am Fuß des Nörderkogels. Gasthäuser, Talherberge des ÖAV. Gipfel: Nörderkogel. Übergang: Über das Timmelsjoch nach Meran. Hütten und weitere Gipfel: s. Obergurgl und Vent.

*Zugang:* 44,5 km Autostraße von Bahnstation Ötztal. — Von Sölden auf der Autostraße, 1 Std. Dieser Teil der Straße ist auch als Fußmarsch zu empfehlen. Hinter Sölden verengt sich das Ötztal zu einer Schlucht, der Kühtreienschlucht. Die Autostraße führt an der linken (westl.) Talseite in einem großen Bogen am Weiler Pitzen vorbei und hoch über der Ache nach Zwieselstein. — Auf der alten Fahrstraße (für Autos nicht befahrbar) ¾—1 Std. Auf der rechten (östl.) Talseite an einem schönen Gletschertopf vorbei durch die Kühtreienschlucht nach Zwieselstein.

### ● 255 **Untergurgl (Angern),** 1800 m

Reizvoller Sommer- und Winterurlaubsort. Südlich von Angern zweigt die Timmelsjochstraße von der Talstraße nach links ab.
Gasthäuser und Pensionen, auch für verwöhnte Ansprüche.
Hütten: Siehe Obergurgl.
Lifte ins Königstal. Doppelsessellift nach Hochgurgl.
Gipfel: Nörderkogel, Zirmkogel, Königskogel, Wurmkogel, siehe Obergurgl.

*Zugang:* 6 km Autostraße von Zwieselstein.

● **256** **Piller See,** ¼ Std. Talaus zum Weiler Pill. Hinter dem letzten Haus, bevor die Straße zur Hohen Brücke abfällt, auf Pfad rechts zum See, welcher etwa 100 m von der Straße entfernt liegt.

● **257** **Angerer Alm** und **Hochgurgl,** 1 Std. Auf der neu erbauten Timmelsjochstraße, welche kurz talein hinter Untergurgl beim Weiler Poschach abzweigt, in nördl. und nordöstl. Richtung, in einigen Windungen ins Timmelstal. Vor Erreichen des Timmelstales führt sie durch das Gelände der Angerer Alm, einem schönen Skigebiet. Oberhalb der Straße die Hotelsiedlung Hochgurgl, die in 1 Std. ab Untergurgl erreicht werden kann.

● **258** **Nördersee,** 2—2½ Std. Talaus zum Weiler Pillberg, links abzweigend auf Steig über Almhütten, 2044 m, zum oberhalb der Lenzen-Alm von Zwieselstein heraufkommenden Steig, R 548, der auf den Nörderkogel führt. Links vom Gipfelanstieg auf Steig kurz zum Nördersee.

● **259** **Seenplatte,** 2—2½ Std. Zum Weiler Pirchhütt talein und auf bez. Steig ansteigend, s. R 275, zur Seenplatte.

● **260** **Timmelsjoch über die Timmelsjochstraße,** etwa 3 Std. Wie bei R 257 zur Angerer Alm, 1 Std. Noch ein Stück in nördl. Richtung weiter, sodann biegt die Straße scharf östl. ins Timmelstal ab, wo sie sich mit dem Fußweg, der von Zwieselstein kommt, bzw. von der Gurgler Straße nach Passieren des Wasserfalls über die Brücke zu den jenseits gelegenen „Skaien" und ins Timmelstal leitet, vereint. Nun in südöstl. Richtung, zum Schluß in einigen Kehren auf das Timmelsjoch, 2509 m, etwa 2 Std. ab Angerer Alm (s. auch R 3a).

## **Obergurgl,** 1910 m

● **261** Berühmtes Bergsteigerzentrum. Höchstes Kirchdorf der Ostalpen, überragt von mächtigen Gletschergipfeln (u.a. Firmisanschneide, Schalfkogel, Kleinleitenspitze). Im Hintergrund der Große Gurgler Ferner, auf welchem Professor Piccard mit seinem Stratosphärenballon im Jahre 1931 landete. Auch dieser große Gletscher aperte in den letzten Jahrzehnten stark aus, zum Vorteil des Langentaler Ferners, dessen Abfluß nun nicht mehr gestaut wird. Durch diese Stauung entstand der berüchtigte Gurgler Eissee, dessen Ausbrüche einst das ganze Ötztal gefährdeten.

Die Pfarrkirche, 1726 erbaut und 1924 erweitert, ist mit Bildern des Innsbruckers Rudolf Margreiter geschmückt. Schon vor 1726 stand hier eine Kapelle. Gurgl ist eine der ältesten Siedlungen des Ötztales. Durch den Bau moderner Hotels und den Ausbau einer Autostraße wurde Gurgl neben seiner Bedeutung als Bergsteigerzentrum und Ausgangspunkt für hochalpine Frühjahrs-Skifahrten (Sessellift vom Hotel Edelweiß zur Gaisbachbrücke) zum viel besuchten Sommer- und Winterkurort und Ziel von Autotouren. Durch die neu erbaute Timmelsjochstraße, die nach Meran führt, hat auch Obergurgl Anteil an dieser N-S-Verbindung erhalten. Übungslift zur Gaisbachbrücke. Gletscherlift von hier auf die Hohe Mutt (an der Bergstation Restauration). Sessellift auf den Festkogel. Zahlreiche Schlepplifte rund um Obergurgl.

Hotels, Pensionen Privatzimmer, auch für die verwöhntesten Ansprüche.
Hütten: Schönwies-Skihütte. Langtalereck Hütte, Hochwildehaus, Ramolhaus.
Gipfel und Übergänge s. bei diesen Hütten.
Bundessportheim, alpine Forschungsstätte.

*Zugang:* **Von Untergurgl** auf der Autostraße.

*Spaziergänge um Gurgl:*

Jedes Abweichen von Weganlagen birgt für Nichtbergsteiger große Gefahren in sich.

● **264 Pirchhütter Bühel** oder Ochsenkopf, 20 Min. Talaus zum Weiler Pirchhütt (Pirchett) und über Wiesen hinter den Häusern von Pirchhütt auf den bewaldeten Kopf.

● **265 300jähriger Zirbenwald** über die Gaißbergbachbrücke, ¾ Std. Auf dem Weg zur Schönwieshütte R 390 bis zur Gaißbergbachbrücke, wo eine Pflockmarkierung abzweigt, die eben in ¼ Std. zum Zirbenwald führt.

● **266 300jähriger Zirbenwald** über das Marterl, ¾ Std. Auf dem Weg zum Ramolhaus bis zum Marterl hinter den Häusern von Obergurgl, von wo ein Wiesenweg zur Hängebrücke abzweigt, und über diese aufwärts zum Zirbenwald. Man benützt R 265 und R 266 als Rundtour um Gurgl.

Hochgurgl (links) und Obergurgl vom Anstieg zum Ramolhaus.

● **267 Gaißbergkopf,** 1 Std.. Wie bei R 390 zur Gaißbergbachbrücke. Knapp über der Brücke biegt der Weg links ab, geht zunächst parallel mit dem Weg zur Schönwieshütte, sodann in einer Kehre zur Kuppe des Gaißbergkopfes mit Aussichtsbank. Schöne Aussicht auf den Gaißberggletscher.

● **268 Schönwies,** 2328 m, 1¾ Std. Zur Schönwieshütte R 390. Von der Hütte in 10 Min. südwärts über Weideböden zum Gipfel mit Aussichtsbank. Herrliche Aussicht.

● **269 Wasserfall in der Rotmoosschlucht,** 1½ Std. Auf dem Weg zur Schönwieshütte R 390 bis zum Steinmann oberhalb der Gaißbergbachbrücke. Von dort waagrecht auf Steigspuren (Pflockmarkierung) zum Wasserfall, ¼ Std. vom Steinmann.

● **270 Gaißbergferner,** 2 Std. Entweder über den *Gaißbergkopf* R 267 und von dort auf Steigspuren zum Gletscher, 1 Std. vom Gaißbergkopf, oder über die *Gurgler Heide.* Auf Weg R 390 zur Gaißbergbachbrücke. Vor der Brücke Abzweigung nach links sehr steil bis zur nächsten Abzweigung, dann rechts über mäßig geneigte Hänge an einer kleinen Hütte vorbei zur Gletscherzunge des Gaißbergferners.

● **271 Rotmoosferner,** 2 Std. Auf Weg R 390 zur Schönwieshütte bis auf die gleiche Höhe wie diese Skihütte (Wegtafel), links ins Rotmoostal abzweigen und am orographisch rechten Hang eben bis zur Zunge des Gletschers, welcher im unteren Teil, soweit der Schutt hinaufzieht, gefahrlos begangen werden kann.

● **272 Piller See,** ¾ Std. Talaus nach Untergurgl und zum Weiler Pill. Weiter s. R 256.

● **273 Peilstein** (Rundtour), 3 Std. Auf Weg zum Ramolhaus R 388 bis 100 m oberhalb der Brücke über die Gurgler Ache. Links abzweigend zu drei Heuhütten und über Bergwiesen gegen den Talgrund etwas absteigend und unterhalb eines Wasserfalls wieder ansteigend zu den Heuhütten des Peilsteins. Von diesen Hütten leicht weglos am Hang empor zu einem Steiglein, das waagrecht auf den Weg zum Ramolhaus R 388 führt und auf diesem nach Obergurgl zurück. Gesamtzeit 3 Std.

● **274 Gurgler Heide,** 4 Std. Wie auf Weg R 270 zum Gaißbergferner zur Gurgler Heide. Mit schönem Blick auf den Schalfkamm links weiter auf Steig in die weite Fläche der Gurgler Heide bis zu einem

Steinmann, von welchem man absteigend den Weg Verwalltal — Pirchhütt und über ihn Obergurgl erreicht.

● **275** **Seenplatte,** 2½ Std. Zum Weiler Pirchhütt und auf bez. Steig an den kleinen Mühlen vorbei über Wiesen und steile Hänge zur Seenplatte (Sonnensee mit Ausblick auf das Stubaier Gebiet, Königs-, Verwall-, Gaißberg- und Rotmoostal und Hochwand), 2½ Std. Anstieg.

● **276** Auf der Timmelsjoch-Hochalpenstraße zur Hotelsiedlung **Hochgurgl** bzw. zum Timmelsjoch, s. R 3.

● **277** Auf dem neuerbauten Fußweg (Höhenweg) zur Hotelsiedlung **Hochgurgl**, R 280.

## **Hochgurgl,** 2150 m

● **278** Hotelsiedlung für anspruchsvolle Gäste.

Von hier genießt man eine herrliche Aussicht nicht nur auf die benachbarten Gletscher und Gipfel, sondern auch durch das Ötztal bis ins Oberinntal hinaus.

Ein ganzjährig betriebener Sessellift führt von Hochgurgl zum großen Kar unterhalb des Wurmkogels und hat daher auch für die Bergsteiger einige Bedeutung, teils durch die neuen Steiganlagen, teils durch Verkürzung des Anmarsches. Beide Sektionen (Sessel-, dann Schlepplift) des neuen Wurmkogelliftes im Anschluß an den Lift zum Großen Kar (s. auch Skikapitel). Die dritte Sektion führt auf die Gratschneide des Wurmkogels, Bergstation 3070 m, mit Bergrestaurant. Weiters der Krumpwasserlift und der Vordere Wurmkogellift (Schlepplifte). Untergurglbahn (Doppelsessellift von Untergurgl).

● **279** *Zugang:* Von Ober- und Untergurgl auf der **Timmelsjoch-Hochalpenstraße,** R 3.

● **280** **Höhenweg von Obergurgl,** 2—2½ Std. Durch den Zirbenwald nach Pirchhütt, bez. Fußweg, an der Versuchsstation für die Aufforstung vorbei und ¼ Std. durch das Königstal, die Königsbachklamm auf kleiner Brücke querend, auf das Angerer Plateau bei den Hotels. Dieser Weg berührt die Timmelsjoch-Hochalpenstraße nicht.

● **281** **Zum Timmelsjoch** auf der Timmelsjoch-Hochalpenstraße, 2—2½ Std, 8 km, R 3.

Gipfel: Wurmkogel, Banker Kirchenkogel, Schermerspitze.

Übergang: Über das Timmelsjoch nach Meran.

## **Heiligkreuz im Venter Tal,** 1710 m **(Kurzlehn)**

● **284** Freundlicher Ort im Venter Tal mit hübscher kleiner Kirche auf einem schroffen Felshügel (schöne Bildhauerarbeiten), schon lange von der Venter Straße aus sichtbar.

*Unterkunft:* Ghs. Heiligkreuz.

*Zugang:* 6 km Straße (zweispurig ausgebaut) von Zwieselstein. Zu Fuß 1½—‰¾ Std. Von Zwieselstein über die Ache zurück und auf dem linken Ufer sanft ansteigend, lange Zeit mit Blick auf das kleine Kirchlein, nach Heiligkreuz.

## **Vent,** 1896 m

● **285** Berühmtes Bergsteigerzentrum am schon in ältesten Zeiten häufig begangenen Übergang nach Südtirol über das Niederjoch. Auch von Vents Gletschern — dem Vernagtferner — wurde der Abfluß des Hintereisferners, der Vernagtbach, zu einem berüchtigten See, dem Rofensee, gestaut, der nicht nur Vent, sondern das ganze Ötztal bis zur Mitte des vorigen Jahrhunderts, als allmählich die Ausaperung der Gletscher einsetzte, verwüstete.

Vent ist eine der ältesten Siedlungen des Tales, schön am Fuß der Talleitspitze gelegen. Gletscherwarte am Ort. Die von einer Lawine zerstörte Kirche wurde 1802 neu gebaut. Am Widum erinnert eine Marmortafel an das 11jährige Wirken des Gletscherpfarrers Franz Senn, der nicht nur für die Erschließung der Gipfelumgebung von Vent, sondern darüber hinaus der Ötztaler Alpen und als Mitbegründer des DAV für die gesamte Bergsteigerwelt große Bedeutung hatte.

In Vent teilt sich das Venter Tal in zwei Äste, das westl. gelegene Rofental, das zum Hochjoch führt, und das südl. zum Niederjoch ziehende Niedertal.

Vent ist ein beliebter Ausgangspunkt für hochalpine Frühjahrs-Skifahrten. Schlepplifte von Pension Ober-Vent zum Stauteich des E-Werks, beim Niedertal, weiters ein Sessellift auf die Stableiner Heuhütten (Doppelsesselbahn Wildspitze).

Neben den Unterkünften für Bergsteiger sind moderne Hotels errichtet worden, die auch verwöhnte Ansprüche zufriedenstellen.

*Spaziergänge:*

Vent besitzt ebenso wie Obergurgl und Sölden neben schwierigen und schwierigsten Bergfahrten und den zahlreichen, teilweise für Nichtbergsteiger geeigneten Hüttenanstiegen ein Netz von kürzeren Spaziergängen rund um den Ort.

● **286 Seeplateau,** 20 Min. Von Vent dem Weg zum Ramolhaus folgend zuerst durch die Wiesen hinter dem Hotel Vent, dann etwas steiler ansteigend durch lichten Wald auf gutem Weg zum Seeplateau, etwa 2000 m Seehöhe. Von hier schöner Blick durch das Niedertal auf den Marzellferner und Similaun.

● **287 Rofen,** 30 Min. Dem Fahrweg folgend durch Wiesen, dann leicht ansteigend durch Weidehänge auf eine kleine Anhöhe, von wo die Rofenhöfe auf dem nun leicht abfallenden Fahrweg in 10 Min. erreicht werden. Die Rofenhöfe, 2014 m, sind die höchst gelegenen ständig besiedelten Bauernhöfe der gesamten Ostalpen.

● **288 Neder,** 30 Min. Beim Hotel Vent und den Zollhäusern vorbei über die Brücke des Niedertalbaches und zuerst etwas dem Wege zum Samoarhaus folgend. Bevor dieser Weg links in das Niedertal abzweigt, rechts auf ebenem schmalem Steig weiter über Wiesen und Weideflächen in das Rofental.

● **289 Büchele,** 30 Min. An der Kirche vorbei, der Fahrstraße talauswärts folgend bis zur Abzweigung des alten Fahrweges, dann auf diesem weiter leicht ansteigend und zuletzt über Weidehänge ohne Weg auf das Büchele. Schöner Blick auf die Stubaier Alpen.

● **290 Feldkögele,** 1 Std. Vom Gasthof Post zuerst steil ansteigend und dann nach etwa 50 m nach rechts einem kleinen Steiglein folgend durch steilere Grashänge in wechselndem Auf und Ab bis zum Büchelbach. Diesen überquerend und bald darauf links ansteigend an einigen Heustadeln vorbei, bis man dem Steig rechts folgend eine kleine Mulde erreicht. Von hier in 10 Min. auf den Kopf des Feldkögeles, 2080 m. Zurück entweder den gleichen Weg oder den flachen Sattel überschreitend über leicht abfallende Grashänge ohne Weg absteigend zum Büchele und von hier zurück nach Vent.

● **291 Stablein,** 1½ Std. (Sessellift). Man folgt dem Weg zur Breslauer Hütte, bis man am halben Weg eine größere Ansammlung von Heustadeln erreicht, welche auf einem ziemlich flachen Plateau liegen, 2380 m. Von hier großartiger Rundblick auf den ganzen Schalfkamm, sowie auf Mutmalspitze und Hintere Schwärze.

● **292 Ramolalm,** 1 Std. Auf dem Weg zum Ramolhaus auf das Seeplateau. Von hier weiter immer auf gutem Weg etwas steiler ansteigend, bald durch lichten Zirbenwald, dann über steilere Grashänge zur Ramolalm, 2218 m. Schöner Tiefblick auf das Rofen- und Venter Tal. Gegenüber die Wildspitze mit Breslauer Hütte.

● **293 Sonnenbergalm,** 1½ Std. Zuerst auf dem Weg wie zum Feldkögele (R 290) bis zu den Heustadeln. Nun dem Steig nach links folgend und langsam ansteigend über Grashänge, bis man wieder ein ziemlich ebenes Plateau erreicht. Nun beinahe eben weiter, die Hänge des Taufkarkogels und des Weißen Kogels querend, bis zum Murrenbach, über diesen und in etwa 10 Min zur Sonnenbergalm, etwa 2500 m (teilweise verfallen).

## b) Das Pitztal

*Zugänge:*

● **294** Bahnstation Imst der Bahnstrecke Innsbruck — Feldkirch. Imst ist auch mit Postauto ab Innsbruck und ab Lermoos an der Bahnstrecke Garmisch — Reutte über den Fernpaß erreichbar. Imst ist Ausgangspunkt der Linie ins Pitztal. Mehrmals täglich Postautoverbindung bis Mittelberg. Die Straße ist bis in den Talschluß zweispurig ausgebaut.

### Die Straße durch das Pitztal

● **297** Das etwa 42 km lange Tal bildet kurz vor seiner Mündung ins Oberinntal zwischen Roppen und Bahnstation Imst eine von der Pitztaler Ache durchflossene waldige Felsschlucht. Diese unwegsame Schlucht wird von der Pitztaler Straße, die etwa 1 km westl. der Mündung der Pitztaler Ache beim von Felsen umrahmten Bahnhof Imst beginnt, umgangen. Das Pitztal wird vom Ötztal durch den Geigenkamm und vom Kaunertal durch den Kaunergrat getrennt.

Ab St. Leonhard ist die Straße bis Mittelberg neu ausgebaut. Die gesamte Straße ist in den letzten Jahren verbreitert worden. Die Straße zieht vom Bahnhof Imst in Kehren auf die fruchtbare Talterrasse, westl. oberhalb der Schlucht; die Schlucht erstreckt sich über 10 km im untersten Teil des Tales und ist wegen ihrer Felshänge weder für Straßenbau noch für Ansiedlungen geeignet. Erst die Talterrasse oberhalb der Schlucht, zu welcher die Straße aufsteigt, ist besiedelt, wobei als besondere Eigenheit des Pitztales auffällt, daß außer den Talorten auf dieser ersten Talstufe bis Mittelberg keine größeren geschlossenen Ortschaften zu finden sind, sondern nur eine große Anzahl von Einzelhöfen, die zu größeren Gemeinden auf den verschiedenen Talstufen zusammengeschlossen sind.

Am Ausgangspunkt der Straße, Bahnhof Imst, liegt die kleine Sachsenkapelle, zum Andenken an Friedrich August von Sachsen, der durch Wagenunfall auf dem Weg ins Pitztal getötet wurde. Vom Bahnhof Imst zweigt die Pitztaler Straße bei der Brücke, von wo die Hauptstraße zum Ort Imst führt (Fußmarsch 1 Std.), nach links ab und führt in großem Bogen nach rechts über einen bewaldeten Steilhang (hier Abzweigung zum Alpengasthof Plattenrain am Hang des Venetbergs) zur ersten größeren Ansiedlung der unteren Talstufe, nach *Arzl.* Von hier geht die Straße hoch über die Pitztaler Ache zunächst sanft ansteigend, dann immer eben zum Hauptort des Tales, *Wenns* an der W-Seite einer breiten, besonders fruchtbaren Talterrasse (auch Wennser Schmalzkessel genannt) gelegen. Von hier zweigt der Weg über Piller und den Piller Sattel nach Fließ und Landeck ab, R 780. Gegenüber von Wenns auf der anderen Talseite liegt das Dorf *Jerzens*, wohin man von Wenns über den Weiler Pitzenhof gelangen kann. Bessere Zugänge nach Jerzens sind bei R 312 und R 313 beschrieben.

Hinter Wenns verengt sich das Tal wieder. Die Straße zieht zunächst hinunter zu dem von Piller kommenden Bach, überquert diesen und quert sodann, allmählich immer mehr ansteigend, immer noch hoch über der Pitztaler Ache, die felsigen Talhänge, um endlich die Ache selbst zu erreichen. Diese wird überquert, worauf man durch Wald bald zum Gasth. *Schön* gelangt. Nun zieht die Straße durch die teilweise enge Talschlucht an Einzelhöfen und dem Weiler Ritzenried vorbei, um über Wiesen zum Schluß durch Wald zum Gasth. *Wiese*, 1158 m (meist unbew.) zu gelangen, wo der alte Weg nach Zaunhof abzweigt. Die Straße zieht von hier im Bogen nach rechts (die Kitzgartenschlucht umgehend) über die Weiler Hairlach, Scheibrand, Bichl und Schweighof zum Hauptort des mittleren Pitztales, zum Bergsteigerdorf *St. Leonhard.*. Durch das immer alpiner werdende Tal am Weiler Piösmes und den Häusern von Stillebach (Blick vom Stillebach auf die Wildspitze), Weixmannstall und Neurur vorbei nach *Trenkwald.* Immer sanft ansteigend zieht von hier die Straße über Köfels und Weißwald nach *Planggeroß*, dem letzten großen Talort des Pitztales. Von Planggeroß führt eine breite Straße, immer mit Blick auf den Mittagskogel, an den

Weilern Tieflehn und Mandarfen vorei und endet in *Mittelberg* (Ghs.), 42 km vom Bahnhof Imst. Da die Straße durch das Pitztal teilweise wildromantischen Charakter besitzt, ist ein Fußmarsch in Etappen duch dieses hochalpine Tal Bergwanderern, die über genügend Zeit verfügen, zu empfehlen. Vom Bahnhof Imst bis Mittelberg läßt sich das Pitztal in 10 Std durchwandern. Die einzelnen Gehzeiten sind bei den verschiedenen Orten angegeben.

### **Arzl,** 883 m

● **298** Hübsches Sommerfrischendorf mit schönem Blick auf die Berge des Oberinntals bei Imst.

Arzl hat seinen Namen von einem alten römischen Kastell (arcella), das auf dem Burgstall westl. von Arzl gestanden haben soll. Weder von diesem noch von dem Tiroler Schloß, das auf dieser Stelle später erbaut wurde, sind Überreste vorhanden.

Hotels und Gasthäuser am Ort. Fernsehturm auf dem Burgstall für die Orte im vorderen Pitztal: Arzl, Wenns und Jerzens sowie für die Oberinntaler Orte: Haiming, Ötztal, Roppen, Imst. Schlepplift, automatische Kegelbahn.

*Zugänge:* 2,5 km Autostraße von Bahnstation Imst oder auf dem die Straße abschneidenden, ziemlich steilen Fußweg in ½ Std. von Bahnhof Imst.

Gipfel: Venetberg.

*Spaziergänge:*

● **299 Osterstein,** ½ Std. Auf einer Anhöhe in der Nähe des Ortes gelegen, wohin am St. Veitstag (15. Juni) die Bittprozession vor dem Almauftrieb zieht. Der Sage nach soll auf dem Osterstein ein Hexentanzplatz gewesen sein.

● **300 Burgstall,** 1054 m, ½ Std. Schöne Aussicht. Auf gutem Weg auf die Felskuppe.

● **301 Wald,** 1 Std. Beim Unteren Wirt links auf Weg in die Bachschlucht hinab und jenseits zum Dorf Wald, 895 m hinauf. Dieses ist gegenüber Arzl auf der anderen Seite der Schlucht gelgen, mit schöner alter gotischer Kirche. (Hierher gelangt man besser von Station Roppen in 1½ Std.)

● **302 Imster Berg oder Imster Au,** 1 Std. Auf schönem Promenadeweg westl. am Burgstall vorbei auf die Inntalseite nach Imster

Berg (im zweiten Weltkrieg Schauplatz der letzten Kämpfe in Tirol) oder auf Abzweigung nach dem tiefer gelegenen Imster Au. Von Imst Postautoverkehr bis Dorfplatz Imster Berg.

● **303** **Alpen-Gasthof Plattenrain** am Hang des Venetberges, 1½ Std. Guter Saumweg, mit Pkw. befahrbar, ziemlich steil in Kehren, zumeist über Wiesen. Abschneidender Fußweg vorhanden. ½ Std. von Arzl Gasthaus Rauthof, ganzjähirg bewirtschaftet. Zu den verschiedenen Gasthäusern, z. B. Pfefferle in Leins, Gasthaus Traube u. a., führen von Arzl bez. Wege ¾—1 Std, mit Pkw. befahrbar.

## **Wenns,** 961 m

● **304** Beliebte Sommerfrische in besonders fruchtbarer Gegend. Hauptort des vorderen Pitztales.

Schöne alte Häuser. Am Gerichtsgebäude sehenswerte Fresken von 1576. Die Johanneskirche in Wenns ist die älteste Kirche des Pitztales (in Urkunden bereits 1233 erwähnt). Altarbild des Hl. Antonius von Padua. Das uralte Margarethenkirchlein in der Nähe von Wenns brannte vor dem zweiten Weltkrieg teilweise ab. Von Wenns verkehrt ein Kurswagen der Post nach Piller.

4 Gasthäuser, Cafés mit Fremdenbetten, Fremdenheim und Privatbetten, 1 Gasthaus am Weg von Wenns nach Piller. Autom. Kegelbahn, modernes geheiztes Schwimmbad, Sauna, Pfarrbücherei, Tiroler Abende, Platzkonzerte der Trachtenkapelle, Kino, einmal wöchentlich Lichtbildervorträge über die Umgebung, Postautohaltestelle, Post, Telefon, Arzt.
Ski-Schlepplift von Wenns—Oberdorf, 250 m Länge, auf die Hänge hinter Oberdorf führend.
Gipfel: Piller Höhe, Hoher Aifenspitz, Venetberg.

*Zugang:* 7,5 km Autostraße von Bahnstation Imst, 2 Std. zu Fuß. — Von Arzl nach Wenns, 1½ Std. Zuerst wenig ansteigend, dann fast eben.

● **305** *Spaziergänge:* Ein Netz von bez. Waldwegen, die mit Ruhebänken versehen sind, durchzieht das Venetgebiet bei Wenns.

● **306** **Alpengasthof Plattenrain** am Hang des Venetberges, 2 Std. Über Auders über Wiesen und durch Wald in Kehren ansteigend.

● **307** **Oberdorfer Alm,** 1600 m, 2½ Std. Über eine Säge durch Wald in Kehren ansteigend. Kein Gasthaus, aber Almprodukte.

● **308** **Larcheralm** im Venetgebiet, 2½ Std. Am Weg zum Venetberg (Almprodukte).

● **309** **Gallfluh** (im Venetgebiet), 3 Std. Am Weg zum Venetberg. Kein Gasthaus, nur Almprodukte.

## ● 310 **Jerzens,** 1104 m

Freundliches altes Bergdorf, in schöner freier Lage auf Bergterrasse, das kurz vor dem zweiten Weltkrieg immer mehr als Sommerfrische aufblühte. Ausgangspunkt für den Hochzeiger und die Gipfel des Wildgratstockes. Alte malerische Häuser, Kirche aus dem Jahre 1737.
1 Gasthaus, 1 Café, Privatbetten, sowie Gasthaus Schön an der Pitztaler Straße, Skischule. — Leihbücherein, wöchentlich einmal Lichtbildervorträge über die Umgebung, Tiroler Abende, Platzkonzerte der Trachtenkapelle. — Sessellift zum Hochzeigerhaus, weiter eine Schleppliftsektion, außerdem Schlepplift neben der Talstation (s. auch Skikapitel). Hütten: Berggasthof Hochzeigerhaus (Privat), Erlanger Hütte s. R 616, 617. Übergänge: Karlalmjoch. Gipfel siehe obige Hütten und Jöcher.

*Zugänge:*

● **311** **Von Wenns,** 1¼ Std. Der Fußweg führt zum Bach hinab und überquert diesen beim Weiler Pitzenhof, von wo er durch Wald auf der anderen Seite des Baches nach Jerzens ansteigt.

● **312** **Von der Jerzener Wegscheid,** ¼ Std. Mit dem Postauto von Bahnstation Imst über Wenns hinaus talein bis zur Haltestelle Jerzener Wegscheid. Im Sommer einmal täglich Kurswagen nach Jerzens, im Winter kann man nur von der Bushaltestelle Jerzener Wegscheid zu Fuß zum Ort gelangen (hierher 1 Std. Fußmarsch von Wenns) und knapp nach Überqueren der Brücke auf Weg links durch Wald in ¼ Std. nach Jerzens (schnellster Zugang). (Fußweg R 311 ist nur im Sommer begehbar.)

● **313** **Von Roppen im Oberinntal,** 3½ Std. Vom Bahnhof Roppen an der rechten Talseite entlang über Waldries, Wald, Ober- und Unterleins auf Saumweg. Empfehlenswerte, aussichtsreiche Wanderung.

● **314** *Spaziergänge:* Zum Wirtsh. *Schön* im Pitztal, ½ Std. Talein in ¼ Std. zur Autostraße und auf dieser zum Gasthaus Schön. —

Nach *Kaitanger*, 1445 m, 1 Std. Auf schönem Weg nördl. nach Kaitanger mit Gasthaus Alpenrose.

### **Wiese,** 1238 m

● **315** Gasthaus selten bew., man erkundige sich am besten bei der Gemeinde St. Leonhard. Auf schönem Wiesenplateau im Pitztal. Geburtsort des Tiroler Genre-Malers Alois *Gabl*. Wichtiger Ausgangspunkt für den Geigenkamm. (Privatbetten.)

Ab Wiese haben sich die Orte des inneren Pitztales zu einer Gemeinde „St. Leonhard" zusammengeschlossen. In den Orten werden gelegentlich Lichtbildervorträge über die Umgebung des Pitztales und Filmvorführungen durchgeführt.

Hütte: Lehnerjochhaus. Übergang und Gipfel siehe diese Hütte.

*Zugang:* 18 km Autostraße von Bahnstation Imst. — Von Wenns 2½ Std. Auf dem anderen Ufer durch Wald zum *Alpengasthof Schön*, 13 km Autostraße von Bahnstation Imst, 1 Std. von Wenns Fußweg. Nach dem Gasth. Schön sieht man links den Stuibenbachfall. Nun an einzelnen Höfen und dem Weiler Ritzenried vorbei, zum Schluß durch Wald zum Gasth. Wiese.

● **316** **Zaunhof,** ½ Std. Auf dem alten Pitztaler Weg in die Schlucht des Kitzgartens und links aufwärts zur Kirche von Zaunhof, 1377 m, verstreute Höfe zu einer Gemeinde zusammengeschlossen, Ghs. und Privatbetten.

### **St. Leonhard im Pitztal,** 1377 m

● **319** Altes, malerisches Bergsteigerdorf am Fuß der Hohen Geige, mit Aussicht auf den wild zerklüfteten Kaunergrat, für welchen St. Leonhard einer der wichtigsten Ausgangspunkte ist. Pfarrkirche des Hl. Leonhard aus dem 15. Jahrhundert, Ende des vorigen Jahrhunderts renoviert, auf kleiner Anhöhe am Südende des Dorfes gelegen. Größter Ort des mittleren Tales. 2 Schlepplifte. Arzt.

*Zugang:* 25 km Autostraße von Bahnstation Imst. — Von *Gasthof „Wiese"*, 1¾ Std. Fußmarsch. Die alte Straße umgeht die Kitzgartenschlucht rechts und zieht nahezu eben über die Häuser von Hairlach, Scheibrand, Bichl und Schwaighof nach St. Leonhard (hierher von Wenns 4 Std.). Die neue Straße zieht rechts von der Kitzgartenschlucht ohne Berührung der Weiler nach St. Leonhard.

Gasthäuser (Alte Post, Liesele, Haid) und Privatbetten am Ort und außerhalb in den verschiedenen Ortsteilen von Planggeroß.

*Übergang:* Loibisscharte, R 597, über das Wallfahrtsjöchl nach Kaltenbrunn und Feichten im Kaunertal R 779.
Gipfel s. Übergänge.

*Spaziergänge:* Zum Wilden See (im Geigenkamm), zur Tiefentalalm, 2½ Std., und zur Arzler Alm.

### **Trenkwald,** 1510 m

● **320** Hübscher kleiner Weiler. Ghs. Edelweiß.

*Übergang:* Breitlehnjöchl, nach Huben im Ötztal (R 599); Verpeiljoch nach Feichten.
Gipfel s. diese Jöcher (hervorzuheben Hohe Geige und Gabinten, schönster Aussichtsberg).

*Zugang:* 32 km Autostraße von Bahnstation Imst. — Von *St. Leonhard* 1¾ Std. Die Straße führt von St. Leonhard im immer alpiner werdenden Tal über die Weiler *Piösmes,* 1407 m, Gasthof, 1 Fremdenheim und Privatbetten, ¼ Std., und danach schon über der Waldgrenze am rechten Ufer der Pitztaler Ache über die Häuser von Stillebach (Blick auf die Wildspitze), Weixmannstall und Neurur, 1492 m, nach Trenkwald. Eine Reihe von bez. Spaziergängen führt zu Heuhütten und zu den Wasserfällen.

### **Planggeroß,** 1617 m

● **321** Kleines, schönes Bergsteigerdorf (mit Kirche) und Ausgangspunkt zu wichtigen Hütten in den beiden das Pitztal umrahmenden Kämmen (Geigenkamm und Kaunergrat). Der Weiler liegt am Fuß des Puitkogels.

2 Gasthäuser und 4 Pensionen, Fremdenheim und Privatbetten. Schlepplift in Planggeroß am Ortsrand.

Hütten: Neue Chemnitzer Hütte, Kaunergrathütte, Rifflseehütte.
Gipfel und Übergänge s. diese Hütten.

*Zugang:* 35 km Autostraße von Bahnstation Imst. Von Trenkwald, ½—¾ Std. Über die Weiler Köfels (1 Fremdenheim und Privatbetten) und Weißwald (1 Hotel und Privatbetten) nach Planggeroß.

In Weißwald Schwimmbad und Skischule „Inneres Pitztal". Schlepplift beim Hotel. In Tieflehn Schlepplift auf der Übungswiese.

### **Mandarfen,** 1682 m

● **322** Letzter Weiler vor Mittelberg in prächtiger Lage.

Mandarfen nahm seit dem zweiten Weltkrieg einen großen Aufschwung als beliebte Sommerfrische sowie als Stützpunkt für alpine Skifahrten. Von den Ortschaften Planggeroß und Mittelberg nur wenig entfernt, hat Mandarfen dasselbe Tourengebiet wie diese beiden Orte. Schlepplift und Gasthaus am Ort. Sesselbahn auf den Muttenkopf (2296 m), 10 Min. von der Rifflseehütte.

Hütten: Riffelseehütte, Taschachhaus. Übergänge, Gipfel und Hütten s. Mittelberg.

*Zugang:* 32 km Autostraße von Imst — Trenkwald, von Trenkwald 5,5 km Saumweg und Autostraße. — Von *Planggeroß* ½—¾ Std. Vom Ort, immer mit Blick auf den das Tal scheinbar abschließenden Mittagskogel, über den Weiler *Tieflehn,* 1654 m (Gasthäuser, Fremdenheim), nach Mandarfen (1 Hotel, 1 Gasthaus, 1 Pension).

### **Mittelberg,** 1740 m

● **323** Letzter Weiler im Pitztal, am Zusammenfluß von Pitzbach und Taschachbach, mit herrlicher Aussicht auf den Mittelbergferner. Ausgangspunkt für die zentrale Ötztaler Gruppe. Hier gabelt sich das Pitztal östl. zum Mittelbergferner und zur Braunschweiger Hütte, westl. zum Taschachtal und zum Taschachhaus. 1 Gasthaus. Hütten: Rifflseehütte, Taschachhaus, Braunschweigerhütte. Übergänge und Gipfel s. diese Hütten.

*Zugang:* 42 km Straße von Imst bis Mittelberg. — Von Mandarfen, etwa ½ Std. zu Fuß. Mäßig ansteigend.

Zwischen Mandarfen und Mittelberg sind die Pitzer Ache und der Taschachbach abgeleitet und durch einen Stollen von 12 km Länge in das Kaunertal geführt, wo das große Staubecken am „Mandarfenboden“ unterhalb des Gepatschhauses entstanden ist.

## c) Das Kaunertal

*Zugang:*

● **324** Schnellzugstation Landeck i. Oberinntal der Bahnstrecke Innsbruck — Feldkirch, von dort Autostraße bis Prutz. In Prutz, wo das Kaunertal ins Oberinntal mündet, zweigt die Autostraße ins Kaunertal ab. Postauto bis Feichten.

## Die Straße durch das Kaunertal

● **325** Die gut ausgebaute, in den letzten Jahren stark verbreiterte Straße durch das Kaunertal, das kürzeste Tal der Ötztaler Alpen.

Von Prutz durch Wald und durch die Faggenbachschlucht über das Gasth. Alpenrose, 1054 m, in 5 km zum Weiler Nufels, wo sich das breite Talbecken, an dessen Ende Feichten liegt, nach S öffnet. Die Straße biegt nun südl. um und führt fast eben nach Feichten, dem Hauptort des Kaunertales. Von hier zieht die neu angelegte Straße der TIWAG in mehreren Kehren, mäßig ansteigend, immer mit Blick auf die das Kaunertal abschließende Weißseespitze, über die Hohe Wolfkehr, Riefenhof, 1476 m, und „Am See" zum *Parkplatz*, unterhalb der Bauten der TIWAG und zur Staumauer des Stausees. Vorläufig können Privatwagen nur bis zum Parkplatz fahren. Man erkundige sich in Feichten, wie weit Jeepverkehr auf der alten Straße zum Gepatschhaus, die links vom See zum Gepatschhaus emporzieht, durchgeführt wird. Die neue Straße auf dem rechten Seeufer wird derzeit nicht befahren. Am südl. Ende des Sees führt die Straße in einigen Kehren durch Zirbenwald zum Gepatschhaus. Ab Feichten hat das Tal sein Gesicht völlig geändert. Die TIWAG (Tiroler Wasserkraftwerke AG, Innsbruck) baute unterhalb des Gepatschhauses ein Speicherbecken mit 140 Millionen Kubikmeter, der Stauseewasserspiegel liegt bei Höchststand auf 1767 m, das Absenkziel auf 1665 m. Das Staubecken ist 6 km lang und durch einen 630 m langen Felsschüttdamm abgeschlossen. Die Dammkrone liegt bei 130 m über der Talsohle. Der Faggenbach wurde während des Baues durch einen Umlaufstollen abgeleitet. Die einmündenden Seitenbäche des Kaunertales wurden ebenfalls erfaßt, weiter die Hauptzuflüsse des in den Inn mündenden Radurschelbaches sowie der Pitz- und Taschachbach. Der 13,5 km lange Druckstollen folgt linksufrig dem Glockturmkamm. 1966 fertiggestellt.

Das Kraftwerk liegt zwischen Prutz und Ried. Erzielt werden jährlich 570 Millionen Kilowattstunden, wovon 335 Millionen Kilowattstunden auf das Sommerhalbjahr entfallen. Der Stausee erstreckt sich bis dicht unterhalb des Gepatschhauses. Die Weißseespitze spiegelt sich in ihm.

**Prutz** ist bei den Orten des Oberinntales beschrieben, R 335.

## **Kauns,** 1059 m

● **328** Erholungsdorf am Fuß des wild zerklüfteten Kaunergrates. Ausgangspunkt für die Übergänge ins Pitztal.

*Unterkunft:* 3 Gasthäuser und Privatbetten am Ort. Übergänge: Wallfahrtsjöchl, Piller Höhe, Gipfel s. diese Übergänge und Hoher Aifenspitz.

*Zugang:* Von Landeck über Prutz (bis Prutz 13 km Autostraße), von Prutz 1 Std. Fußmarsch. Zunächst 10 Min. auf der Autostraße nach Feichten, bis links ein Karrenweg auf die rechte Talseite über den Faggenbach und in aussichtsreicher Wanderung über den Weiler Oberfaggen nach Kauns führt. (Wer von Prutz nach Feichten zu Fuß gehen will, geht — wenn auch mit einem Umweg — besser über Kauns, von wo ein hübscher Weg über Nufels nach Feichten führt.) Oder auf Landesstraße von Prutz über Faggen nach Kauns.

*Wanderungen:* Über den Gachen Blick nach Piller, über die Weiler nach Kaltenbrunn sowie auf die Berge des Kaunergrates (siehe diese).

*Spaziergänge:*

● **329** **Kaltenbrunn,** 1201 m, 1½ Std. Zunächst fast eben auf aussichtsreichem Höhenweg am Schloß Berneck vorbei, wo Friedrich mit der leeren Tasche auf seiner Flucht bei Franz v. Müllinen Unterkunft fand, und weiter sanft ansteigend zu dem im Wald gelegenen uralten Wallfahrtsort Kaltenbrunn (Gasthaus Krone) mit berühmter alter gotischer Wallfahrtskirche und sehenswertem wundertätigem Marienbild aus dem Jahre 1400.

● **330** **Feichten,** 2½ Std. Wie bei R 329 nach Kaltenbrunn und in 20 Min. durch Wald abwärts nach Nufels. In der Talsohle an der Autostraße durch das Kaunertal gelegen, 9,5 km von Prutz. Nun entweder mit dem Postauto oder zu Fuß auf der südl. umbiegenden Straße nach Feichten, etwa 1 Std.

## **Feichten,** 1289 m

● **331** Hauptort des Kaunertales und gleichzeitig einzige größere Ortschaft des Tales. Beliebte Sommerfrische und Stützpunkt für Bergsteiger, an der Mündung des Verpeiltales gelegen. Mit schönem Blick auf den das Tal abschließenden Firndom der Weißseespitze. Feichten ist Endstation der Postautolinie (Verkehr Mitte Mai bis Mitte September 2mal täglich, sonst einmal täglich).
Gasthäuser, 3 Schlepplifte, Hallenbad. Privatbetten am Ort.
Hütten: Gepatschhaus, Rauhekopfhütte, Brandenburger Haus, Verpeilhütte. Übergänge und Gipfel s. diese Hütten.

*Zugänge:*

Von Landeck 26 km Autostraße über Prutz. Von Prutz über Kauns — Kaltenbrunn, 3½ Std. R 326 und R 329.

● **332 Von Landeck über Fließ,** 7—7½ Std. Wer Zeit zu einer schönen Anmarschwanderung hat, kann die Autostraßen Landeck — Prutz und Prutz — Feichten vermeiden und auf Höhenweg, von der Autostraße Landeck — Prutz ½ Std., nach Landeck links abzweigend, zum Bergdorf Fließ heraufsteigen, 1½ Std. Mit schönem Blick auf den Kaunergrat über Schloß Bidenegg auf Wiesenhängen und durch Wald zur Piller Höhe, 1558 m, 1½ Std. (Alpengasthof), bis hierher befahrbar. Nun nach Kaltenbrunn, 3 Std., und wie bei R 330 nach Feichten (Güterstraße).

## d) Das Oberinntal

*Zugang:*

● **333** Von der Bahnstrecke Innsbruck — Landeck kommen für die Ötztaler Alpen neben Ötztal selbst als Ausgangspunkt nur die Personenzughaltestelle *Roppen,* 706 m, und Bahnstation Imst in Frage. Von Roppen wird Sautens im Ötztal R 9, Wald und Jerzens im Pitztal R 313 erreicht. Roppen ist ferner Ausgangspunkt für den Forchheimer Weg im vorderen Geigenkamm, R 375.

Von Landeck aus zweigt die Autostraße durch das Oberinntal ab, die über Prutz — (Abzweigung der Kaunertalstraße) — Pfunds — Hochfinstermünz bis Nauders führt.

● **334 Die Straße durch das Oberinntal von Landeck bis Nauders.** Von Landeck zweigt die Straße sanft ansteigend durch eine Schlucht (links oberhalb der Straße sieht man Fließ mit doppeltürmiger Kirche — mit der Burgruine Bidenegg, R 332, rechts oberhalb der Straße Hochgallmig) und führt nicht mehr über die Pontlatzer Brücke, 860 m (wo 1703 und 1809 die Bayern vernichtend vom Tiroler Landsturm geschlagen wurden, Bronzeadler am linken Innufer), sondern am kleinen Stausee vorbei, am orographisch rechten Innufer bleibend, wesentlich verbreitert über Prutz (Umfahrungsstraße vorhanden) nach Ried in Tirol, 877 m. Ab Prutz Autostraße nach Fendels, von Ried Abzweigung der Autostraßen nach Fiß, Serfaus, Ladis (Postbusverkehr), nach Obladis (Privatlinie).

Westl. oberhalb der Straße zwischen Prutz und Ried liegen die Orte Ladis, Obladis, Fiß und Serfaus, bekannte Sommer- und Winterkurorte. Östl. vom Dorf Ladis die Burgruine Laudeck, welche von der Straße aus sichtbar ist. Von Ried zieht die Straße über den Schuttkegel des Stalanzer Baches nach Tösens, an der Abzweigung des Tösner Tales mit Gabelung ins Platzertal gelegen, und Pfunds-Stuben an der Mündung des Radurscheltales. Hinter Pfunds, vor der Cajetansbrücke, 32 km von Landeck, mündet die Straße, die vom Engadin (Schuls-Tarasp) kommt, in die Inntalstraße ein. Nach Überquerung des Inns steigt die Straße mit schöner Aussicht auf die Innschlucht an der östlichen Talseite, teils in die Felsen eingesprengt, durch drei Tunnels zum über der Hochfinstermünzklamm liegenden Hotel Hoch-Finstermünz, 1137 m, empor. Von hier schöner Ausblick ins Unterengadin und auf die unten in der Talsohle liegende alte Grenzbefestigung Alt-Finstermünz, mit mittelalterlicher Brückenbefestigung. An steilen Felswänden vorbei zieht die Straße durch 2 Fels-Galerien über das frühere Sperrfort Nauders in das Stillebachtal und steigt in zwei größeren Serpentinen auf die breite Tal-Terrasse von Nauders.

● **335** **Prutz,** 866 m

Hübsches Sommerfrischendorf an der Mündung des Kaunertales, mit modernem großem Schwimmbad (Warmwasser), Minigolf geplant (Sauerbrunnen), 1 Schlepplift auf der Übungswiese im Ort. — Campingplatz am Ort. Gaststätten: Gemse, Greif, Kreuz, Post, Venier (in Faggen).
Ausgangspunkt für Ladis, Obladis, Fiß und Serfaus, Gasthäuser.
Ausflüge, Übergänge und Gipfel s. Ladis-Obladis und Hoher Aifenspitz (über Kauns).

*Zugang:* 13 km Autostraße von Bahnstation Landeck.

*Ausflüge:*

● **336** **Ladis,** 1190 m, 40 Min. bzw. 1 Std. Nach der Innbrücke zweigt eine Güterstraße zum Bergdorf Ladis ab, die in 1 Std. hinaufführt. Auf dem die Straße abkürzenden Fußweg in 40 Min. zum hübschen Bergdorf (Hotel Bad Ladis, Gasth.) mit Schwefelquelle und kleinem See. Östl. vom Dorf die Burgruine Laudeck.

● **337** **Heilbad Obladis,** 1386 m, ½ Std. bzw. 1 Std. weiter als Ladis. Wie bei R 336 nach Ladis und entweder weiter auf der Autostraße in 1 Std. oder auf abkürzendem Fußweg in ½ Std. durch

Wald zum Heilbad Obladis (Kurhotel, Sanatorium mit Weltruf) mit Schwefelquelle und Sauerbrunnen „Prutzer Säuerling".

● **338** **Fiß und Serfaus,** 3 bzw. 4 Std. von Prutz. Wie R 336 nach Ladis bzw. R 337 nach Obladis. Sowohl von Ladis als auch von Obladis kann man auf kleiner Straße (nach Überwasser, Postautohaltestelle, von hier Weg zum *Furgler See)* südwestl. in 1—1¼ Std. das alte Bergdorf Fiß, 1436 m (Gasth. Lamm), erreichen und weiter in ¾ Std. nach Serfaus (beliebter Winterkurort, Zugang zu Komperdell, Seilbahn) gelangen.

● **339** *Anmerkung:* Man kann die Ausflüge nach Ladis — Obladis und nach Fiß — Serfaus zu einer Rundtour benutzen, indem man von genannten Orten nach Ried in Tirol, R 345, absteigt und auf der Autostraße durch das Inntal wieder nach Prutz gelangt. Ebenfalls kann man von Serfaus auch nach Tösens, R 356, absteigen und damit die Inntaler Autostraße erreichen.

● **340** **Sattelkopf,** 2598 m, **Brunnenkopf, Planskopf,** 2804 m (von Prutz 7¼—7¾ Std.). Über Obladis auf bez. Weg zum Schönjöchl, 3½ Std., und in genußreicher Kammwanderung über den Sattelkopf, Brunnenkopf zum Planskopf in weiteren 2¼ Std. Vom Planskopf besteht Abstiegsmöglichkeit nach Komperdell und weiter nach Serfaus.

### **Ried,** 879 m

● **342** Schönes, altes und beliebtes Sommerfrischendorf mit Schloß Siegmundsried aus dem 15. Jahrhundert, das jetzt als Bezirksgericht benutzt wird. Schwimmbad am Ort. Stützpunkt für Bergfahrten. Gasthäuser: Alte Post, Krone, Linde, Post, Sonne, Weißes Kreuz. Hütten, Gipfel und Übergänge s. Serfaus.

*Zugang:* 16 km Autostraße von Bahnstation Landeck.

*Spaziergänge:*

● **343** **Belvedere,** ¾ Std. Auf Promenadeweg zur Belvedere, schöne Aussicht.

● **344** **Fendels,** 1356 m, 1½ Std. Auf Saumweg zum hoch über dem Tal liegenden alten Dörfchen Fendels. Hierher auch Autostraße von Prutz.

*Hütten:* Anton-Renk-Hütte (auch Aachener Hütte genannt), zur Zeit nicht bew., R 442, 443.

*Gipfel:* Zirmesspitze, Pfroslkopf, Hohes Riff, Kuppkarlspitze, Alter Mann, Karlspitze.

● **345 Serfaus,** 1427 m, 2½ Std. Am linken Innufer Güterweg nach Frauns (Beutelbachklamm), dann auf Straße durch Wald und über Wiesen zum alten hübschen Dorf Serfaus (das 1942 zum Teil durch Brand zerstört und inzwischen neu aufgebaut wurde). Hotels, Gasthäuser und Pensionen. Als Sommerfrische und als Stützpunkt für Skifahrten beliebt. Seilbahn nach Komperdell. Weitere Sesselbahn auf den Alpkopf. Über Schlepplifte usw. siehe Skikapitel.

● **346 Fiß — Serfaus,** Fußweg, 3 Std. Auf der neuen Landesstraße von Ried in 12 Kehren nach Fiß.

● **347 Komperdell,** 1950—2000 m, 3½ Std. Wie bei R 345 nach Serfaus und von hier durch Wald westl. aufwärts in 1¾ Std. zur Komperdell-Alm (berühmtes Skigebiet) mit dem Kölner Haus. Moderner Fremdenverkehrsort. Hotels. Gasthöfe, Pensionen. Hallenbad. Sessel- und Schlepplifte. (Daneben Seilbahn-Restauration der Bergstation).

*Von Komperdell aus:*

● **348 Alpkopf,** 2012 m, ½ Std. Südöstl. auf bez. Weg unschwierig. Sessellift von Serfaus, Schlepplift von Komperdell.

● **349 Planskopf,** 2804 m, 2½ Std., AV-Steig. Nordwestl. auf bez. AV-Weg zum Planskopf, zumeist mit einer Überschreitung des Sattelkopfes, 2598 m, und Brunnenkopfes, 2585 m, zum Schönjöchl, 2493 m, R 340, verbunden.

● **350 Furgler,** 3007 m, 3—3½ Std., lohnend und unschwierig für Bergerfahrene. Westl. auf das Furglerjoch, 2744 m, und über den Grat zum Gipfel.

● **351 Hexenkopf,** 3038 m, 4½—5 Std. Lohnend, schöne Aussicht. Von Komperdell über das Arrezjoch und von hier mühsam, aber lohnend über den Grat zum Gipfel. Oder: Gratwanderung vom Furgler auf den östl. des Hexenkopfs geegenen Arrezkopf, 2828 m, und Weg zum Masnerjoch (Felsenloch), 2694 m, über Schutt entweder in die Scharte zwischen Haupt- und nördl. Vorgipfel oder südl. unter dem Hauptgipfel auf den SW-Grat des Hexenkopfes und über ihn zum Gipfel, 1¼ Std. Furgler — Hexenkopf.

**Tösens,** 931 m

● **355** Kleines, malerisches Dörflein, an der Mündung des Tösenstales mit Abzweigung Platzertal, bestehend aus den Weilern Brücke, Kettach und Steinach.

Gasthäuser: Wilder Mann, Tschupbach. Hütten, Übergänge und Gipfel s. Serfaus. Im Winter Skitouren im Bergler- und Platzertal, Übungsgelände um Tösens.

*Zugang:* 22 km Autostraße von Bahnstation Landeck. — Vor Ried nach Tösens 1½ Std. (Fußmarsch). Über den Schuttkegel des Stalanzer Baches nach Tösens.

● **356** **Nach Serfaus,** 1¼ Std. zu Fuß. Auf Bergweg nördl. über die St. Georgs-Kapelle, 1103 m, aus dem 15. Jahrhundert mit spätgotischen Freskenmalereien, nach Serfaus.

**Pfunds/Oberinntal,** 970—1400 m

● **357** Pfunds ist am Inn gelegen (Ortsteil Stuben links, Ortsteil Dorf rechts vom Inn). Ein Dorf mit alten romanischen Häusern an der Mündung des Radurscheltales. Beliebte Sommerfrische und neuerdings auch Winterferienort. Spätgotische Liebfrauenkirche mit Freskenmalerein und Schnitzaltar aus dem Jahre 1470.

Zu Pfunds gehört Wand, ein Weiler, westlich in etwa 1400 m Höhe. Von hier schöne Aussicht auf Kajetanbrücke, ins Radurscheltal und gegen das Engadin. Auch der Weiler Vorderkobl/Hinterkobl liegt westl. von Pfunds und ist auf Waldwegen oder einer Bergstraße erreichbar. (Gasthof Alpenrose, 1200 m, Sonnenhof, 1400 m, Kreuzjochalm, 1600 m, 6 km).

Hotels: Austria, Post, Sonne, Tyrol, Kajetansbrücke, 3 km von Pfunds, Lafairserhof, 4 km von Pfunds. Gasthöfe: Kreuz, Traube, Berghof in Greit, 5 km. Cafés: Edelweiß, Bambi, Sportcafé. Außerdem Pensionen und Privatzimmer.

Hütten: Hohenzollernhaus. Übergänge: Sadersjoch, nach Nauders über das Zeblesjoch nach Ischgl im Paznauntal. — In die Schweiz. Gipfel s. Hohenzollernhaus und Schmalkopf.

*Zugang:* 30 km Autostraße von Bahnstation Landeck. — Von Tösens 2 Std. Fußmarsch über Lafairs, Birkach.

Ins Gebiet der Ötztaler Alpen führt das Radurscheltal mit dem Hohenzollernhaus als Stützpunkt für den Glockturmkamm. Pfunds/Oberinntal ist günstiger Ausgangspunkt für die Autostraßen und

Übergänge in das Engadin, ins Samnaungebiet und zum Reschen-Scheideck. Zum Teil sind diese Autostraßen wildromantisch. Sie sind daher hier als Ausflüge aufgeführt.

● **358** **Wand,** 1½ Std. bzw. ¾—1 Std. Eine kleine Bergstraße führt von Stuben (Wasserfall) orographisch links in großen Kehren durch Wald zu dem sonnigen Bergweiler auf 1400 m Seehöhe. 1½ Std. (Mit Jeep befahrbar.) Jausenstation und Pension.

● **359** **Kobl,** 1 Std. bzw. 1½ Std., bzw. 2½ Std. Wieder vom Ortsteil Stuben bis zum Wasserfall (Stubner Bach), vor der Brücke. Nach links bergauf (Schotterstraße); nach ca. 100 m zweigt ein Fußweg durch den Wald ab, der wie die Straße zum Gasthof Alpenrose führt. Von diesem in einer weiteren ½ Std. auf der Bergstraße bis zum Ghs. Sonnenhof, von dem sich eine herrliche Aussicht ins Inntal und Engadin bietet. Der am höchsten gelegene Gasthof der Pfundser Umgebung, der Gh. Kreuzjochalm, 1600 m, ist eine weitere Gehstunde entfernt. Von dort auf einem Fußweg über die Kobler Alm, 1920 m, nach Spiss/Samnaun.

● **360** **Greit,** 1½—2 Std. Von der Hauptstraße durch den Ortsteil Dorf zunächst am Radurschelbach entlang, sodann zweigt man in Kehren links ab, immer leicht ansteigend, durch Wald zum Weiler Vordergreit mit Jausenstation, 1 Std., von wo man in einer weiteren ½ Std. zum Gasthaus Berghof in Hintergreit, 1400 m, und nach einer weiteren ½ Std. zu den herrlichen Bergwiesen von Tschey gelangt.

## **Nauders,** 1365 m

● **364** Beliebte Sommerfrische, Wintersportplatz in schöner Lage auf dem Hochplateau mit Schloß Naudersberg. Schwimmbad und Cafehäuser. Skigebiet Bergkastel, Seilbahn bis auf 2200 m, weiter führt die Mataunbahn auf den Mataunkopf, 2890 m, zahlreiche Lifte.

Gaststätten: Goldener Löwe, Lamm, Margarete Maultasch, Mondschein, Post, Schwarzer Adler, Steinbock, Tiefhof und Pensionen für alle Ansprüche.

Sehenswürdigkeiten: Im Oberdorf Häuser aus dem 15. und 16. Jahrhundert. Im 16. Jahrhundert wurde die neue Pfarrkirche anstelle einer alten errichtet. Die St.-Leonhards-Kapelle beim Schloß Nauderberg stammt aus dem 12. Jahrhundert, das Schloß selbst, auf einem Hügel südl. über dem Dorf gelegen, aus dem Jahre 1300. Bis zur gewaltsamen Trennung Tirols 1919 war es das höchstgelegene Gericht Österreichs.

Hütten: Nauderer Skihütte, Goldseehütte.

Gipfel: Die Umrahmung dieser Hütten.

Übergang: Sadererjoch, in die Schweiz und nach Italien.

Zugang: 43 km Autostraße von Bahnstation Landeck. — Von Pfunds auf der Straße, etwa 3¾—4 Std. Fußmarsch. Zur Cajetanbrücke ½ Std., sodann steil ansteigend über die teilweise in schroffe Felswände eingesprengte Straße zum Hotel Hoch-Finstermünz, 1—1¼ Std. Weiter auf der Straße an den Felswänden entlang, durch Tunnels zur Felsenge mit dem ehemaligen Sperrfort Nauders, wo man in das Stillebachtal einbiegt, durch welches die Straße in zwei größeren Kehren das Hochplateau von Nauders erreicht.

*Gipfel:* Die Gipfel um Nauders sind Skigipfel, die im Sommer auch für Ungeübte erreichbar sind, durchwegs schöne und lohnende Aussichtsberge.

*Ausflüge*

● **365** **Norberthöhe,** 1457 m, und **Schöpfwarte,** 1485 m, ¾ Std. Auf der alten Engadiner Straße zur Jausenstation Norberthöhe, Aussicht, und in ¼ Std. zur Schöpfwarte (Gefallenendenkmal der AV-Sektion Hohenzollern) mit herrlicher Aussicht ins Engadin.

Oder auf schönem, aussichtsreichem Spazierweg auf die Norberthöhe; oberhalb von der Talstation des Sesselliftes auf den Kl. Mutzkopf abzweigend (Hackenweg), durch Wiesen zu den ebenen Lawerz-Wiesen in Richtung Lawerz und Mösle. Beim Wegkreuz am Mösle rechts abbiegend auf Fahrweg zur Norberthöhe hinab, ¾ Std.

● **366** **Martinsbruck,** 2 Std. Auf der Engadiner Straße in zahlreichen Serpentinen abwärts ins Inntal nach Martinsbruck, 8 km.

● **367** **Reschen-Scheideck,** 1510 m, 2 Std., 7 km. Auf der Bundesstraße am rechten Ufer des Stillebaches zum Gasth. Dreiländerblick, 1433 m, mit dem österreichischen Zollhaus und weiter, die italienische Grenze, 1455 m, überschreitend zum Reschen-Scheideck (Wasserscheide zwischen Inn und Etsch), italienisches Zollamt, Stausee, aus dem sich noch der Kirchturm des versunkenen Dorfes Graun erhebt (Ghs.).

● **368** Weitere Ausflugsziele: Parditsch, Novelles, Stables, Riatsch.

# III. Stützpunkte, Übergänge und Gipfelfahrten

## a) Stützpunkte (Hütten und Berggasthäuser)

### 1. Im Bereich des Ötztales

**Bärentalalm,** etwa 1700 m (nur Almwirtschaft)

● **370 Von Haderlehen,** 2½—3 Std. (hierher von Oetz über Piburg R 89 bzw. von Sautens R 15—17) bis in den Wald knapp hinter dem Weiler, wo westl. ziemlich steil ein teilweise bez. Weg am Wildbach hinauf bis zu den Baracken der Wildbachverbauung, ¾ Std. bis 1 Std., führt. Hier Wegteilung (Tafel). Links Abzweigung zur Karalm, rechts ins Bärental und mäßig ansteigend auf Almweg zur Bärentalalm.

**Armelenhütte,** 1750 m

Privat bewirtschaftet, 4 B, 2 M, Bew. Josef Plattner, Oetz 152.

● **372 Von Oetz bzw. Piburg,** 2½—3 Std. Zur Kohlstatt von Oetz R 23 (von Piburg R 86), wo der gut bez. Hüttenweg beginnt, der unter der Armelenwand durch Wald und über freie Hänge ansteigend (schöne Aussichtspunkte, Blick auf die Stubaier Berge) in den von Tumpen am Tumpener Bach heraufziehenden alten Almweg (Karrenweg) mündet. Auch von Piburg muß man jetst erst zur Kohlstatt absteigen. Der noch immer bez. Weg, welcher bei nassem Wetter nicht einmal bis zum Seejöchl zu empfehlen ist, bricht ab (durch Muren verschüttet und ab Kohlstatt neu trassiert). Der neue Weg ist auch im unteren Teil steiler als der alte. Durch Wald, zunächst am Bach aufwärts, dann an einer Quelle vorbei (Tafel), in Kehren steil empor, zum Schluß über Wiesenhänge zu der in freier Lage befindlichen Armelenhütte mit herrlichem Blick auf das Ötztal und die Gletscherberge des Geigenkammes. Die Umgebung der Armelenhütte ist botanisch von Interesse.

● **373 Von Tumpen,** 2½ Std. Bez. Weg. Von der Kirche talauswärts und durch Wald auf dem bez., alten Almweg (Karrenweg) zum Bach und an diesem ziemlich steil hinaufsteigend (links Abzweigung zur Tumpener Alm, Wegtafel), bis von rechts der von Oetz — Piburg heraufziehende Weg einmündet, und weiter wie bei R 345 zur Armelenhütte.

**Tumpener Alm,** etwa 1800 m (Almwirtschaft)

● **374 Von Tumpen,** 2—2½ Std. Durch Wald am Tumpener Bach entlang, sodann links abzweigen (geradeaus weiter zur Armelenhütte) zur Tumpener Voralpe und weiter über Weidehänge im Talschluß zur Tumpener Hauptalpe.

● **375 Von Roppen auf dem Forchheimer Weg,** etwa 5½ Std., unschwierig. Auf dem Kamm zwischen Leonhardsbach und Waldelebach über die Mutalm auf den **Mutzeiger,** 2414 m. Später die westl. Hänge unter dem Hahnenkamm querend und über den S-Kamm des Weitenkarkopfes und die Murmentenkarscharte ins oberste Tumpener Tal hinab. Vom sogenannten Joch führt ein bez. Steig zur Tumpener Hauptalpe hinunter.

**Erlanger Hütte,** 2550 m

● **376** Am Wettersee, im hinteren Winkel des Leierkars gelegen. Schöner Blick auf den Acherkogel.

Im Besitz der AV-Sektion Erlangen. Bew. Ende Juni bis Mitte September. 15 B, 15 M, Notlager im Nebengebäude. Winterraum mit AV-Schloß. Bew. Franz Grießer, Umhausen-Östen, 52, Ötztal.

● **377 Von Tumpen über die Tumpener Alm,** 4—5 Std. Wie bei R 374 zur Tumpener Hauptalpe und auf nicht bez. Steig im obersten Tumpental zum sogenannten Joch, wo man auf den von Roppen über den Kamm des Weiten Karkopfes führenden Forchheimer Weg trifft. Auf diesem zu einer Scharte westl. des Äußeren Hohen Kopfes hinauf und jenseits zum Hüttenweg R 376, der von Tumpen zur Erlanger Hütte führt, und auf diesem über eine kurze Steilstufe zur Hütte.

● **378 Von Roppen über den Forchheimer Weg,** 6—7 Std., landschaftlich sehr schön. Unschwierig, jedoch ermüdend. Wie bei R 375 zur Murmentenkarscharte ins oberste Tumpental und wie bei R 377 zur Erlanger Hütte.

● **379 Von Umhausen,** 4—4½ Std., bez. Alpenvereinsweg, bester Zugang. Vom Ghs. Krone über Neudorf, die Achenbrücke überschreitend ins Leierstal und am rechten Ufer des Leierbaches steil durch Wald zur Vorderen Leierstalalm, 1½—2 Std. Nun sanft ansteigend bis in den Talschluß zur Mittleren Leierstalalm, ½ Std., und in zahlreichen Kehren über Weidehänge steil zur Erlanger Hütte am Wettersee.

● **380 Forchheimer Biwakschachtel,** 2600 m, am Forchheimer Weg knapp oberhalb des Mutzeigers. 5 Plätze. Von Roppen zur Moisalm mit Pkw, von dort 2 Std. Übergang zur Erlanger Hütte 2 Std.

### **Frischmannhütte,** 2210 m

Im Funduskar. Aussicht auf die Stubaier Berge. Im Besitz des Österr. Touristenklubs. Bew. 1. 7. bis September, 4 B, 20 M.

● **381 Von Umhausen durch das Fundustal,** 3½—4 Std., bez. Weg. Wie bei R 379 zum Weiler Neudorf und über die Brücke der Ötztaler Ache auf gutem Fußsteig durch Wald nordwestl., neu trassiert, in großen Kehren, daher nicht mehr steil, ins Fundustal, links abbiegend (gerade und im Leierstal weiter zur Erlanger Hütte), 1½ Std. Nun über die Vordere Fundusalm, 1500 m , und dem Bach entlang zur Mittleren Fundusalm, 1782 m, von hier aus über die Weidehänge zur Hinteren Fundusalm, 1958 m, ½ Std. Zwischen den kleinen Fundusseen mäßig ansteigend zu der breiten Karmulde, auf welcher die Frischmannhütte steht.

● **382 Von Umhausen über Köfels,** 4—4½ Std., bez. Weg. Auf der Talstraße ½ Std. talein und rechts über die Achen in Kehren sanft ansteigend zum Dorf Köfels, 1403 m, 1¼ Std. (2 Gasthäuser). Von hier auf AV-Weg zu einem Schartl und jenseits nur wenig absteigend ins oberste Fundustal und zur Hütte, 2½—3 Std.

### **Hauerseehütte,** 2331 m

● **383** Am Hauersee gelegen. Durch eine Lawine zerstört. 1970 von der AVS Ludwigsburg als Selbstversorgerhütte wieder aufgebaut, 8 Lager, Schlüssel gegen Kaution von ö.S. 100 auf Frischmann- oder Neuer Chemnitzer Hütte erhältlich, im Herbst, wenn diese geschlossen sind, bei Josefa Fiegl, Umhausen Nr. 227. Die verfallenen Weganlagen und Markierungen wurden von der Bergwacht zum Teil wieder instandgesetzt.

● **384 Von Längenfeld über Oberried und Lehn,** 3½—4 Std. Über die Felder von Unterlängenfeld, die Ache überquerend und über die Weiler Oberried (Gasthaus und Café) und Lehn, ½ Std. am Lehnbachfall vorbei, 25 Min, immer steiler werdend, zur Innerbergalm, von dort östl. zur Wöckelwarte am Schafzell (offene Unterstandshütte) und über den Kamm ins Hauerkar und zur Hauerseehütte.

● **385 Von Längenfeld über die Pestkapelle,** 3½—4 Std. Von Oberlängenfeld zur Pestkapelle, zunächst steil den Hauerkogel nördl. umgehend, in das Hauertal und durch dieses in Serpentinen zur Hütte.

● **386 Von Umhausen über Köfels,** 5—5½ Std. Von Umhausen nach Köfels (R 382), 1¼—1½ Std. (Ghs.) und weiter zur Alpe Wiesle, ½ Std. (Ghs.). Von dort über einen kleinen Steilhang zur Innerbergalpe, 1 Std. Hier mäßig steigend bis zum letzten Moränenhang und zur Hauerseehütte, 2 Std.

**Ramolhaus,** 3006 m

● **387** Einer der ältesten Stützpunkte des Gebietes, in herrlicher Lage auf einem Felskopf hoch über dem Gurgler Ferner. Besitz der AV-Sektion Hamburg. Bew. 1. 7. bis 15. 9. 26 Betten, 35 M, Winterraum. Mit Materialseilbahn Rucksackbeförderung von Gurgl. Pächter E. Scheiber, Obergurgl.

● **388 Von Obergurgl,** 3½ Std., bez. Weg. Fast eben talein, dann über die Brücke des Gurgler Baches auf dessen linkes Ufer und langsam auf gutem Saumweg südwestl. über die Alpweiden des Küppelenberges erst mäßig ansteigend bis zu einer Schäferhütte, 2342 m, 1½ Std. Von hier aus benutzt man den oberen Weg (Unterer Weg führte *früher* zum *alten* Gletscherübergang zur Langtalereckhütte. Durch Veränderung des Gletschers derzeit ganz anderer Weg). Nun steigt man zuerst steiler bergan, dann wieder streckenlang nahezu eben, nach 3 Std. zur Abzweigung zum Hochwildehaus. Von der Weggabelung wendet sich der Weg zum Ramolhaus rechts in steilen Kehren auf das „Köpfle", auf welchem das Ramolhaus steht.

**Schönwies-Skihütte,** 2262 m

● **389** Mit schönem Gletscherblick. Als Stützpunkt für hochalpine Skifahrten gebaut, jedoch auch als Stützpunkt für sommerliche Gipfelfahrten wichtig. Ausflugsziel von Gurgl. Privatbesitz. Bew. 15. 6. bis 1. 10. und 20. 12. bis 10. 5.

● **390 Von Obergurgl,** 1 Std. Auf gutem Weg ins Gaißbachtal. Dieses durchschreitet man an den Hänge der Hohen Mut zum Rot-

Längenfeld im Ötztal.

moostal, welches gequert wird, um jenseits in kurzem Anstieg zur Hütte zu gelangen.

### **Karlsruher Hütte** am Langtaler Eck, 2438 m

Mit herrlichem Blick auf den Großen Gurgler Ferner. Besitz der AV-Sektion Karlsruhe. Bew. 1. 3. bis 30. 4. und 1. 7. bis 15. 9. 18. B, 30 M. Selbstversorgerraum mit 5 Lagern. Bew. Simon Gufler, Längenfeld (Materialseilbahn zum Hochwildehaus).

● **392 Von Obergurgl,** 2—2½ Std., bez. Weg. Wie bei R 390 zur Schönwies-Skihütte. Auf gutem Weg zur Gurgler Alm und weiter talein an den Hängen des Hangerers unter das Langtalereck (2938 m), und zum Schluß steil über Fels, an der Grenzschutzhütte vorbei zur Langtalereckhütte.

Materialseilbahn (Rucksacktransport) zum Hochwildehaus.

### **Hochwildehaus** (Alte Karlsruher Hütte), 2883 m

Am Steinernen Tisch oberhalb des Großen Gurgler Ferners. Besitz der AV-Sektion Karlsruhe. Bew. 13. 3. bis 30. 4. und 1. 6. bis 15. 9. 30 B, 40 M, Selbstversorgerraum. Bew. Siegfried Gruber, Telfs, Dandlweg 4.

● **393 Von Obergurgl,** 4½—5 Std. Bez. Weg. Wie bei R 393 zur Langtalereckhütte, von dieser auf gutem AV-Weg ins Langtal hinab, den Abfluß des Langtaler Ferners, der ehemals den berühmten Gurgler Eissee bildete, überschreitend und westl. empor. Nun umgeht man den NW-Rücken der Schwärzenspitze und kommt ohne Gletscherberührung zur Moräne des Großen Gurgler Ferners, auf welcher das 1939 erbaute Hochwildehaus neben der alten Fidelitashütte (ehemals Alte Karlsruher Hütte — hier nur Schlafgelegenheit) liegt.

Materialseilbahn (Rucksacktransport) von der Langtalereckhütte.

### **Stettiner Hütte,** 2872 m
(Eisjöchlhütte oder Rif. Petrarca all'Altissima)

● **394** Unterm Eisjöchl am Fuß der Hochwilde gelegen, seit 1972 wieder bew. 3 B, 12 M. CAI, S. Meran. Auskunft bei Ignaz Hofer,

Das Ramolhaus über dem Gurgler Ferner.

Plan. Von Karthaus im Schnalstal 6 Std., von Pfelders 4 Std. Übergänge aus dem Ötztal s. R 455, 456.

### **Martin-Busch-Hütte auf Samoar,** 2470 m

Neues großes Haus in herrlicher Lage gegenüber Schalf- und Marzellferner. Moderne Heizanlage, eigenes E-Werk. Besitz der AV-Sektion Berlin. Bew. 7. 3. — Fronleichnam und 25. 6. — 25. 9. von H. Scheiber, Vent 12. 46 B, 72 M, 63 Notlager.

● **395 Von Vent,** 2¾ Std. Bez. Weg. Über die Venter Ache bis zur Niedertaler Ache, die überschritten wird, und an der linken Talseite des Niedertales zur Ochsenhütte, 2131 m, etwa 1 Std. Von hier über die Niedertaler Schäferhütte, 2246 m, immer talein, zuletzt steiler zu der oberhalb der Zunge des Marzellferners liegenden Hütte. Karrenweg bis zum Haus.

### **Similaunhütte (Rifugio di Similaun),** 3019 m

● **396** Auf der Südseite des Niederjoches, auf Südtiroler Boden. Prächtig gelegene Hütte mit großartigem Blick auf die Ortlergruppe sowie den Hausberg Similaun. Privatbesitz, jedoch AV-Preise für Nächtigung und Verpflegung. Bew. von Mitte Februar bis September von Alois Platzgummer aus Unser Frau (Schnalstal). 40 B, 12 M. Materialseilbahn von Vernagt zur Hütte (Rucksacktransport).

● **397 Von Vent über Samoarhütte,** 4¾ Std. Unschwierig. Von der Samoarhütte auf gutem Weg durch das Niedertal kaum merklich ansteigend bis an den Moränenschutt des Niederjochferners (wo sich ehemals die Gletscherzunge erstreckte, Gletscher stark ausgeapert). Von hier rechts (westl.) Weg an der Moräne entlang auf die Höhe des Niederjoches, wo der Weg aufhört. Noch ¼ Std., sich links haltend, unter den Felsen des Hauslabjoches über ebenen Gletscher zur Similaunhütte.

● **398 Von Unser Frau im Schnalser Tal,** 1450 m, 3½ Std. Bez. Weg. Am orographisch linken Ufer des Schnalser Baches ins Tisental und über Raffein, Tisenberghütte, zuletzt im Kar unter dem Niederjoch über Schutt in Serpentinen aufwärts, dann auf eingesprengtem bequemem Felsenweg zur Hütte.

Die Similaunhütte auf dem Niederjoch.

**Hochjochhospiz,** 2423 m

● **399** In schöner Lage am Rofenberg mit Blick auf die umliegenden Gletscher. Besitz AV-Sektion Berlin-Brandenburg. Bew. 1. März bis 5. Mai und 15. Juni bis Mitte September. 41 B, 37 L, 8 L im Winterraum. Bew. von Otto Gstrein, Vent Nr. 26.

● **400 Von Vent,** 2½—3 Std., bez. Weg. Durch das Rofental auf bequemem Weg zu den Rofenhöfen. Links auf dem Titzenthaler Weg taleinwärts über den Platterbach (auf der gegenüberliegenden Talseite der von Franz Senn gebaute Weg zum alten, verfallenen Hochjochhospiz). Kurz nach der Brücke Gedenktafel für den Führer Cyprian Granbichler. Der Titzenthaler-Weg führt immer am Hang entlang in eine Bucht, in welcher der Vernagtbach herabfließt. Von hier steigt der Weg allmählich über Grashänge zu dem jetzt sichtbaren Hochjochhospiz an.

**Bellavista (Wirtshaus zur Schönen Aussicht),** 2842 m

● **401** Schön gelegene Gletscherhütte, italienisch, ½ Std. vom Hochjoch gelegen. Seilaufzug von Kurzras. Privates Unterkunftshaus, Zugang von der österreichischen Seite ohne Paß erlaubt (offizieller Grenzübergang 30. 6.—30. 9.). Bew. Feb. bis Mai und Mitte Juni bis September. 43 B, 28 M.

● **402 Von Vent über Hochjochhospiz,** etwa 5 Std., unschwierig, doch für Ungeübte nur mit Führer. Wie bei R 400 zum Hochjochhospiz und von hier auf Pfad südl. zur Zunge des Hochjochgletschers. Man quert über die Mitte des Ferners allmählich aufwärts zum Hochjoch. Auf der Höhe hält man sich rechts zur sichtbaren Bellavista, ½ Std. vom Hochjoch.

● **403 Von Kurzras,** 2—2½ Std., bez. Weg. Vom Sporthotel Kurzras, 2020 m, auf gutem Weg in großen Kehren nördl. emporsteigend über die Mulde „Stutteben", die am Fuß des Hochjochs liegt. An den Hängen des Berges entlang, zuletzt östl. (rechts) zur Schutzhütte.

**Brandenburger Haus,** 3277 m

Eine der großartigsten und höchstgelegenen Hütten der Ostalpen, zwischen Gepatschferner und Kesselwandferner auf einer felsigen Anhöhe. Besitz der AV-Sektion Mark Brandenburg. Bew. 1. 7. bis 15. 9. von Alois Tauferer, Sölden, An der Pitze 337. 35 Betten, 50 Lager, 10 Lager im Winterraum.

**● 406** Vom Hochjochhospiz, 3—3½ Std. Je nach Gletscherverhältnissen unschwierig für Bergerfahrene. Man benützt den Deloretteweg (den westl. des Kesselwandferners führenden Weg geht man nicht mehr) und gelangt östl. des Kesselwandferners in Kehren in die oberste Mulde des Gletschers. Dann nach links über den ebenen Ferner zum Brandenburger Haus auf dem Kesselwandjoch. Der Kesselwandferner hat durch Ausaperungen in den letzten Jahren große Veränderungen erlitten (manchmal in schneearmen Sommern schwierige Spalten). Siehe auch letzter Absatz R 408.

**● 407 Von Vent über die Vernagthütte,** 2—2½ Std. ab Vernagthütte. Je nach Gletscherverhältnissen unschwierig. Wie bei R 412 zur Vernagthütte. Über die Moränen des Guslarferners und diesen in weitem Bogen nach S zum Kesselwandspitzen-O-Grat überquerend zum Brandenburger Steig (AV—Steig), der über die Felsen und Firnfelder empor zum Brandenburger Jöchl, 3316 m, führt, 1½ Std. Jenseits auf dem fast ebenen Kesselwandferner zum Brandenburger Haus. (Je nach Schneeverhältnissen muß man die Randkluft überwinden.)

Anmerkung: Der frühere AV-Steig hat zur Zeit keine Sicherungen und ist zum Teil verfallen. Man geht besser auf Route R 408.

**● 408 Von Vent über die Vernagthütte und das Guslarjoch,** 6½ Std. Wegen der Spalten des Kesselwandferners und des Verfallens der AV-Steige zur Zeit unschwierigster und bester Zugang! Wie bei R 412 zur Vernagthütte und um den Hintergraslkopf herum in den nördl. Teil des Guslarferners, welcher in einer Schleife nach W zum Guslarjoch gequert wird, 2 Std., und jenseits über den obersten Kesselwandferner zum Brandenburger Haus, ½ Std.

(In den letzten Jahren waren hier weniger Spalten. Es empfiehlt sich, in Vent vor Antritt der Tour zu fragen, welcher Anstieg derzeit der spaltenärmste ist.)

**● 409 Vom Gepatschhaus,** 1928 m, **über Rauhekopfhütte,** 2731 m, 5—5½ Std. Je nach Gletscherverhältnissen schwierig. Wie bei R 438 zur Rauhekopfhütte. Von hier allmählich am Gepatschferner zunächst südl. ansteigend, sodann den Sumpf westl. (wenn hier große Spalten, muß man gleich östl. ausweichen) zum Schluß östl. zum Brandenburger Haus.

Auch auf diesem Weg waren in den letzten Jahren besonders große und schwierige Spalten zu überwinden, so daß oft große Umgehungen notwendig waren.

**Vernagthütte,** 2766 m

Zwischen Guslarferner und Großem Vernagtferner. Schönes Skigebiet. Besitz der AV-Sektion Würzburg („Würzburger Haus"). Bew. 1. 3. bis Pfingsten und 1. 7. bis Mitte September von Martin Scheiber, Vent 2. 37 B, 50 M, 25 L. Materialbahn Rofenalm — Hütte. Neben der Hütte steht eine Unterkunftsmöglichkeit für die nichtbew. Zeit.

● **412 Von Vent,** 3½—4 Std. Vom Ort auf Karrenweg ins Rofental bis zu den Rofenhöfen, etwa 40 Min., und am linken Bachufer bis zur Wegteilung. Rechts abzweigend, den Rofenkarbach und den Platteibach überschreitend, allmählich an den W-Hängen des Platteiberges hinauf bis zu dessen breitem Gipfelplateau. Hier stößt man auf den von der Breslauer Hütte kommenden Seuffertweg, auf dem man oberhalb des Vernagtbachgrabens ins Vernagttal gelangt. Unterhalb der Gletscherzunge überquert man den Bach und steigt kurz zur Hütte, die auf den „Hintergrasln", einem grünen Flecken unterhalb von Felsblöcken, liegt.

● **413 Von Vent über die Breslauer Hütte,** 4½ Std., bez. Weg. Wie bei R 414 zur Breslauer Hütte. Von hier auf dem bez. Seuffertweg westl. zu den Moränen des Mitterkarferners und einige Einschnitte der Gletscherbäche querend südwestl. auf Grasbändern unter einem Felsausläufer des Vorderen Brochkogels in das Kar des Platteiferners. Man erreicht fast eben aus ihm den breiten Platteiberg, 2725 m, von welchem der Seuffertweg ins Vernagttal führt, wo man auf den von Vent unmittelbar zur Hütte führenden Weg stößt. Nun wie bei R 412 zur Hütte. Von der Breslauer Hütte 2—2½ Std.

Auch dieser Anstieg wird, weil nur ½ Std länger als der unmittelbare Weg und herrliche Sicht, viel begangen.

**Breslauer Hütte,** 2840 m

Hauptstützpunkt für Wildspitze, schöne gelegene Hütte am Fuß des Ötztaler Urkunds. Besitz der AV-Sektion Breslau. Bew. vom 25. 6. bis 20. 9. 36 B, 80 M, Winterraum. Bew. Valentin Scheiber, Vent 13.

● **414 Von Vent,** 2½—3 Std. Auf bez. Weg (Saumweg) an den waldlosen N-Hängen des Rofentales in breiten Kehren berganstei-

Die Vernagthütte mit Wildspitze.

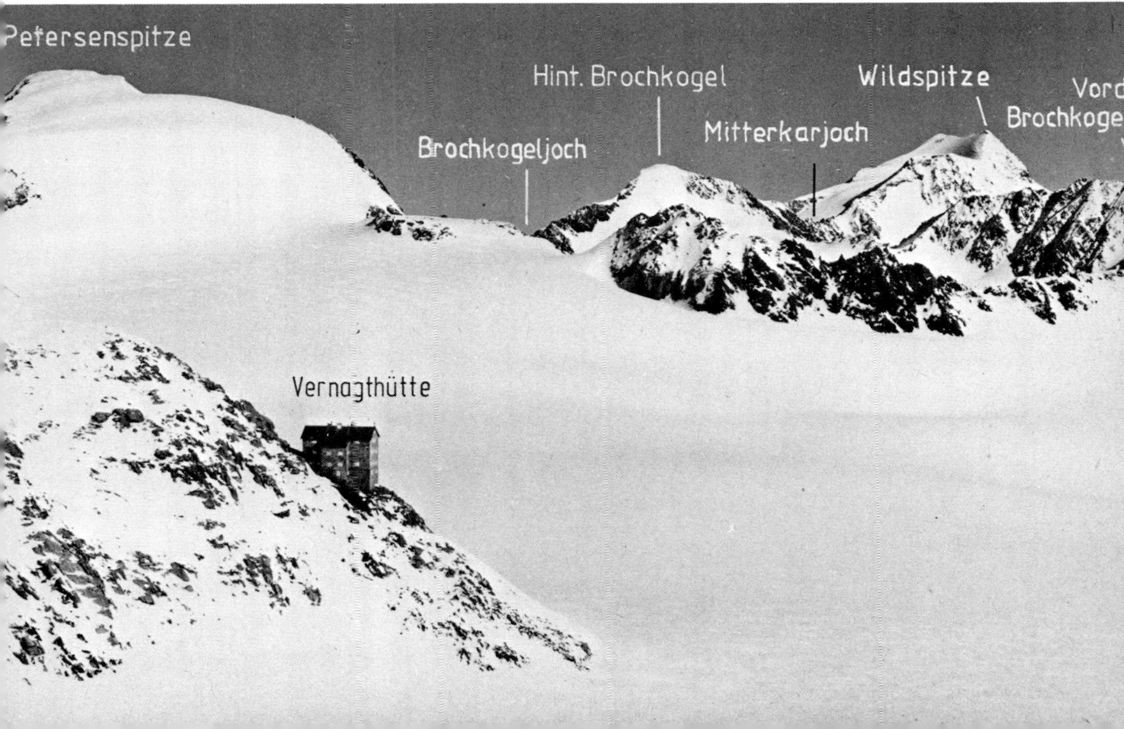
Petersenspitze
Hint. Brochkogel
Wildspitze
Vord
Brochkogel
Brochkogeljoch
Mitterkarjoch
Vernagthütte

gend, immer mit schöner Aussicht auf die gegenüberliegende Seite, zu den Stableiner Heuhütten, 2356 m, 1¼ Std. (bis hierher auch mit Sessellift von Vent). Allmählich auf den Mähdern von Stablein links ins Rofenkar. Dieses wird unterhalb des zerklüfteten Rofenkarferners gequert, sodann steil hinauf zu der Hütte, 1¼—1¾ Std.

Materialseilbahn (Rucksacktransport) von Rofen zur Hütte.

## 2. Im Bereich des Pitztales

### **Hochzeigerhaus,** 1876 m

● **415** Am W-Hang des Hochzeigers gelegen. Privatbesitz, bew. Weihnachten — Ende April, 15. 6.—30. 9. 70 B, 46 M. Mittelstation der Bergbahn Hochzeiger. Kleinbus zum Haus.

● **416** **Von Jerzens,** 2½ Std., bez. Weg. Über die Hänge östl. ansteigend über Schweighof und einige Almen zum freiliegenden Haus (besonders geeignet als Stützpunkt für Skifahrten).

● **417** Von Jerzens 2 km auf befahrbarer Straße zum Liftbichl. Von hier Sessellift zum Hochzeigerhaus.

### **Lehnerjochhütte,** 1959 m

Auf der Oberlehner Alm im Pitztal gelegen. Verwaltet von der AV-Sektion Ludwigsburg. Bew. Weihnachten bis Dreikönig, Ostern, Pfingsten, Juni bis September, 12 B, 35 M, Winterraum mit 2 Lagern, Bew. Gusti Jenewein, Zaunhof.

● **418** **Vom Gasthof Wiese,** 1238 m, bzw. **Zaunhof/Pitztal,** 2 Std., bez. Weg. Vom Gasthaus über die Pitztaler Ache und am östl. Talhang über Wiesen von Zaunhof zum Egghof und in den Wald, durch welchen man in Kehren zur Waldgrenze und über Almen zur knapp oberhalb der Waldgrenze gelegenen Lehnerjochhütte gelangt. Ab Egghof neu angelegter bequemer Weg.

### **Neue Chemnitzer Hütte,** 2323 m

Im Weißmaurachkar, mit schöner Aussicht auf den Kaunergrat. Verwaltet von der AV-Sektion Rüsselsheim/Rhein. Bew. von Anfang Juli bis Mitte September. 5 B, 23 M, Winterraum derzeit nicht benützbar (Dez. 76). Bew. Albert Kirschner, St. Leonhard, Piösmes 67.

„Mainzer Höhenweg", Übergang zur Braunschweiger Hütte (R 598 a).

● **419 Von Planggeroß,** 2 Std., bez. Weg. Etwa 10 Min. talaus, sodann auf bez. AV-Weg östl. am rechten Ufer eines Baches etwa 1 Std. empor, sodann, den Bach verlassend in gleicher Richtung weiter zum Weißmaurachkar, in welchem die Hütte liegt.

### **Kaunergrathütte,** 2811 m

In großartiger Lage am wild zerklüfteten Kaunergrat, östl. des Madatschjoches. Wichtiger Stützpunkt für Kletterfahrten. Im Besitz der Akademischen Sektion Graz des AV. Bew. von Anfang Juli bis Mitte September. 8 Betten, 52 Lager, Winterraum (10 Lager). Bew. Hermann Bratschko, Graz, Jahngasse 2.

● **420 Von Planggeroß,** 3½—4 Std., bez. Weg. Über die Pitztaler Ache und neben dem Lußbach westl. durch Wald in zahlreichen Kehren zur Mündung des Planggeroßtales und über die Planggerosser Alm sanft ansteigend zu einer steilen Talstufe, die in großen Serpentinen überwunden wird. Unterhalb der Moränen des Planggeroßferners immer steiler in zahlreichen Kehren in Richtung Madatschjoch und zur Hütte, welche östl. des Joches liegt.

Übergang zur Riffelseehütte, 3 Std., nur für Geübte, „Cottbuser Höhenweg".

### **Braunschweiger Hütte,** 2759 m

● **421** Am rechten Ufer des Mittelbergferners, eine der schönsten Hütten der Ostalpen, mit herrlichem Blick auf den Kaunergrat und den Riffelsee. Besitz der AV-Sektion Braunschweig. Bew. vom 1. 7. bis 15. 9., 10. 3. bis 15. 5., Pfingsten. 30 B, 69 M, 20 Notalger. Winterraum nicht verschlossen. Bew. Hans Auer, St. Leonhard, Mandarfen 51.

● **422 Von Mittelberg über den neuen Weg,** 3 Std. Durch das Tal des Pitzbaches in Richtung Mittelbergferner zur Talstation der Materialseilbahn bis zum steilen Felsaufschwung unterhalb des Mittelbergferners. Man läßt den Mittelbergbach rechts liegen und steigt nach einigen Kehren unterhalb der Zunge des Mittelbergferners in einer langen Kehre empor und mündet dort in den alten Richard-Schucht-Weg ein, der durch Felsen oberhalb der Eisbrüche zur längst sichtbaren Hütte führt. Materialseilbahn (Rucksacktransport) Mittelberg — Braunschweiger Hütte.

● **423** **Von Sölden** über das Pitztaler Jöchl, 5½ Std. (bei Benützung des Liftes 3 Std.). Lift bis auf 2400 m (Rotkogelhang).

● **424** **Von Sölden** über das Rettenbachjöchl. Ötztaler Gletscherstraße (Mautstraße) bis 2800 m.

● **425** **„Mainzer Höhenweg"**, großartige hochalpine Steiganlage, die Braunschweiger und Neue Chemnitzer Hütte verbindet, 12 km lang; es werden vier Dreitausender überschritten. Bez., Gehzeit etwa 10 Std. Auf halbem Weg, in 3247 m Höhe, Biwakschachtel für 6 Personen („Rheinland-Pfalz-Biwak"). Genaue Wegbeschreibung siehe R 598a.

**Taschachhaus,** 2433 m

● **426** Schön gelegene Hütte westl. des Taschachferners. Wichtiger Stützpunkt für Gipfelfahrten in die Zentralgruppe der Ötztaler Alpen. Besitz der AV-Sektion Frankfurt/Main. Bew. um Ostern (etwa 2 Wochen), 1. 7. bis 15. 9. 24 B, 61 M, Winterraum (10 Lager) in der alten Hütte. Bew. Sepp Fürutter, Weißwald 5, Pitztal.

● **427** **Von Mittelberg,** 2½—3 Std., bez. Weg. Sanft im Taschachtal auf der rechten Seite des Taschachbaches ansteigend, 1½ Std., sodann allmählich etwas steiler, über die linke Seitenmoräne des Taschachferners und in Kehren über Grashänge zu dem auf einem Vorsprung des Pitztaler Urkunds liegenden Taschachhaus. 1-1½ Std. Im letzten Drittel Materialseilbahn (Rucksack- und Skitransport). — Zufahrt zur Talstation der Materialseilbahn (Breitgampen, 2042 m) möglich.

● **428** Übergang von der Riffelseehütte (Fuldaer Höhenweg). R 433.

**Riffelseehütte,** 2293 m

● **429** Am SO-Ufer des Riffelsees herrlich gelegen, erst im letzten Krieg erbaute Hütte. (In Karten teilweise als Cottbuser Hütte eingetragen.) Verwaltet von der AV-Sektion Frankfurt/Main. 14 B, 39 M. Bew. 15. 12. bis 20. 4. und 1. 6. bis 30. 9. Winterraum. Bew. Alois Eiter, Planggeroß 45. Sessellift von Mandarfen im Pitztal.

● **430** **Von Mittelberg,** 1½ Std., bez. Weg. Südwestl. ins Taschachtal, am rechten Ufer des Taschachbaches sanft anstei-

Die Braunschweiger Hütte mit Wildspitze.

gend bis zur Mündung des Seebaches, von wo ein Steig in zahlreichen Kehren steil zum Riffelsee und zur Hütte führt.

Materialseilbahn aus dem Pitztal — Rucksacktransport (zwischen Mandarfen und Mittelberg) — Riffelseehütte.

● **431 Von Planggeroß,** 3½ Std., bez. Weg, jedoch nur für Schwindelfreie und Geübte! Über die Pitztaler Ache und durch Wald auf dem Hüttenweg zur Kaunergrathütte in zahlreichen Kehren zur Einmündung des Planggeroßtales, 1 Std. Von hier zweigt der bez. Weg zur Riffelseehütte ab und führt um den Steinkogel herum, die steilen Hänge des Alzeleskars (Achtung! Drahtseile und Sicherungen zumeist durch Steinschlag zerstört. Auch Markierungen im Planggeroßtal oben bei den Moränen häufig mangelhaft!) und Brandkogels links querend zu einem flachen Sattel, ungefähr 2279 m, und zum See.

● **432 Vom Weiler Tieflehn i. Pitztal** (zwischen Planggeroß und Mandarfen) durch das Hirschtal, 2 Std. bez. Weg zur Hütte. Landschaftlich schön.

Bemerkung: Die vorgenannten Wege sind häufig schmutzig und schlecht begehbar. Saubester und schnellster An- und Abstieg ist die Skipiste zur Taschachalm — dort sind nur zwei mit Drahtzäunen gesperrte Brücken zu überwinden.

● **433 Vom Taschachhaus auf dem Fuldaer Höhenweg,** 3 Std. Ein besonders gut. bez. Steig führt vom Taschachhaus meist eben mit Aussicht auf das Gletschergebiet und Wildspitzengebiet über Almgelände, mit Drahtseil auf einer felsigen Stelle gesichert (unschwierig). Zum Schluß ansteigend zur Riffelseehütte.

## 3. Im Bereich des Kaunertales

### **Verpeilhütte,** 2025 m

Im Verpeiltal am Fuß des Schwabenkopfes mit Blick auf die wild zerklüfteten Felsberge des Kaunergrates. Besitz der AV-Sektion Frankfurt/Main. Bew. Ostern und 1. 7. bis 15. 9. 5 B, 30 M, Winterraum (Hütte im Ausbau begriffen). Bew. Erich Hafele, Feichten 46.

Die Riffelseehütte mit dem Riffelsee und dem Seekogel.

Seekogel
Rostizkogel
Seekarlesschneid
Riffelsee-
Hütte

● **434 Von Feichten,** 2 Std. Durch Wald in zahlreichen Kehren, steil am linken Talhang des Verpeilbaches zum Verpeiltal und zur Verpeilalm, 1830 m, 1½ Std. Nun nahezu eben am linken Bachufer zur Verpeilhütte, ¾—1 Std. Der Fahrweg kann auf eigene Gefahr hin benützt werden.

### Gepatschhaus, 1928 m

● **435** Im Talschluß des Kaunertales, mit herrlichem Blick auf den Gepatschferner. Wichtiger Ausgangspunkt für Gletscher- und Gipfelfahrten in der Zentralgruppe. Endpunkt der Fahrstraße durch das Kaunertal. 36 B, 43 M, Winterraum 4 M. Besitz der AV-Sektion Frankfurt/Main, Skigebiet. Bew. Peter Weiskopf, Pians, Margaretenweg, von 1. 7. bis 15. 9.

● **436 Von Feichten,** 4 Std. Die Straße (derzeit nur Taxis) zieht von Feichten südl. zum Staudamm (unterhalb Parkplatz), bis hierher für Kfz offen; täglich Jeep-Verkehr zur Hütte, von 8—17 Uhr. Links vom See auf der alten Straße zur Hütte.

### Rauhekopfhütte, 2731 m

● **437** Derzeit unbewirtschaftete Hütte. Mit AV-Schlüssel zugänglich, 16 M. Auskunft: Bgf. Josef Raich, Feichten.

● **438 Vom Gepatschhaus,** 3—3½ Std., größtenteils AV-Weg. Vom Haus auf AV-Weg südöstl. über die spärlich begrünten Hänge des Wannetkopfes aufwärts in Richtung auf die stark ausgeaperte Zunge des Gepatschferners (zumeist Moränengeröll), bis man gegenüber dem Rauhenkopf mit der Rauhenkopfhütte gelangt ist und der Steig ganz nahe an die Moräne herankommt. Man überschreitet die stark zerklüftete Zunge des Gepatschferners zu den Hängen des Rauhenkopfes, über welche man in ½—¾ Std. in Kehren zur Hütte gelangt.

Die Hütte liegt als Rastpunkt für die Gletscherwanderung zum Brandenburger Haus bzw. zur Gipfelfahrt auf die Weißseespitze besonders günstig.

### Brandenburger Haus, 3277 m

Siehe R 406—409.

## 4. Im Bereich des Oberinntales

### **Hohenzollernhaus,** 2123 m

Im hintersten Radurscheltal, Stützpunkt für den Glockturmkamm. AV-Sektion Hohenzollern. Bew. 1. 7. bis Mitte September, im Winter bei Bedarf, 9 B, 20 M, Winterraum. Bew. Franz Netzer, Pfunds 127. Gepäcktransport.

● **440 Von Pfunds,** 4—4½ Std., bez. Weg. Auf der Güterstraße (Fahrverbot) südöstl. steil durch Wald an der linken Seite des Radurscheltales (welches in einer Klamm ins Inntal mündet) auf eine steilere Talstufe zur St.-Ulrichs-Kapelle, 1189 m, und nun weiter durch das freundliche Tal durch Wald und Wiesen über die Radurschelalm, 1600—1900 m, 2 Std., wo sich das Tal gabelt und sich die Forsthütte Wildmoos befindet. Rechts zweigt das Nauderer Tscheytal ab. Man geht links weiter durch das Radurscheltal bis zum Radurschelhaus/Tiwag-Haus und ab hier in 1 Std. auf schönem Steig am Alplfall vorbei zum Hohenzollernhaus (Straße bis zum Radurschelhaus).

### **Anton-Renk-Hütte,** 2261 m

● **441** Schön gelegene Hütte im Talschluß des Stalanzer Tales. Nicht bew. Zugänglich nur mit AV-Schlüssel (derzeit in Ried 65 bei Hermann Sailer, Schuhgeschäft erhältlich). 12 Lager, Holz mitbringen, Quelle etwa 50 m südl.

● **442 Von Ried über Gfrans,** 3½ Std., bez. Weg. Man steigt von Ried südl. über Gfrans ins untere Stalanzer Tal und verfolgt dieses zuerst allmählich ansteigend, zum Schluß sehr steil zur Hütte.

● **443 Von Ried über Zirmsköpfl,** 3½ Std., bez. Weg. Man kann von Ried über den Saurücken und das Zirmsköpfl auf bez. AV-Steig ins oberste Stalanzer Tal und zur Hütte gelangen.

### **Nauderer Skihütte,** 1910 m

● **444** Nicht bew., im Piengtal. Wichtiger Stützpunkt für Skifahrten. Die Gipfel um die Nauderer Hütte sind schöne Aussichtsberge und Ausflugsziele. Anmeldung bei Sektion Bremen, Eduard-Grunow-Str. 30. 12 Lager. Herrliches Skigebiet. Auskunft beim Gendarmerieposten Nauders.

● **445** **Von Nauders,** 1½—2 Std., bez. Weg. Nordöstl. durch das Piengtal über Felder und Wiesen allmählich ansteigend zur Naudererer Skihütte.

**Goldseehütte,** etwa 1900 m

● **446** Privathütte unterhalb der Piengalm (Jausenstation).

## b) Übergänge und Gipfelfahrten

### 1. Gurgler Kamm

#### A. Übergänge

● **449** An dieser Stelle sei darauf hingewiesen, daß von den Übergängen derzeit nur diejenigen bis zu den italienischen Hütten als Stützpunkte für Gipfelfahrten stillschweigend geduldet sind. Abstiege ins Tal sind nicht gestattet, da es vorderhand keine einzige zugelassene Grenzstelle in den Ötztaler Alpen gibt. Da Verhandlungen im Gange, im Tal vorher erkundigen!

**Timmelsjoch,** 2509 m

● **450 Vom Ötztal ins Passeiertal:** Von Zwieselstein bzw. Obergurgl nach Schönau und Rabenstein, 3½ Std.

Von Zwieselstein am östl. Ufer des Timmelsbaches aufwärts bzw. von Obergurgl talaus in Richtung Zwieselstein. Sobald man den Wasserfall des Timmelbaches passiert hat, über die Brücke zu den jenseits gelegenen „Skaien" und rechts auf einem Steiglein ins Timmeltal, wo sie auf die neue Timmelsjochstraße, Beginn kurz nach Untergurgl (zwischen Untergurgl und Obergurgl) trifft. Nun auf der Straße in südöstl. Richtung, zum Schluß in einigen Kehren auf das Timmelsjoch. Jenseits des Joches führt der italienische Teil der Straße über Schönau, Rabenstein und Moos nach St. Leonhard, wo sie in die Straße, die sich vom Jaufen-Paß hinabzieht, mündet. Auf dieser Straße durch das Passeiertal über St. Martin nach Meran.

Vorstehender Übergang war schon in ältesten Zeiten der meistbegangene vom Ötztal nach Südtirol, da er unvergletschert ist. Er spielt in der Zeit nach dem Weltkrieg, als Tausende von Soldaten vor der Gefangenschaft über ihn flohen, eine große Rolle.

● **451 Timmelsjoch-Hochalpenstraße** siehe R 3.

**Königsjoch,** 2825 m

● **452 Vom Ötztal ins Passeiertal:** Von Obergurgl über die Essener Hütte (neuer Name: Seebergtalhütte, ital. Bezeichnung Rifugio Principe di Piemonte oder Rifugio Monte Re) nach Schönau bzw. Rabenstein, 3¾—4 Std. bis zur Essener Hütte, unschwierig.

Von Obergurgl wie bei R 264 bzw. ab Untergurgl nach Pirchhütt und hinter dem Weiler über den Ferwallbach und an den Hängen mäßig steil hinauf ins Königstal, 1 Std. (Hierher unmittelbar von Untergurgl in zahlreichen Kehren.) Nun im Königstal aufwärts erst links, dann rechts am Königsbach entlang zum Talschluß, zuletzt südwestl. über Blockhalden zum Königsjoch. Von hier steil südwestl. in kurzen Kehren auf bez. Weg zur Essener Hütte, 2405 m, etwa ¾ Std. Von hier talaus auf dem guten Hüttenweg nach Schönau, etwa 1½ Std. Die Essener Hütte ist zerstört und bildet keinen Stützpunkt mehr.

## **Aperes Ferwalljoch**, 2903 m

● **453 Vom Ötztal ins Passeiertal.** Von Obergurgl bzw. Untergurgl über Pirchhütt zur Essener Hütte, 3¾—4 Std.

Von Obergurgl über Pirchhütt (R 264) auf AV-Weg östl. aufwärts an der Berglehne ins Verwalltal. Im Talgrund den Bach überschreitend und an ihm entlang zum Talhintergrund hinaufsteigend. Von hier steil aufwärts zum Joch, 3 Std. Jenseits in kurzen Kehren auf einem kleinen Steiglein über schrofendurchsetzte Rasenhänge zur zerstörten Essener Hütte hinab, ¾—1 Std. Von hier aus weiter wie bei R 452 nach Schönau bzw. Rabenstein.

## ● 454 **Rotmoosjoch**, 3055 m

**Von Obergurgl zur Zwickauer Hütte** (Planfernerhütte), 2982 m, 4½ Std.

Das Rootmoosjoch liegt zwischen Scheiberkogel und Rotmooskogel; der Zugang über den spaltenreichen Rotmoosferner erfordert Gletschererfahrung. Seilmitnahme unbedingt notwendig. Wegen der Zerstörung der Zwickauer Hütte ist dieser schwierige Übergang nicht zu empfehlen!

Von Obergurgl zwei Möglichkeiten:

a) Auf bez. Weg 922 südlich die Hänge empor, über die kleine Schlucht des Gaißbergbaches und weiter südlich bis an den Beginn des Rotmoostales. Hier zweigt nach rechts (südwestl.) der Weg 922 über die Schönwieshütte zur Langtalereckhütte und zum Hochwildehaus ab. Man verfolgt den linken, bez. Weg bis zu einer Wegteilung kurz hinter einer kleinen Grenzerhütte. Man wählt den rechten, eben ins breite Rotmoostal hineinführenden Steig, der gerade auf die Zunge des Rotmoosferners zuführt. Über den Ferner in südl.

Richtung empor, später etwas mehr links gegen das große östl. Gletscherbecken haltend, dann wieder genau südl. über eine spaltenreiche Zone empor auf das Rotmoosjoch.

b) Mit dem Gletscherlift auf die Hohe Mut und auf bez. Weg zum Mutsattel. Weiter nach SO bis knapp vor den Steilaufschwung des Kirchenkogel-NW-Grates. Hier zweigt rechts ein Steig ab, der die Seitenmoräne des Rotmoosferners bei etwa 2550 m Höhe erreicht. Verfolgt man den linken Steig geradeaus, immer an den Hängen über dem Rotmoosferner querend, gelangt man bei etwa 2750 m auf den Gletscher. Hier über den im unteren Teil spaltigen Gletscher aufwärts, flacher auf den mittleren Teil des Ferners und steiler zwischen Spalten aufwärts in die Gletschermulden nördl. des Rotmoosjoches und durch sie empor auf das Joch.

Das Rotmoosjoch wird meist mit der Einsattelung 3009 m verwechselt, die nordöstl. (links) des Rotmoosjoches zwischen Trinkerkogel und Scheiberkogel eingelagert ist.

Der Abstieg jenseits zur Zwickauer Hütter über den kleinen Planferner bietet keine Schwierigkeiten.

### **Langtaler Joch,** 3035 m

**● 455 Von der Karlsruher Hütte am Langtaler Eck zur Stettiner Hütte und nach Pfelders.**

Auf gutem AV-Weg östl. in halber Höhe des Hanges in den Hintergrund des Langtales. An der O-Seite des Gletschers über die ausgeaperten Moränenflächen gegen das Langtaler Joch, tiefste Einschartung gerade voraus, die letzte halbe Stunde sanft über den Gletscher ansteigend (Achtung Spalten!) auf das Joch, 3 Std. Jenseits über Geröll und Firn abwärts zu dem ehemaligen AV-Höhenweg Zwickauer Hütte — Stettiner Hütte (z. T. verfallen), der sich an den steil abfallenden Geröllhängen unterhalb des Langtaler Joches hinzieht. Man überschreitet tief eingeschnittene Gräben und gelangt zum Kar „Im Put", ½ Std. Zum Schluß in kurzen Kehren zur Stettiner Hütte (auch Eisjöchl- und Hohe-Wilde-Hütte, Rifugio Altissima, früher Francesco Petrarca), 2872 m.

Ebenso kann man den Höhenweg benutzen, um zur Zwickauer Hütte zu gelangen, wenn man ihn nach der anderen Richtung verfolgt und zu dem von Pfelders heraufkommenden Hüttenweg zur Zwickauer Hütte stößt. Aufwärts zur Zwickauer Hütte oder abwärts nach Pfelders.

**● 456 Vom Hochwildehaus zur Stettiner Hütte,** 3 Std.

Von der Hütte südwärts über den Gurgler Ferner in Richtung Annakogel zum breiten Schwärzenjoch, 3133 m, das in dessen N-Kamm liegt. Von ihm hinab auf den obersten Teil des Langtaler Ferners, östl. diesen querend zum Langtaler Joch, 2 Std., und wie bei R 455 zur Stettiner bzw. Zwickauer Hütte oder nach Pfelders.

### Hochwildejoch, 3225 m

**● 457 Vom Hochwildehaus zur Stettiner Hütte,** 3¼ Std.

Wie bei R 456 zum Schwärzenjoch und zum obersten Langtaler Ferner hinab, an dessen W-Rand man zum Hochwildejoch gelangt, 2½ Std. Vom Joch auf AV-Weg „Grützmacherweg", zum Teil verfallen, an der Grützmacherruhe vorbei über die Felshänge der Hochwilde südl. zur Stettiner Hütte, ¾ Std.

### Gurgler Eisjoch, 3151 m

**● 458 Vom Hochwildehaus ins Schnalser Tal zum Eishof,** 2069 m, 4¼ Std., mäßig schwierig.

Vom Hochwildehaus kurz nach S auf den Gurgler Ferner bis in dessen Mitte, westl. des Mitterkammes sanft aufwärtssteigend auf das breite Gurgler Eisjoch, 1½ Std. Vom Joch steil abwärts über Schnee und Schrofen, dann auf Steigspuren über steile Rasenhänge zum Talgrund des Pfossentales und talaus zum Eishof, 2 Std. Von dort aus auf Fahrweg in 2 Std. nach Karthaus.

## B. Gipfel im Bereich des Gurgler Kammes

### Karlesspitze, 3465

**● 460 Vom Hochwildehaus über das Querkogeljoch,** etwa 3346 m, und den N-Grat, 3½—4 Std.

Von der Hütte südl. auf den Gurgler Ferner bis in die Mitte, sodann mäßig ansteigend zur W-Seite des Mitterkammes, und westl. in Schleife, zuletzt steiler durch einen Bruch (Randkluft am besten auf der ersten vom Joch nördl. herabziehenden Felsrippe überwindend) zum Joch, etwa 3 Std. Von hier aus über den N-Grat, steile kurze Firnschneide (Achtung Wächten!) zum Gipfel, ½—1 Std.

**● 461 Über den SO-Grat vom Hochwildehaus,** 4 Std., mäßig schwierig. In Richtung Falschungspitze, R 472 bis zur dort erwähnten zweiten oberen Firnstufe. Hier nach rechts um einen kleinen Felsumbau biegend, erreicht man den Fuß des Grates. Auf diesem aperen Grat in mäßig schwieriger Kletterei zum Gipfel.

● **462 Von der Samoarhütte über das Querkogeljoch,** 5 Std. Mäßig schwierig bis schwierig. Von der Samoarhütte über Rasenhänge und Moränenschutt wie bei Übergang R 538 zum Hochwildehaus in Richtung Schalfkogeljoch. Etwa ½ Std. bevor man dieses erreicht, biegt man östl. zum Querkogeljoch ab. Nun auf R 460 zum Gipfel.

● **463 Von der Samoarhütte über das Karlesjoch,** 4—4½ Std., mäßig schwierig.

Über den Schalfferner, am S-Rand haltend, zum obersten Teil des Ferners ansteigend und in Richtung Kleinleitenspitze und zum breiten Karlesjoch, 3269 m, auf dessen Sattel man über den W-Rücken der Karlesspitze zum Gipfel gelangt.

Dieser Weg ist zu empfehlen, wenn der N-Grat vereist ist.

### **Hochwilde** (Hohe Wilde), 3482 m

● **466 Vom Hochwildehaus über das Annajoch zum N-Gipfel,** 4 Std., mäßig schwierig.

Von der Hütte an den W-Hängen des Schwärzenkammes vorbei, den Annakogel links lassend, zum Annajoch (zwischen S-Ende des Mitterkammes und dem Annakogel gelegen, Achtung Spalten!). Nun über einen breiten Rücken (NW-Grat) auf den Annakogel und abwärts in seine Scharte, aus welcher man über den Felsgrat zu den Felsen des N-Gipfels gelangt, über welche ein gesicherter Steig (Sicherungen z. T. verfallen) zum N-Gipfel, 3461 m, führt.

● **467 Gustav-Becker-Weg vom Nord- zum Südgipfel,** ¾ Std., mäßig schwierig.

Am W-Hang des N-Gipfels beginnt bei den ersten Felsen der von der Sektion Karlsruhe erbaute, drahtseilgesicherte Gustav-Becker-Weg, der über den türmereichen Grat führt, welcher N- und S-Gipfel der Hohen Wilde verbindet. (Auch dieser Steig ist teilweise verfallen und Sicherungen nicht mehr intakt.) Für Geübte bei trockenem Fels unschwierig, bei Vereisung sehr schwierig.

● **468 Vom Hochwildehaus über das Schwärzenjoch,** 3133 m, und **Hochwildejoch,** 3225 m, 4 Std., mäßig schwierig.

Von der Hütte südwärts über den Gurgler Ferner in Richtung Annakogel, in dessen N-Kamm das breite Schwärzenjoch liegt. Vom Joch jenseits hinab auf Steiganlage (z.T. beschädigt) auf den Langtaler Ferner und an dessen SW-Rand auf das Hochwildejoch. Von diesem mäßig schwierig auf den NO-Grat und über brüchige Felsen zum S-Gipfel, ¾ Std., von welchem man über den Gustav-Becker-Weg, R 467, den N-Gipfel erreichen kann.

Als lohnende Rundtour vom Hochwildehaus ist Anstieg R 466, zum N-Gipfel, Weg R 467 zum S-Gipfel und Weg R 468 als Abstieg zu empfehlen.

● **469 Von der Langtalereckhütte über das Hochwildejoch,** 4½ Std., mäßig schwierig. Von der Hütte östl. auf gutem AV-Weg in halber Höhe des Hanges in den hintergrund des Langtales. An der O-Seite des Gletschers pfadlos über die ausgeaperten Moränen in Richtung Langtaler Joch. Kurz vor Erreichen des Joches über große Spalten zum Hochwildejoch, 3225 m, und wie bei R 468 auf den Gifel.

● **470 Von der Langtalereckhütte über das Schwärzenjoch,** 4½ Std., mäßig schwierig. Wie bei R 469 in Richtung zum Langtaler Joch, jedoch bis zum Ende der aperen Stelle. Hier quert man über den Gletscher nach S und durch eine Rinne in dem sehr brüchigen Gestein auf das Schwärzenjoch, 3 Std. Man umgeht nun den Annakogel („Gurgler Skigipfel") nordseitig und ersteigt wie bei R 466 den N-Gipfel über den westl. Firnhang, 1½ Std.

● **471 Von der Stettiner Hütte,** 2 Std., mäßig schwierig. Über den Grützmacherweg zum S-Grat und über diesen auf dem Weilenmannweg zum Gipfel. (Da beide Weganlagen nicht mehr intakt, schwieriger geworden.)

### **Falschungspitze,** 3363 m

● **472 Vom Hochwildehaus,** 3—3½ Std., unschwierig.

Von der Hütte über den Gurgler Ferner westl. am Mitterkamm vorbei in eine große Firneinbuchtung und südl. über zwei Firnstufen, zuletzt über einen Firnhang zum Gipfel.

### **Langtalerjochspitze,** 3157 m

● **474 Von der Langtalereckhütte,** etwa 3½ Std., mäßig schwierig. Wie bei R 469 zum Langtaler Joch und über den südl. Grat in mäßig schwieriger Kletterei zur Langtalerjochspitze.

### **Mitterkamm,** 3200 m

● **475 Vom Hochwildehaus von Nordwesten,** 2 Std., mäßig schwierig bis schwierig.

Über den Gurgler Ferner an das NW-Ende des Mitterkammes und in schwieriger, aber genußreicher und lohnender Kletterei über den Vorgipfel zum Hauptgipfel. Etwas unschwieriger von SW.

### **Hochebenkamm,** 3166 m

● **476 Von der Langtalereckhütte über den Hochebenferner,** 2 Std., unschwierig bis mäßig schwierig.

Von der Hütte über Rasen und Geröll durch das Innere Hochebenkar auf den Hochebenferner und von diesem unschwierig nach N zum Gipfel.

● **477 Von der Schönwies-Skihütte über die Hochebenscharte,** 3—3½ Std., mäßig schwierig.

Von der Hütte zur Gurgler Alm und weiter auf dem Weg zur Langtalereckhütte bis zum Hochebenbach. Von hier aus südöstl. über Rasenhänge ansteigend, später über Blockhalden zur Hochebenscharte, 2895 m. Aus dieser südl., mäßig schwierig, in schöner Kletterei über Felsplatten zum Gipfel.

### **Hohe Mut,** 2659 m

● **478 Von Obergurgl bzw. Schönwies-Skihütte,** 2—2½ Std, unschwierig. Sessellift von der Gaißbergbachbrücke im Anschluß an den kleinen Lift von Obergurgl.

Im Gaißbergtal kurz talein, sodann auf Steig nach rechts und vor der Hohen Mut auf deren W-Seite und von S auf den Gipfel.

### **Festkogel,** 3035 m

● **479 Von Obergurgl,** 3½ Std. Unschwierig.

Zum Gaisbergbach auf Weg zur Schönwies-Skihütte und vor der Brücke östl. abbiegend, zuerst auf einem Steig, dann pfadlos über Grashänge (Steinmannmarkierung) zum Gipfel. (Festkogelbahn.)

### **Hangerer,** 3021 m

● **480 Von der Schönwies-Skihütte über den Westgrat,** 3 bis 4 Std., unschwierig.

Auf dem Weg zur Langtalereckhütte, bis dieser zur Gurgler Alm abfällt. Nun links über felsdurchsetzte Grashänge auf den Westgrat, über welchen man in unschwieriger Kletterei zum Gipfel gelangt.

● **481 Von der Schönwies-Skihütte über die Hochebenscharte,** 2893 m, 3—4 Std, unschwierig.

Wie bei R 477 zur Hochebenscharte und nördl. über den Grat unschwierig zum Gipfel.

### Seelenkögel,
### Vorderer, 3290 m, Mittlerer, 3426 m, Hinterer, 3472 m

● **484 Von der Schönwies-Skihütte über das Rotmoosjoch auf den Hinteren Seelenkogel,** 4—6 Std., mäßig schwierig.

Wie bei R 454 zum Rotmoosjoch und jenseits zum Planferner absteigend, um die S-Abstürze des Rotmooskogels herum bis unter den Hinteren Seelenkogel, welchen man unschwierig, wenn auch steil über den O-Grat erreicht.

● **485 Von der Schönwies-Skihütte über den Wasserfallferner auf den Vorderen Seelenkogel,** 4½ Std., mäßig schwierig. Auf den Rotmoosgletscher, bis rechter Hand der steile, arg zerklüftete Wasserfallferner mit diesem zusammenfließt. Über ihn gerade empor (Riesenspalten!) bis in das Firnbecken, dann unschwierig und mäßig steil auf den Vorderen Seelenkogel.

● **486 Von der Langtalereckhütte auf den Hinteren Seelenkogel,** 5 Std. Von der Hütte östl. auf AV-Steig in ein Kar östl. des Mittleren Seelenkogels. Von hier weglos über eine Einschartung im Grat, welcher vom Mittleren Seelenkogel herunterzieht, auf den Hinteren Seelenferner und über diesen (Achtung Spalten!) unschwierig auf den Gipfel des Hinteren Seelenkogels.

● **487 Überschreitung vom Hinteren Seelenkogel über den Mittleren zum Vorderen Seelenkogel,** 1—1½ Std., mäßig schwierig. Vom Gipfel des Hinteren Seelenkogels nordwestl. abwärts über Firn in die nordwestl. Einsenkung, ½ Std. Über den brüchigen Felsgrat (S-Grat) auf den Mittleren Seelenkogel, schwierigstes Stück, ½ Std. Von diesem über den meist gut begehbaren Firngrat von der Langtaler Seite her, zum Schluß nach N über Fels (Achtung brüchig!) in die Einsattlung vor dem Vorderen Seelenkogel, 3201 m. Von dieser über den Grat (Fels und Firn) auf den Vorderen Seelenkogel, ½ Std.

### **Rotmooskogel,** 3242 m

● **488 Von der Schönwies-Skihütte (bzw. Obergurgl) über das Rotmoosjoch,** 4 bzw. 4¾ Std., unschwierig bis mäßig schwierig.

Wie bei R 454 zum Rotmoosjoch und in unschwieriger Kletterei über den Vorgipfel auf brüchigem Fels, dann über Geröll und Platten von links über den O-Grat auf den Gipfel.

● **489** Man kann den Rotmooskogel auch unschwierig in ½ Std. von der bei den Seelenkögeln R 487 beschriebenen Einsenkung nordwestl. des Hinteren Seelenkogels erreichen.

### **Scheiberkogel,** 3135 m

● **490 Von Gurgl bzw. Schönwies-Skihütte über das Rotmoosjoch,** unschwierig, 4 Std. von Gurgl bzw. 3½ Std. von der Schönwies-Skihütte.

Wie bei R 454 zum Rotmoosjoch und unschwierig über Blöcke und Schnee auf den Gipfel (von dem man jenseits auf das Rotmoosjoch-Winterjoch absteigen kann).

Sehr zu empfehlen ist die Kammwanderung vom Rotmoosjoch über Scheiberkogel — Trinkerkogel — Heuflerkogel zur Liebener Spitze.

### **Trinkerkogel,** 3161 m

● **491 Von der Schönwies-Skihütte (bzw. Gurgl) über das Rotmoos-Winterjoch.** 4¾ Std. (bzw. 5½ Std.), mäßig schwierig.

Auf dem Weg zum Rotmoosjoch bis oberhalb des Bruches. Das Rotmoosjoch bleibt rechter Hand liegen. Man wendet sich östl. zum Rotmoos-Winterjoch. Nun steil auf die südöstl. Seite des SW-Grates über brüchige Felsen, später sanfter ansteigend über ein kleines Schneefeld zum Gipfel. ¾ Std. vom Joch.

### **Heuflerkogel,** 3220 m

● **492 Über den Südwestgrat,** 4—5 Std. von der Schönwies-Skihütte.

Von Gurgl bzw. von der Schönwies-Skihütte auf dem Weg zum Rotmoosjoch wie bei R 454 in den obersten Teil des Rotmoosferners und in die Einsattelung nordöstl. des Trinkerkogels, von welcher man in kurzer Gratkletterei über gutgestuften Fels zum Gipfel gelangt.

● **493 Über das Liebenerjoch,** 4—5 Std. von der **Schönwies-Skihütte** bzw. **Gurgl,** mäßig schwierig. Wie bei R 454 auf dem Weg zum Rotmoosjoch in den obersten Teil des Rotmoosferners bis in die große Mulde. Von hier im rechten Winkel nach links zum bereits sichtbaren Liebenerjoch (große Spalten!), von wo man in schöner Gratkletterei den Gipfel erreicht.

● **494 Übergang zur Liebenerspitze,** 1 Std., mäßig schwierig.

Einige kleine Gratzacken überkletternd zur tiefsten Scharte im Verbindungsgrat, sodann zumeist über Geröll zuerst mäßig ansteigend, sodann steiler auf die Liebenerspitze.

## **Liebenerspitze,** 3400 m

● **495 Über den Rotmoosferner,** 4½ Std. von der Schönwies-Skihütte, 5 Std. von Gurgl, mäßig schwierig bis schwierig.

Wie auf Weg R 454 zum Rotmoosferner und östl. über die südöstl. Mulde des Gletschers zum Schnee- bzw. Eishang, über welchen man den Hauptkamm (Richtung Heuflerkogel) erreicht. Auf diesem Kamm durch eine Rinne auf den Vorgipfel und von diesem kurz zum Hauptgipfel.

## **Granatenkogel,** 3304 m

● **497 Über den Nordwestkamm,** 4½—5 Std. von Obergurgl, mäßig schwierig.

Wie bei R 453 auf dem Weg zum Ferwalljoch. Im oberen Teil des Ferwalltales südöstl. zum Ferwallferner und über diesen steil in die tiefste Einsattelung des NW-Kammes (der Gletscher wird in Gehrichtung — rechts des Bruches überwunden; Steinschlag!), über welchen man über Firn und Schutt etwas mühsam auf den Vorgipfel und weiter unschwierig über den Verbindungsgrat zum Hauptgipfel gelangt.

● **498 Über den Nordwestgrat,** unschwierig, aber meist weglos, von Obergurgl 5½ Std. Wie bei R 497 ins Ferwalltal, jedoch hält man sich in der Talsohle auf der linken Bachseite, zum Schluß steil über Moränen zum NW-Teil des Ferwallferners, der vom Hauptferner durch einen nördl. Seitenast des NW-Kammes getrennt ist. Über den Nebenferner auf den NW-Grat und über ihn unschwierig zum Gipfel.

**Königskogel,** 3055 m

Anstiege von Obergurgl bzw. von Untergurgl mühsam.

● **499 Durch das Ferwalltal,** 3½—4 Std., sehr mühsam, empfehlenswert für den Abstieg:

Auf dem S-Grat abwärts bis zur ersten ausgeprägten Schulter. Hier nach W auf einer Rampe ins Trümmerkar südwestl. des Gipfels und gerade hinab zum Weg.

● **500 Über den Südgrat,** 4½—5 Std. von Obergurgl, mäßig schwierig. Wie bei R 453 zum Ferwalljoch und über einen Felskopf zum S-Grat, dessen Zacken man östl. auf Rasenbändern umgeht, zurück auf den Grat und in schöner Kletterei auf den Gipfel.

**Durch das Königstal,** 4½ Std. von Obergurgl, mäßig schwierig. Wie bei R 452 von Ober- bzw. Untergurgl auf dem Weg zum Königsjoch. Kurz unterhalb des Joches südwestl. über einen kleinen Ferner zum Gipfel.

**Hinterer Wurmkogel,** 3082 m

● **501 Von Ober- bzw. Untergurgl durch das Königstal,** 4 bis 5 Std., unschwierig.

Wie bei R 452 auf dem Weg zum Königsjoch zum Talschluß des Königstales und nordöstl. in das Schuttkar, das westl. vom Wurmkogel liegt. Aus diesem in die Einsattlung südl. des Gipfels, von welcher der Wurmkogel in unschwieriger Kletterei erreicht wird (selten begangen).

Kürzester Anstieg von Untergurgl über die Angerer Alm s. R 257, zunächst in östl., sodann südöstl. Richtung zum Wurmkogelferner und über diesen direkt zum Gipfel, 3—3½ Std.

● **502 Von Hochgurgl,** 1¾ Std. (ohne Benutzung des Liftes), 1¼ Std. von der Bergstaion des Großen-Kar-Liftes. Für Geübte; Bergunerfahrene nur mit Führer.

Von der Bergstation in wenigen Minuten über den Grat zum Gipfel.

**Bankerkogel,** 3060 m

● **503 Von Hochgurgl,** 2—2½ Std. Nur für Geübte.

Wie bei R 502 zum Wurmkogelferner, über diesen im Bogen nach rechts auf den Einschnitt südl. des Gipfels und in 20 Min. über den S-Grat zum Gipfel.

### Schermerspitze, 3117 m

● **505 Von Hochgurgl,** 3 Std. Mäßig schwierige Kletterei, nur für Geübte.

Mit Lift zum Großen Kar (auch Plattenkar genannt). Durch das Kar auf Steig in Kehren zum Gletscher, 50 Min. Knapp vor diesem östl. abbiegend zu einer Einsattelung, 2959 m, und über den kurzen S-Grat auf die Schermerspitze. Herrliche Aussicht auf Gurgler Umrahmung, Stubaier Berge und zur Wildspitze.

### Banker Kirchenkogel, 3115 m

● **506 Von Hochgurgl,** 3 Std., mühsam, nicht zu empfehlen.

Von der Bergstation des Großkar-Sesselliftes führt ein Pfad in östl. Richtung. Man betritt den Gletscher nicht, sondern steigt auf bez. Steig nördl. ziemlich steil (Schwindelfreiheit erforderlich) zum Gipfel.

● **507 Westgrat,** II, 2 Std. Von der ersten Mittelstation des Wurmkogelliftes genau auf den breiten Fuß des Westgrates zu und etwas rechts haltend über die Stufe empor. Immer auf dem Grat, manchmal etwas brüchig, zum Gipfel. Besser als R 506.

## 2. Schnalser Kamm

### A. Übergänge

### Fanatjoch (Schalfjoch), 3199 m

● **509 Vom Ötztal ins Pfossental:** Von der Samoarhütte zum Mitterkaser, 1954 m; 7 Std. Für Bergunerfahrene mit Führer. Von der Samoarhütte auf dem Weg zum Querkogeljoch in die oberste Mulde des Schalfferners. Hier Schleife nach S, zwischen Rötenspitze und Fanatspitze, wo das Fanatjoch liegt, 4½—5 Std. Jenseits weglos durch ein Kar zum Mitterkaser im Pfossental hinab. Talaufwärts zum Eishof, talabwärts nach Karthaus im Schnalser Tal.

### Roßbergjoch, 3380 m

● **510 Vom Ötztal ins Pfossental (von der Samoarhütte zum Mitterkaser),** 5 Std. Mäßig schwierig. Wie bei dem Weg auf das Fanatjoch, R 509, bis unterhalb des Mutmalkammes. Diesen umgeht man in großem Bogen nach S, läßt das Schwärzenjoch rechts und gelangt, am O-Grat der Hinteren Schwärze sanft ansteigend, zum Roßbergjoch. Südseitig über den Roßbergferner steil (Eisbrüche) weglos zum Mitterkaser; weiter wie bei R 509 zum Eishof.

### **Fineiljoch,** 3122 m

● **512 Vom Ötztal ins Schnalser Tal:** Vom Hochjochhospiz nach Unser Frau im Schnalser Tal; 5 Std. Für Geübte unschwierig. Vom Hochjochhospiz auf AV-Weg zum Hochjochferner. Auf diesem der mittleren Moräne folgend bis an den Fuß der Schwarzen Wand, sodann sanft ansteigend zum Fineiljoch, das zwischen Grawand rechts und Fineilköpfen links liegt, 2½ Std. (Hierher auch von Bellavista.) Jenseits steil hinunter über Schnee und Schutt zum Fineilsee, ½ Std., von wo ein Steiglein ins Fineiltal zum Fineilhof, 1953 m, 1 Std. hinableitet. Von dort hoch über dem Talgrund nach Obervernagt und Unser Frau, 1 Std.

### **Hochjoch,** 2885 m

● **513 Vom Ötztal ins oberste Schnalser Tal:** Vom Hochjochhospiz über Bellavista nach Kurzras, 3½ Std., für Geübte unschwierig.

Vom Hospiz auf Pfad südl. zur Zunge des Hochjochgletschers. Man steigt an der orographisch linken Seite des Gletschers (eisfrei) auf bez. Steig allmählich aufwärts auf die kaum merkbare Jochhöhe, italienische Grenze, ½ Std., und ebenfalls rechts haltend zum schon längst sichtbaren Wirtshaus „Zur schönen Aussicht" (Bellavista), ½ Std. vom Joch entfernt. Auf Saumweg westl. am Hang Richtung Weißkugel entlang, sodann östl. umbiegend nach Kurzras, 1½ Std.

## B. Gipfel im Bereich des Schnalser Kammes

### **Grawand,** 3250 m

● **516 Vom Hochjoch,** 1¼ Std., unschwierig bis mäßig schwierig. Vom Hochjochhospiz R 513 bzw. Bellavista zum Joch und von hier über den obersten Teil des Hochjochferners und den Kamm der Grauen Wand (P. 3204 der AV-Karte) und südöstl. unschwierig auf den Gipfel. (Weniger begangen als Weg R 517.)

● **517 Vom Fineiljoch,** ¾ Std., mäßig schwierig.

Vom Hospiz R 512 bzw. Bellavista zum Fineiljoch und von hier über den O-Grat in ¾ Std. in mäßig schwieriger Felskletterei zum Gipfel.

### Schwarze Wand, 3355 m

● **518 Über das Hochjoch und Hochjochferner,** 2½—3 Std. vom Hochjoch, mäßig schwierig. Vom Hochjoch über den Hochjochferner bis unter den Gipfel der Schwarzen Wand, wo man südl. in einer großen Kehre über zeitweise eisdurchsetzten Fels in die zwischen Schwarzer Wand und Fineilköpfen eingeschnittene Scharte und von dieser über den aus Felsblöcken bestehenden Grat zum Gipfel gelangt.

● **519 Über den Westgrat,** mäßig schwierig bis schwierig, 5 Std.

Vom Hochjochhospiz auf dem Weg R 512 zum Fineiljoch zum W-Grat der Schwarzen Wand, über welchen man über Fels und Firn zum Gipfel gelangt.

### Fineilspitze, 3516 m

● **520 Von der Similaunhütte über das Hauslabjoch und den Nordostgrat,** mäßig schwierig, 2 Std.

Wie bei R 581 zum Hauslabjoch (hierher auch vom Hochjochhospiz und von Bellavista) und ausgesetzt, aber unschwierig über den NO-Grat (im obersten Teil Firnschneide) zum nördl. Firngipfel und über diesen in mäßig schwieriger Kletterei auf den Hauptgipfel. Unschwierigster und meistbegangener Anstieg.

● **521 Von der Similaunhütte über den Ostgrat,** 2 Std., mäßig schwierig.

Von der Similaunhütte wendet man sich westwärts auf den flachen Firn- und Felsrücken und erreicht über diesen und über P. 3136 der AV-Karte den O-Grat. Mäßig schwierige Kletterei auf den Vorgipfel und wie in R 520 auf den Hauptgipfel. (Wenn die Felsen vereist sind, umgeht man den O-Grat auf den nördl. gelegenen Firnhängen.)

● **522 Über das Fineiljoch und die Fineilköpfe** (3451, 3407 und 3421 m) **und den Südgrat,** unschwierig bis mäßig schwierig, 3—3½ Std.

Fineilspitze und Hauslabjoch von Nordosten.

Zum Fineiljoch s. R 512. Nunmehr östl. unschwierig auf die mit Schnee und Schutt bedeckten Fineilköpfe und zum S-Grat; über diesen unschwierig zum Gipfel.

### **Similaun,** 3606 m

● **523 Von der Similaunhütte über den Westgrat,** 2½ Std., unschwierig.

Von der Hütte östl. allmählich auf dem Gletscher zum W-Grat ansteigend und auf diesem über Fels und Firn zum Gipfel.

● **524 Von der Martin-Busch-Hütte auf Samoar über den Marzellkamm,** etwa 4 Std, unschwierig bis mäßig schwierig. Von der Hütte 5 Min. taleinwärts über eine Brücke zum Marzellkamm. Auf AV-Weg erreicht man die Höhe des Marzellkammes und kommt bei P. 3187 der AV-Karte auf den obersten Niederjochferner. Von hier in südl. Richtung mäßig ansteigend auf den W-Grat, R 523.

### **Marzellspitzen**
### (**Östliche,** 3555 m, **Mittlere,** 3530 m, **Westliche,** 3540 m)

● **525 Von der Martin-Busch-Hütte über das Marzelljoch,** ½ Std. bzw. 1 Std. bzw. 1¾ Std. vom Joch, schwierig.

Von der Hütte über Felsblöcke zur Zunge des Marzellferners an deren östl. Rand empor. Man quert den Gletscher etwa auf 2900 m Höhe in westl. Richtung. Nordwestl. von P. 3262 der AV-Karte biegt man in großem Bogen südl. durch die Brüche des Marzellferners ab und steigt westl. der Hinteren Schwärze steil zum Marzelljoch, 3450 m, 3½—4 Std. von der Hütte. Unschwierig auf die Mittlere Spitze, ½ Std. vom Joch, von hier zur Westl. Spitze, unschwierig ½ Std. weiter. Die Östl. Marzellspitze ist entweder schwierig über den steilen W-Abbruch in ¾ Std. zu erreichen, oder man umgeht sie zum Fuß des SW-Grates der Hinteren Schwärze, von wo man den Gipfel der Östl. Marzellspitze ebenfalls in ¾ Std. unschwierig erreicht.

### **Hintere Schwärze,** 3628 m

● **526 Von der Martin-Busch-Hütte über den Nordgrat,** 4 bis 4½ Std., schwierig.

Die Nordwand des Similaun.

Similaun
523

Von der Hütte wie R 524 zum Marzellkamm und bis zum Wegweiser „Hintere Schwärze". Von hier auf die Zunge des Marzellferners und auf diesem auf der orographisch linken Seite, bis sich der Ferner nach O wendet. Kurz vorher quert man zu einem aufallend steilen Eishang. Etwas rechts davon nun in südöstl. Richtung auf flacheres Eis und zum Hinteren Schwärzenjoch. Über den steilen Grat (meist Fels) zum Gipfel.

Prächtige Hochtour, für ausdauernde Geher besonders lohnend anschließend die Überschreitung der drei Marzellspitzen und des Similauns zur Similaunhütte (gesamt etwa 10—12 Std.) und zurück zur Martin-Busch-Hütte (etwa 1 Std. mehr).

● **527 Über den Ostgrat aus dem Roßbergjoch von der Martin-Busch-Hütte,** 6 Std., mäßig schwierig. Wie bei R 510 zum Roßbergjoch und von hier über den O-Grat (Achtung Steinschlag!) über Blöcke in anregender Kletterei (Fels und Firn) zum Gipfel.

● **528 Von der Martin-Busch-Hütte über das Marzelljoch und den Südwestgrat,** 1—1½ Std. vom Joch, mäßig schwierig bis schwierig.

Wie bei R 525 zum Marzelljoch, 3½—4 Std. Vom Joch entweder auf die Östl. Marzellspitze oder diese umgehend zum Fuß des SW-Grates der Hinteren Schwärze und über diesen, zum Schluß steil auf den Gipfel. Bester Anstieg.

### **Mutmalspitze,** 3528 m

● **529 Von der Martin-Busch-Hütte über den Schalfferner und den Nordostgrat,** 4 Std., mäßig schwierig.

Auf den Schalfferner und südwestl. steil zur Einsattelung, 3218 m, zwischen Mutmalkamm und Mutmalspitze empor und über P. 3330 auf den Grat über Fels und Schnee zur Spitze.

● **530 Von der Martin-Busch-Hütte über den Südsüdostgrat,** 5 Std., mäßig schwierig. Unschwierigster und bester Anstieg. Über Blöcke zur Zunge des Marzellferners und am östl. Rand empor bzw. am W-Rand des Ferners, diesen auf etwa 2900 m Höhe überquerend. Am N-Rand des östl. emporziehenden Teiles des Marzellferners zur SO-Mulde der Mutmalspitze immer östl. weiter zum tiefsten Einschnitt zwischen Mutmalspitze und Hinterer Schwärze,

Hintere Schwärze mit Östlicher Marzellspitze.

Hintere Schwärze
Schwärzenjoch
526
Östl. Marzellsp.
528
Marzelljoch
Anstieg von W.

dem Hinteren Schwärzenjoch, wo der SO-Grat des Berges erreicht wird, der infolge Ausaperung nicht mehr wie früher ein verwächteter Firngrat ist und daher derzeit den unschwierigsten Anstieg auf den Berg bietet. Über ihn leicht zum Gipfel.

### **Rötenspitze,** 3396 m

● **531 Von der Martin-Busch-Hütte über das Roßbergjoch,** 5½ Std., mäßig schwierig bis schwierig. Beliebte Skiführe.

Wie bei R 510 zum Roßbergjoch. Von hier entweder über den Kamm, manchmal schwierig, auf den Gipfel, oder schon vor dem Joch über die mäßig ansteigenden südwestl. Firnhänge auf den Gipfel.

● **532 Von der Martin-Busch-Hütte über das Fanatjoch,** 5½ Std.

Wie bei R 509 zum Fanatjoch, 4½—5 Std., und von hier westl. über den Kamm unschwierig zum Gipfel, ¾ Std.

### **Fanatspitze,** 3361 m

● **533 Von der Martin-Busch-Hütte über das Fanatjoch,** 4½ Std., unschwierig, beliebte Skitour.

Wie bei R 509 zum Fanatjoch und von hier unschwierig östl. über den Kamm zum Gipfel.

● **534 Von der Martin-Busch-Hütte über das Karlesjoch,** 4½ Std., mäßig schwierig.

Vom Haus auf dem Weg zum Querkogeljoch, R 538, bis knapp unterhalb des Joches und im großen Bogen nach rechts unter der Karlesspitze vorbei, welche links liegen bleibt, zum Karlesjoch, 3269 m; und aus diesem über den firndurchsetzten Felsgrat mäßig schwierig westl. auf den Gipfel.

Der Similaun über dem Niederjochferner.

Hintere Schwärze
Schwärzen Joch
Marzellspitzer
Similaun
Niederjoch

# 3. Schalf-Ramolkamm

## A. Übergänge

### Schalfkogeljoch, 3375 m

● **537 Vom Hochwildehaus zur Martin-Busch-Hütte auf Samoar,** 5—6 Std., unschwierig bis mäßig schwierig.

Vom Haus quert man westl. den Gurgler Ferner bis zu den Felsen, die sich gerade vom Gipfel des Schalfkammes herunterziehen. Diese rechts lassend, steigt man größtenteils über Eis in das große Firnbecken auf, überquert dieses nach links unter der Kleinleitenspitze (Spalten!) und erreicht in mäßiger Steigung nach rechts biegend das Joch, 2 Std. Jenseits steil abwärts über felsdurchsetzte Firnhänge auf den Nördl. Schalfferner. Nun auf den großen Rücken an der rechten Seite des Gletschers zu haltend, über diesen auf den Boden des Schalfferners. Von der Zunge des Schalfferners rechts haltend zur Zunge des Marzellferners, über diese auf den Grashang über den Samoarhütten und in 20 Min. steil zu diesen empor.

Man kann mit diesem Übergang unschwierig die Besteigung des Schalfkogels auf Weg R 568 verbinden.

Am Ende des Gletschers ist dieser Weg durch Ausaperung stark verändert. Man steigt vom Ende des Eises mühsam über Geröll hinab. Der Weg ist teilweise verfallen, teilweise markiert.

### Querkogeljoch, 3346 m

● **538 Vom Hochwildehaus zur Martin-Busch-Hütte,** 5—7 Std., mäßig schwierig.

Von der Hütte am Gletscherrand nach S und in südwestl. Richtung über den Gurgler Ferner am Mitterkamm vorbei, diesen links liegen lassend. Man steigt zuletzt etwas steiler durch Felsen und über Blockgelände auf das Querkogeljoch nördl. der Karlesspitze. Jenseits abwärts zum Schalfferner, über diesen langen Gletscher zur Zunge des Marzellferners und zur Martin-Busch-Hütte, je nach Gletscherverhältnissen schwierig, 5—7 Std. Spaltenreich!

### Ramoljoch, 3186 m

● **539 Vom Ramolhaus nach Vent,** 3—3½ Std., unschwierig bis mäßig schwierig.

Dieser ehemals unschwierigste Übergang Gurgl—Vent ist durch die Ausaperung der Gletscher erschwert worden.

Auf bez. Weg, sodann weglos in Richtung Ramolferner an den Fuß von bez. Platten, über welche man mäßig schwierig zum Ramoljoch gelangt.

Von hier ganz unschwierig über die Moräne des Spiegelferners (der völlig ausaperte) zum Steiglein auf der rechten Seitenmoräne (zunächst waagrecht), ½ Std. Sodann auf der rechten Seite des Spiegelbaches sehr steil über Rasenhänge abwärts zur Ramolalm, 2215 m.

Von der Ramolalm führt der Weg durch Zirbenwald nördl. nach Vent.

● **540 Vom Ramolhaus zur Martin-Busch-Hütte auf Samoar,** 3½ bis 4½ Std., unschwierig bis mäßig schwierig.

Wie bei R 539 zum Ramoljoch, ¾—1 Std., und hinunter auf den Moränenschutt. Dort zweigt ein AV-Steig ab, der um den Spiegelkogel herumführt. Zunächst liegt der Weg auf der Lehne des Niedertals, quert dann den Graben des Diembachs, von wo man über steile Grasrippen den Grund des Niedertales erreicht. Auf der gegenüberliegenden Seite sieht man eine kleine Schäferhütte. Bei dieser erreicht man den Hüttenweg, der von Vent heraufkommt und zur Samoarhütte führt; auf ihm zu den Samoarhütten.

Es ist nicht immer leicht, zur Schäferhütte zu gelangen, wenn keine Brücke (Lawinenrest) über die Niedertaler Ache führt. Ist der Übergang über die Ache nicht möglich, bleibt man auf der gleichen Talseite und geht fast eben talein bis zum Marzellferner, überquert dessen Zunge und erreicht in steilem Anstieg die Samoarhütten.

● **541 Übergänge vom Ramolhaus zum Hochwildehaus bzw. zur Karlsruher Hütte am Langtaler Eck.**

Diese führen über kein Joch, doch gehören sie in diese Gruppe der Übergänge und sind daher hier aufgeführt.

● **542 Vom Ramolhaus zum Hochwildehaus,** 2 Std., unschwierig.

Vom Ramolhaus den Zugangsweg in Richtung Obergurgl hinab. Sobald man die Kehren hinter sich hat, zweigt rechts ein guter Steig ab zum Gurgler Ferner, den man in etwa 2600 m Höhe erreicht. Die Mulde zwischen dem oberen und unteren Gletscherbruch, die zum Hochwildehaus leitet, wird auf ihrer rechten Begrenzung, möglichst etwas am Hang in Richtung zum vom Gletscher gut sichtbaren

Haus überquert. Nach Überquerung des Gletschers trifft man den AV-Steig, der in ¼ Std. zum Haus führt.

● **543 Vom Ramolhaus zur Karlsruher Hütte am Langtaler Eck,** etwa 3 Std., unschwierig.

Vom Haus wie beim Übergang zum Hochwildehaus, R 542, zum Gurgler Ferner. Hier betritt man nicht den Gletscher, sondern steigt talaus über die schottrigen Terrassen abwärts bis zum Bach, der nördl. vom Ramolhaus zum Gurgler Gletscher herunterfließt. Der Lauf des Baches wird verfolgt (steiler Abstieg), bis sich der Bach über einen Felsen zum Gletscher stürzt (Wasserfall). Hier auf waagrechtem Band Ausstieg nach rechts (unschwierig) zum Gletscher hinüber. Nun quert man diesen horizontal auf einem Band in Richtung Schwärzenkamm. Unterhalb der Felsen des Schwärzenkammes beginnt ein Steiglein, welches in den Weg Langtalereckhütte — Hochwildehaus mündet. Von hier über den Steg des Langtaler Baches Aufstieg zur Karlsruher Hütte.

### **Gurgler Schartl,** 2930 m

● **544 Von Obergurgl nach Heiligenkreuz,** 6½ Std., unschwierig bis mäßig schwierig.

Vom Ort talaus bzw. von Untergurgl talein, zum Weiler Poschach. Hier westl. auf schlechtem Steig über die Hänge der Sonnenbergalm auf die Talterrasse, etwa 2500 m. Von hier weiter westl. über Blöcke und Schutt durch ein Kar, zuletzt über Schnee zum Gurgler Schartl, welches zwischen Zirmkogel links und Stockkogel rechts eingeschnitten ist, 3—3½ Std. Jenseits über steile Rinnen des Loabkares hinab, von dessen Ende links schräg (südwestl.) zum Schwarzbach, welchen man überquert und auf etwas besserem Steig westl. über die steilen Talhänge zum Weiler Winterstall, 2—2½ Std., von wo man durch das Venter Tal talaus auf der Talstraße Heiligenkreuz erreicht, bzw. sanft ansteigend nach Vent gelangt. — Nicht zu empfehlen, mühsam und wenig lohnend.

## B. Gipfel im Bereich des Schalf-Ramolkammes

### **Nörderkogel,** 3163 m

● **547** Letzter Dreitausender des Ramolkammes.

● **548 Von Zwieselstein,** 4 Std., unschwierig.

Auf bez. Weg am linken Ufer der Gurgler Ache talauf und steil am O-Hang des Nörderkogels über die Lenzenalm, 1892 m, südwestl. zum Nördersee, 2441 . Von hier auf AV-Weg über Schutt zum kleinen Nörderferner und über den Kamm zum Gipfel. Bester Anstiegsweg.

● **549 Von Zwieselstein über den Nordostgrat,** 4½ Std. Unschwierig.

Auf Weg R 548 bis zur Lenzenalm, von wo man über den Kamm des Mittagskogels, 2827 m, den NO-Grat (Felsgrat) erreicht, über welchen man in unschwieriger Kletterei (jedoch etwas mühsam) zum Gipfel gelangt.

● **550 Von Untergurgl zum Nördersee** s. R 258, von hier s. R 548 zum Gipfel.

● **551 Vom Gurgler Schartl,** unschwierig. Wie bei R 544 von Obergurgl bzw. Heiligkreuz zum Gurgler Schartl und von hier unschwierig auf den Stockkogel (3109 m), sodann ebenfalls unschwierig, aber mühsam und lange Zeit beanspruchend (da brüchige Felsen) über den blockigen Verbindungsgrat zum Nörderkogel.

## **Stockkogel,** 3109 m

● **552 Vom Gurgler Schartl,,** unschwierig, ½—1 Std. vom Schartl, vgl. R 551.

## **Zirmkogol,** 3281 m

● **553 Vom Gurgler Schartl,** 1—1¼ Std. vom Schartl, unschwierig.

Wie bei R 544 von Obergurgl bzw. Untergurgl oder Heiligkreuz zum Gurgler Schartl und aus ihm über den Loobferner südwestl. unschwierig zum Gipfel des Berges.

Der Abstieg über den S-Grat des Zirmkogels zur Steiniglehnscharte ist mäßig schwierig, ebenfalls die Fortsetzung der weiteren Gratüberschreitung zum Gampleskogel, 3408 m, und weiter bis zum Manigenbachkogel, 3318 m.

## **Gampleskogel,** 3408 m

● **554 Von Obergurgl durch das Lehnerkar und über den oberen Ostgrat,** 5 Std., mäßig schwierig.

Von Obergurgl auf dem Weg zum Ramolhaus bis über den Manigenbach. Hier auf bez. Steig steil zu den Weixlmahdern und dann nach N ins Lehnerkar. Immer nördl. des Baches über Gras und Schutt bis auf 2850 m. Nun über den Bach und auf die auffallende Moräne. Über sie, dann schräg nach links auf den O-Grat. Über ihn und die anschließende Eiskappe zum Gipfel.

### **Manigenbachkogel,** 3313 m

● **555 Von Obergurgl,** 4½ Std., mäßig schwierig.

Wie bei Anstieg Gampleskogel, R 554, auf den Manigenbachferner. Vom S-Rand des Ferners gelangt man zum östl. Firngrat des Gipfels und über ihn in kurzer Zeit zum Gipfel.

### **Großer Ramolkogel,** 3550 m

● **556 Vom Ramolhaus über das Ramoljoch,** 3 Std., mäßig schwierig. Günstigster Anstieg.

Vom Ramolhaus zum Joch s. R 539. Nun in unschwieriger Felskletterei über den Felsgrat auf den Kleinen Ramolkogel, 3351 m. Von diesem abwärts in die Scharte und über die schmale Firnschneide — je nach Schneeverhältnissen schwierig — empor auf den Mittleren Ramolkogel, 3518 m. Von hier aus steil über Fels und Schnee auf den Gipfel des Großen Ramolkogels.

● **557 Vom Ramolhaus über den Ramolferner,** 3½—4 Std., steil in die Scharte zwischen Mittl. und Nördl. Ramolkogel, von wo der Mittl. Ramolkogel über die nördl. Firnschneide erreicht wird. Von hier weiter wie bei R 556.

### **Hinterer Spiegelkogel,** 3426 m

● **562 Vom Ramolhaus über den Ostsporn,** 2 Std., lohnende und unschwierige Kletterei (I—II).

Vom Haus steigt man auf den Felssporn, auf welchem das Haus steht, und erreicht die Firnschneide des Gipfels unmittelbar; weiter über sie zum Gipfel. (Oder über das Ramoljoch und den Ostgrat.)

### **Firmisanschneide,** 3491 m

● **563 Vom Ramolhaus über das Spiegeljoch,** 3251 m, 3 Std.

Vom Haus wendet man sich südl. zum Gletscherrand. Nunmehr gerade (westl.) empor zum Spiegeljoch, von wo man steil aber unschwierig über den Grat bis P. 3380 der AV-Karte gelangt, um von hier aus über die Firnschneide (Achtung auf Wächten!) den Gipfel zu erreichen.

● **564 Vom Ramolhaus über das Firmisanjoch,** 2 Std., unschwierig.

Vom Haus auf das Joch s. R 569 (Anstieg zum Schalfkogel) und von hier unschwierig über den südöstl. Felsrücken zum Gipfel.

● **565 Von Vent über das Spiegeljoch,** unschwierig bis mäßig schwierig.

Auf dem Weg zum Ramoljoch bis zur Zunge des Spiegelferners. Unterhalb von ihr überquert man den Gletscherabfluß und umgeht über Schutt den Vorderen Spiegelkogel zur Moräne des Firmisanferners, auf dessen nördl. Seitenmoräne man ansteigt, schließlich auf den Ferner selbst und sanft ansteigend östl. zum Spiegeljoch, 4½—5 Std., und über Weg R 563 zum Gipfel.

## Diemkögel

**Hinterer,** 3400 m, **Mittlerer,** 3342 m, **Vorderer,** 3372 m

● **566 Von Vent über den Diemferner,** 5 Std., mäßig schwierig.

Durch das Niedertal zur Ochsenhütte und weiter bis zur Schäferhütte, wo die Niedertaler Ache überschritten wird, um auf dem anderen Ufer auf schlechtem Steig über steile Hänge zum Diemferner aufzusteigen, 2 Std. Am Rand des Gletschers etwa 1 Std. empor, bis man zu dem vom Vorderen Diemkogel nordöstl. in den Ferner hereinreichenden Grat gelangt. Auf diesem über den W-Rand des Gletschers und über ihn unschwierig auf das breite Gipfelplateau des Vorderen Diemkogels, über dessen Firn man zum Gipfel gelangt. Über den Verbindungsgrat zum Hinteren Diemkogel.

● **567 Von der Martin-Busch-Hütte über das Diemjoch,** 3315 m, **auf den Hinteren Diemkogel,** unschwierig bis mäßig schwierig, 3 Std.

Wie bei Anstieg R 570 zum Schalfkogel auf den nördl. Teil des Schalfferners und über Firn und Geröll unschwierig zum Diemjoch, zwischen Hinterem Diemkogel und Schalfkogel gelegen. Von diesem unschwierig über Fels und Firn auf den Gipfel des Hinteren Diemkogels.

Die Überschreitung aller 3 Gipfel ist unschwierig, 2 Std. länger.

## Schalfkogel, 3540 m

● **568 Vom Hochwildehaus über das Schalfkogeljoch,** mäßig schwierig, 2½ Std. Häufig begangen!

Von der Hütte quert man westl. den Gurgler Ferner zu den Felsen, die sich gerade vom Gipfel des Schalfkammes herunterziehen. Diese rechts lassend, steigt man größtenteils über Eis in das große Firnbecken auf, überquert dieses nach links bis knapp unter die Kleinleitenspitze (Spalten!) und erreicht in mäßiger Steigung nach rechts biegend das Joch, 2 Std., und steil über den Grat den Gipfel.

● **569 Vom Ramolhaus über das Firmisanjoch,** 3287 m, 3 Std., mäßig schwierig.

Von der Hütte südl. über Felsblöcke am Spiegeljochferner vorbei, den Felsabstürzen gegen den Gurgler Gletscher ausweichend zum Firmisanferner (Spalten!), über welchen man südwestl. zum gut sichtbaren Firmisanjoch ansteigt, 2 Std. Von hier aus folgt man dem Grat und gelangt in unschwieriger Kletterei über große Felsblöcke auf den Vorgipfel und von diesem über die steile Firnschneide zum Gipfel, ½—1 Std.

● **570 Von der Martin-Busch-Hütte über das Schalfkogeljoch,** 2—3 Std., mäßig schwierig.

Von der Hütte über Rasenhänge und Moränenschutt zur Zunge des Marzellferners hinab. Dann quert man links auf den Boden des Unteren Schalfferners, auf einen großen Rücken an der linken Seite des Gletschers zuhaltend. Nun steil aufwärts über schrofendurchsetzte Hänge zum Schalfkogeljoch. Von hier aus steil, aber unschwierig über die nördl. ziehende Firnschneide zum Gipfel — oder aber neben dem Grat über Firn auf den breiten Rücken und zum Schluß über eine Firnschneide (Skianstieg) zum Gipfel.

● **571 Von Vent über den Diemferner und Firmisanjoch,** 6 Std., schwierig.

Wie bei R 566 über die Ochsen- und über die Schäferhütte zum Diemferner aufsteigend. Auf diesem (Spalten!) bis zum oberen Teil des Gletschers empor und von hier östl. auf das Firmisanjoch. Nun wie bei R 569 zum Gipfel.

## Kleinleitenspitze, 3445 m

● **572 Vom Hochwildehaus über das Kleinleitenjoch,** 3270 m, 3—3¼ Std., mäßig schwierig.

Vom Haus westl. über den Gurgler Ferner über den zum Joch hinziehenden Eishang auf das Joch und von hier über P. 3345 der AV-Karte und auf den Grat und über ihn zuerst über Firn, dann Fels ziemlich steil zum Gipfel.

**● 573 Vom Hochwildehaus über den Nordostgrat,** 2½ Std., mäßig schwierig.

Auf dem Weg in Richtung Schalfkogeljoch, R 568, doch wendet man sich aus der Firnmulde unterhalb des Joches südwestl. über den Gletscher und dessen Randkluft zum NO-Grat des Berges. Auf diesem über brüchige Felsen (möglichst lang den Firnhang benutzen) auf den S-Grat und über diesen in einigen Min. zum Gipfel.

**● 574 Vom Hochwildehaus über das Schalfkogeljoch und den Nordwestgrat,** 2½ Std., unschwierig. Am meisten begangener, günstigster Anstieg.

Zum Schalfkogeljoch auf Weg R 568 und von diesem über den gut gangbaren nordwestl. Firngrat zum Gipfel.

**● 575 Von der Martin-Busch-Hütte über das Kleinleitenjoch,** 5 Std., mäßig schwierig.

Vom Haus südöstl. zum Kleinleitenjoch nördl. des Querkogels und wie bei R 572 über den NO-Grat zum Gipfel.

**● 576 Von der Martin-Busch-Hütte über das Schalfkogeljoch,** 4 Std.

Wie R 570 zum Joch und wie bei R 574 zum Gipfel.

## **Querkogel,** 3448 m

**● 577 Vom Hochwildehaus über das Querkogeljoch,** 3320 m, 4—4½ Std., mäßig schwierig bis schwierig, am meisten begangener Anstieg.

Von der Hütte bis an die W-Seite des Mitterkammes. Hier macht man einen Bogen nach W und steigt zuletzt steiler durch Bruch auf das Querkogeljoch, nördl. der Karlesspitze. Von hier über Fels und P. 3382 der AV-Karte, sodann in schöner Kletterei über den Felsgrat (im mittleren Teil schwierig) zuletzt steil zum Gipfel.

**● 578 Vom Hochwildehaus über das Kleinleitenjoch,** 3270 m, 3½—4 Std., mäßig schwierig.

Auf R 572 zum Kleinleitenjoch. Von hier über den Grat, zuerst über Firn, dann Fels, ziemlich steil zum Gipfel.

Von der Martin-Busch-Hütte Anstiege über Kleinleiten- oder Querkogeljoch.

# 4. Kreuzkamm

## A. Übergänge

### **Hauslabjoch,** 3279 m

**● 581 Von der Martin-Busch-Hütte auf Samoar bzw. Similaunhütte zum Hochjochhospiz,** 4½ bzw. 3 Std., unschwierig.

Vom Haus auf den obersten flachen Boden des Niederjochferners und westl. zum Hauslabjoch, 2½ Std. von der Martin-Busch-Hütte. Hierher auch von der Similaunhütte über den obersten ebenen Teil des Niederjochferners und in einer Gletschermulde sanft ansteigend zum Joch, 1 Std.

Der Abstieg vom Joch erfolgt über den Ferner, an den W-Hängen des Hauslabkogels entlang, und weiter über den vom Sayjoch herabführenden bez. Steig bis zu einem Steg über den Bach, wo man auf den vom Hochjoch kommenden Weg stößt.

### **Kreuzkogel,** 3340 m

Kein Joch, jedoch einer der beliebtesten und meist gemachten Übergänge, nahezu gletscherfrei.

**● 582 Vom Hochjochhospiz über den Kreuzkogel zur Martin-Busch-Hütte,** 4 Std., unschwierig, rot bez. AV-Weg, sehr lohnend. Zumeist in Verbindung mit der Kreuzspitze, R 584ff., begangen.

Vom Hospiz zur Rofener Ache hinunter und steil zum Abfluß des Hochjochfernes hinauf. Nun schräg östl. über die schneefreien Hänge des oberen Rofentales, an der Kreuzspitze vorbei, allmählich ansteigend, zum Schluß über Firn und Schnee zur Kreuzkogel-NW-Kamm, über welchen man zum Kreuzkogel gelangt. Von hier über Blockhalden östl. steil hinunter zur verfallenen Brizzihütte und links steil über Rasenhänge abwärts zur Martin-Busch-Hütte.

Die Kreuzspitze wird von der Einschartung P. 3254 m über die schneefreien Hänge des obersten Rofentales, nordöstl. des Kreuzkogels erreicht.

## B. Gipfel im Bereich des Kreuzkammes

### **Kreuzspitze,** 3457 m

● **584 Von der Martin-Busch-Hütte auf Samoar über den Südwestgrat,** 2½—3 Std., unschwierig und lohnend, da umfassende Aussicht.

Wie bei Übergang R 582 zur Scharte nördl. des Kreuzkogels und auf Steigspuren über den SW-Grat zum Gipfel.

● **585 Von der Martin-Busch-Hütte über den Ostgrat,** 2½ bis 3 Std., unschwierig, bez.

Nordwestwärts in Kehren auf AV-Weg zur verfallenen Brizzihütte, 1 Std., und über den schutt- und schneebedeckten O-Grat zum Gipfel.

● **586 Vom Hochjochhospiz** über den SW-Grat, 3 Std.

Wie bei R 582 in die Scharte nördl. des Kreuzkogels und wie bei R 584 auf den Gipfel.

Man kann die Wege R 584 und R 585 zur Überschreitung benutzen. Der unmittelbare Abstieg zum alten Hochjochhospiz von der Kreuzspitze ist sehr schwierig.

### **Kreuzkogel,** 3340 m

Siehe Übergang R 582.

### ● 587 **Sennkogel,** 3400 m

Von der Samoarhütte, 3½ Std., schwierig.

Von der Hütte westl. über Geröll, dann steiler über Firn auf die Scharte zwischen Sennkogel und Kreuzkogel, aus welcher man über Fels und Firn zum Gipfel gelangt.

### **Saykogel,** 3360 m

● **588 Von der Martin-Busch-Hütte über das Sayjoch und den Nordwestgrat,** 4 Std., unschwierig.

Von der Hütte zum östl. Sennferner und aus diesem zum Sayjoch ansteigend. Von hier aus gelangt man über den NW-Grat unschwierig zum Gipfel.

Man kann auch das Sayjoch vom bez. Weg zum Hochjochhospiz unmittelbar erreichen.

● **589 Von der Similaunhütte über das Hauslabjoch und Sayjoch,** 3 Std., unschwierig.

Vom Hauslabjoch R 581 und von hier über den ebenen Ferner an den W-Hängen des Hauslabkogels entlang in die große Mulde südl. des Saykogels und aus dieser Mulde unschwierig ins Sayjoch und wie bei R 588 zum Gipfel.

**Hauslabkögel,** 3355 m und 3403 m

● **590 Vom Hauslabjoch,** ¾ Std. vom Joch, unschwierig bis mäßig schwierig.

Zum Joch von Similaunhütte, Martin-Busch-Hütte bzw. Hochjochhospiz auf Weg R 581, hierher auch von Bellavista nordöstl. über Firn an das Ende der großen mittleren Moräne und weiter wie bei Weg vom Hochjochhospiz R 581 zum Hauslabjoch. Von hier über den zerklüfteten Grat (brüchiges Gestein) auf den höheren S-Gipfel und über den breiten Sattel zum N-Gipfel (P. 3355 der AV-Karte).

## 5. Geigenkamm

### A. Übergänge

**Karalmjoch,** etwa 1875 m

● **592 Übergang von Oetz — Piburg im Ötztal über die Karalm nach Jerzens im Pitztal,** 6½—7 Std., unschwierig, aber mühsam, selten begangen. Von Oetz oder über Piburg bzw. von Sautens nach Haderlehen R 86 und R 15 ff. und zur Karalm, 3½—4 Std. Einige Minuten von der Alm weiter westl. auf Steig zum sichtbaren Triangulierungszeichen am Joch (unbenannt), etwa 1875 m, und auf teilweise bez. Steig jenseits steil abwärts über Geröll, Weidehänge und durch Wald nach Jerzens im Pitztal, etwa 3 Std. Da der Weg verfallen, nicht zu empfehlen!

Die Übergänge von der Karalm über die Karköpfe zur Armelenhütte bzw. zur Tumpener Alm bzw. zur Erlanger Hütte sind bei den Gipfelfahrten aufgeführt. Ebenfalls ist das sogenannte Jöchl bei Piburg bei den Gipfelfahrten vermerkt.

**● 593 Übergang von der Armelenhütte zur Tumpener Alm,** 1—1½ Std., unschwierig.

Es besteht die Möglichkeit, von der Armelenhütte den Abstieg ins Bachtal bis zur Abzweigung auf die Tumpener Alm zu vermeiden, wenn man auf nicht bez. Steig (Weganlage geplant) von der Armelenhütte in gleicher Höhe zum Tumpener Bach die Hänge quert, denselben überschreitet und wieder auf Steigspuren zur Tumpener Alm gelangt.

### Murmentenkarscharte

Siehe Forchheimer Weg R 375

### Lehnerjöchl

**● 595 Von Umhausen über das Lehnerjöchl nach Zaunhof bzw. Wiese im Pitztal,** 7 Std., bez. Weg.

Von Umhausen auf dem Hüttenweg in Richtung Erlanger Hütte, R 379, bis zur Mittleren Leierstalalm und weiter zur Hinteren Leierstalalm, 2075 m. Von hier steigt man unmittelbar südwestl. über die Weidehänge, bis man zum Schluß auf den Hochgangweg trifft, über welchen man zum Lehnerjöchl, 5 Std. von Umhausen, gelangt, weiter westwärts über Weidehänge zur Lehnerjochhütte und nach Zaunhof bzw. Wiese.

Die Übergänge von der Erlanger Hütte zur Frischmannhütte über den Fundusfeiler oder von der Erlanger Hütte über den Wildgrat zum Hochzeigerhaus bzw. Jerzens im Pitztal sind bei den Gipfelfahrten aufgeführt.

### Felderjoch, 2800 m

**● 596 Von der Frischmannhütte über den „Hochgang" zur Hauerseehütte** 4 Std., unschwierig.

Die Fortsetzung des Höhenweges von der Erlanger Hütte zur Frischmannhütte führt von der letzteren südl. zum Pluderferner empor und über ihn zwischen Felderkogel links und Plattigem Kogel rechts eingeschnitten. Jenseits zum Weißen See hinab und die obersten Hänge des Lehnbachtales querend, südl. zur Hauerseehütte.

Die Höhenweganlagen sind derzeit in nicht sehr gutem Zustand.

**Luibisscharte,** etwa 2850 m

● **597 Von Längenfeld über die Hauerseehütte und die Luibisscharte nach St. Leonhard im Pitztal,** 4½ Std. von der Hauerseehütte, für Geübte unschwierig.

Von Längenfeld zur Hauerseehütte (Selbstversorgerhütte), R 384, 3½—4 Std., und südwestl. zum Hauerferner empor, südl. des Luibiskogels. Unschwierig über diesen Ferner zur Luibisscharte, 1½ Std. von der Hauerseehütte. Vom Joch steil über Schutt und Geröll ins Mitterkar (auch Luibiskar) hinab und weiter nordwestl. über Weidehänge zur Luibisalm, von wo der Almweg nach Piösmes und talaus nach St. Leonhard führt, 3 Std. vom Joch.

● **598 Höhenweg Hauerseehütte — Neue Chemnitzer Hütte,** 6—7 Std., rot bez. bis auf das Gletscherstück, Markierung teilweise verfallen, mühsam, aber lohnend.

Von der Hauerseehütte wie bei R 597 auf die Luibisscharte und ins Mitterkar und aus ihm südl. auf das nördl. vom Hundstalkogel gelegene Sandjöchl und jenseits auf das Breitlehnerjöchl (R 599). Hierher kann man auch aus dem Mitterkar südl. des Reiserkogels die Reiserscharte gewinnen, von der man weiter südl. über Schrofen und Blockwerk zum Breitlehnerjöchl gelangt. (Hierher großer Höhenverlust, derzeit nicht zu empfehlen.)

Vom Breitlehnerjöchl ein Stück den Weg ins Pitztal abwärts, sodann südl. steil mit einigen Versicherungen zur Scharte östl. des Mitterkopfes, 2803 m. Jenseits in ein Geröllkar hinab, das südl. gequert wird und zu einem Ausläufer des W-Grates der Hohen Geige („Gabinten", bez.), bekannter Aussichtsplatz und Spaziergang von der Neuen Chemnitzer Hütte, und in kurzer Zeit zur Neuen Chemnitzer Hütte hinab. Nach Planggeroß siehe Anstiegsweg R 419.

Vom Breitlehnerjöchl kann man auch auf Weg R 599 nach Huben im Ötztal zurückkehren und damit die Rundtour Längenfeld — Huben — Längenfeld schließen.

● **598a Mainzer Höhenweg** (Neue Chemnitzer Hütte — Braunschweiger Hütte). Hochalpine Gratwanderung. Gesamte Gehzeit 10 Std. Biwakschachtel für 6 Personen auf P. 3247. Nur für Geübte. Von der Hütte aus in **östlicher** Richtung, vorbei an der Hinweistafel „Braunschweiger Hütte", über einen Moränenkegel in das Weißmaurachkar. Der bez. Steig führt an der orogr. rechten Hangseite, zuletzt in steilen Kehren zum Weißmaurachjoch, 2923 m, 2 Std. ab Chemnitzer Hütte. Vom Joch aus geht es auf dem Nordostsporn des

Puitkogels bis zur zweiten Markierungsstange, dann nach links, in östl. Richtung abbiegend, und in fast ebener Höhe bis zur Grubigkarleswand. In einer kleinen Scharte wird sie überschritten (Markierungsstange). Am gesicherten Stahlseil kurz hinab auf den nördlichen Puitkogelferner der in fast ebener Höhe, etwa 3000 m, in südlicher Richtung überquert wird. Dann steigt man durch das Knappenloch (Seilversicherung) zum Ostausläufer des Puitkogels auf und gelangt zum Frühstücksplatz (Hinweisschild). Von dort durch eine steile Rinne etwa 30 m abwärts auf den südlichen Puitkogelferner, der in weitem Bogen leicht fallend (etwa 100 m) in 3000 m Höhe überquert wird und dann zu dem Gratausläfuer hinauf, der vom Geigenkamm zum Pollestal herabzieht. Von hier gelangt man absteigend auf ein Schuttkar nordöstl. des Sonnenkogels und weiter über einen Felssporn (Stahlseilversicherung) auf das östliche Firnfeld des Sonnenkogels. Über das Firnfeld geht es weiter in südlicher Richtung bis zum Ausläufer des Sonnenkogel-Ostgrates. Von da aus in südwestlicher Richtung, über das Firnfeld aufsteigend, zur tiefsten Einsattelung des Hauptkammes zwischen dem Sonnen- und Wassertalkogel. Nun weiter in südöstlicher Richtung über den Grat hinauf zur „Rheinland Pfalz Biwakschachtel" auf dem Wassertalkogel, 3251 m, Gehzeit 5½ Std. ab Chemnitzer Hütte.

Von der Biwakschachtel aus, stets dem nach Süden verlaufenden Grat folgend, zum Gschrappkogel, 3197 m. Dahinter in steilen Kehren absteigend bis in eine tief eingeschnittene Rinne und von hier wieder zum Grat. Der Weg folgt nun ständig dem Gratverlauf. Dabei werden das Wilde Männle und der Wurmsitzkogel überschritten. Danach senkt sich der Mainzer Höhenweg zum Nördlichen Pollesjöchl, wobei der Weg nun östl. vom Grat verläuft (Steinmann im Pollesjöchl). Von hier aus weiter auf 3015 m zum Pollesfernerkopf, der jedoch westl. umgangen wird.

Danach durch einen flachen Sattel und wieder aufsteigend zum Nördlichen und Südlichen Polleskogel. Diese nahe beisammenliegenden Gipfel werden aber nicht erstiegen, denn kurz vorher führt der Weg durch eine steile Rinne hinunter ins Südliche Pollesjöchl und weiter durch eine steile Rinne (Stahlseilversicherung) auf die Ausläufer des Rettenbachferners, auf dem aufsteigend das Pitztaler Jöchl erreicht wird. 4 Std. Gehzeit von der Biwakschachtel Rheinland-Pfalz. Danach folgt auf gutem Steig der Abstieg zur Braunschweiger Hütte.

### **Breitlehnjöchl,** 2639 m

● **599 Von Huben bzw. Längenfeld nach Trenkwald im Pitztal,** etwa 6—7 Std. Rot bez. Weg, Markierung fehlt teilweise, daher derzeit wenig begangen. Ansonsten als unschwieriger unvergletscherter Übergang vom Ötztal ins Pitztal zu bezeichnen.

Westl. nach Mühl an der Mündung des Breitlehntales und über die Hänge des Breitlehntales, den Breitlehnbach links lassend, zur Abzweigung nach Gottsgut.

Von Längenfeld gelangt man hierher, indem man bei Weiler Astlen die Ache überschreitet und nach Gottsgut geht. Von Gottsgut zuerst steil rechts durch Wald, sodann links über Weidehänge zur Breitlehnalm, 1874 m, 1½ Std. von Huben, 2½ Std. von Längenfeld. Von der Alm durch den breiten Talboden sanft ansteigend über Weidehänge und Schutt auf dem verfallenen Steig zum breiten Sattel des Breitlehnjöchls, 2 Std. Jenseits über grasdurchsetzte Schutthänge, sodann steiler über Weideböden zur Hundsbachalm (die Hütte bleibt rechts oben liegen), ¾ Std., und auf kleinem Steiglein über die steilen Weidehänge, zuletzt durch Wald ins Bachtal, das gequert wird. An der linken Bachseite hinab, bis man eine Schlucht südwestl. umgeht und zur Talsohle des Pitztales nach Trenkwald gelangt, 2 Std.

● **600 Von Huben bzw. Längenfeld zur Neuen Chemnitzer Hütte und Planggeroß im Pitztal.**

Auf Weg R 599 zum Breitlehnerjoch und wie R 598 über den Höhenweg zur Neuen Chemnitzer Hütte.

Der Übergang von der Hauerseehütte über den Luibiskogel nach St. Leonhard im Pitztal ist bei den Gipfelfahrten aufgeführt.

### **Weißmaurachjoch,** 2959 m

● **604 Von Huben im Ötztal zur Neuen Chemnitzer Hütte und Planggeroß im Pitztal,** 6—7 Std., teilweise verfallener AV-Steig, daher derzeit nicht ganz leicht.

Von Huben südöstl. in das kleine Wiesental „Im Sattel" und durch dieses zum Sattel, an seinen Rand und über ihn in die nördl. Hänge des Pollestals, durch welches man über die Vordere und Hintere Pollesalm, 2083 m, 2½ Std. und etwa ¼ Std. nach der Hinteren Pollesalm den Bach überschreitend (Brücke fehlt derzeit; zwischen Hinterer und Vorderer Pollesalm sind auch am linken Ufer Skispuren.) rechts zur Talstufe des Weitenkars (Pircherkar der AV-Karte) steil empor, 1½ Std. Über diese erst westl., sodann südwestl. steil über Schutt, oft auch Schnee (dürftige Markierung) steil ins Weißmaurachjoch, 2923 m, der linken (südl.) der beiden Gratsenken mit Markierungsstange und auffallendem Schartenmandl, 2½ Std. von der Hinteren Pollesalm. Eine teilweise mit Geröll bedeckte Eisschlucht links lassend, über Geröll steil ins Weißmaurachkar und zur Neuen Chemnitzer Hütte hinab, 1 Std., und wie bei R 419 nach Planggeroß. In heißen Sommern ist die Eisschlucht ausgeapert. Man kann sie dann auf beiden Seiten umgehen, besser aber links bleiben!

### **Haimbachjöchl**, 2727 m

● **605 Von Sölden bzw. Hochsölden über das Haimbachjöchl — Weißmaurachjoch zur Neuen Chemnitzer Hütte und nach Planggeroß,** für Geübte unschwierig.

Von Sölden bzw. Hochsölden auf Almweg zum Haimbachjöchl, 2—2½ Std. Hier westl. über Schutt durch eine Mulde auf einen Bergrücken, über den man südwestl. ins Hintere Pollestal absteigt und talaus die Stelle erreicht, wo man ¼ Std. hinter der Inneren Pollesalm bei R 604 den Bach überschreitet. Nun weiter wie bei R 604.

### **Südliches Pollesjoch**, 2961 m

● **606 Von Huben über das Pollesjoch und Pitztaler Jöchl,** 2995 m, **zur Braunschweiger Hütte,** 7—7½ Std., bez. teilweise verfallener Steig, mäßig schwierig. Diese Jöcher werden fast nur zusammen mit einer Besteigung des Polleskogels begangen, da der Anstieg von Sölden über das Pitztaler Jöchl einer der meistbesuchten und leichtesten Übergänge vom Ötztal ins Pitztal ist; er kann von Huben aus unschwierig erreicht werden. Wie bei R 604 zur Pollestalalm, jedoch das Tal bis zum kleinen Ferner im Talschluß ausgehend, 4 Std. Dieser wird südl. zum Joch gequert, 1¼ Std. Jenseits steil über Firn nach links zum Pitztaler Jöchl und wie bei R 670 zur Braunschweiger Hütte, ¾ Std.

## B. Gipfel im Bereich des Geigenkammes

### **Karköpfe**, 2777 m, 2686 m, 2588 m, 2511 m,

● **609 Von der Bärentalalm,** 3—4 Std., für Geübte unschwierig.

Von der Alm (hierher s. R 370) und auf unbez. Almsteig auf den Grat (schrofendurchsetztes Gras), etwa ¾—1 Std. Nun verfolgt man diesen südl., unschwierig, jedoch meist weglos zum Weiten Karkopf, höchster Punkt. Man trifft auf dieser Gratüberschreitung nicht auf den Forchheimer Weg. — Selten begangen.

● **610 Von Piburg über das Jöchle.** Für Geübte unschwierig. 3—4 Std. Westl. auf verfallenem Steig über schrofendurchsetzte Grashänge zum Jöchl (oder Jöchle), kleine offene Hütte. Von hier entweder weglos in unschwieriger Kletterei auf den Grat und über ihn zum Gipfel.

Ober man geht vom Jöchle auf Steigspuren zur Piburger Alm (nicht mehr bew.) und weiter zur Armelenhütte und wie bei R 611 auf den Gipfel.

● **611 Von der Armelenhütte,** 2—3 Std., bez. Weg. Bester Zugang.

Von der Armelenhütte in zahlreichen größeren Kehren über die unteren zum Weiten Karkopf hinaufziehenden Weidehänge auf bez. Steig empor bis zum Grat des Vorgipfels zu einer kleinen Mulde mit einem kleinen Seelein, 1½—2 Std. Von dort biegt man nach links (westl.) über die mit Blöcken bedeckten Grashänge des Gipfelaufbaus zum Gipfel, ½—1 Std. (Gipfelkreuz).

● **612 Von der Tumpener Alm,** 2 Std., unschwierig. Entweder über den Forchheimer Weg, R 375, auf den Karkopf oder näher über den flachen Weideboden, der sich zum Gipfelaufbau allmählich hinaufzieht. Erst sanft über die Weidehänge ansteigend, sodann weglos über die mit Blöcken bedeckten Grashänge zum Gipfel. Von der Erlanger Hütte auf dem Forchheimer Weg.

### Leiner Kögele oder Zeigerberg, 2387 m

● **613 Vom Hochzeigerhaus,** 2 Std., unschwierig, bez. Weg, schöner Aussichtsberg. Für jedermann begehbar.

Vom Haus führt der Weg über freie Hänge zum Gipfel des Leiner Kögeles, schöner Skiberg.

### Hochzeiger, 2582 m

● **614 Vom Hochzeigerhaus,** 1½ Std., unschwierig; schöner Aussichtsberg. Beliebter Skigipfel.

Vom Haus über die freien Weidehänge auf bez. Weg zum Gipfel.

## **Kreuzjochspitze**, 2687 m

● **615** **Von Tumpen,** 3½ Std., unschwierig, zumeist bez. AV-Weg. Auf AV-Weg zur Erlanger Hütte, R 376, zum Kamm des Kreuzjoches und über ihn unschwierig auf den Gipfel.

## **Wildgrat**, 2974 m

● **616** **Von der Erlanger Hütte,** 1½ Std., für Geübte unschwierig, AV-Weg blau bez.

Von der Erlanger Hütte am Wettersee entlang über Geröll und Schutt durch das nördl. Leierskar zu dem im hintersten Winkel des Kares liegenden Eisfeld, von dessen Rand man, für Geübte unschwierig, auf den O-Grat des Berges und über ihn zum Gipfel gelangen kann.

● **617** **Vom Hochzeigerhaus,** 3—4 Std., für Geübte unschwierig.

Vom Haus wendet man sich südöstl. über P. 2283 m im Hochzeiger-W-Kamm, der zu den S-Hängen des Hochzeigers überschritten wird. Nun in den S-Hängen des Schwendkopfes ins Riegelkar und aus ihm unschwierig zur SW-Flanke des Wildgrates und über sie zum Gipfel.

## **Riegelkopf**, 2936 m

● **618** **Von der Erlanger Hütte,** 2½—3 Std., mäßig schwierig.

Beim Anstieg zum Wildgrat, R 616, ist der Riegelkopf, ein südl. vom Wildgrat liegender Felsturm, mäßig schwierig über die S-Seite zu erklettern.

## **Brechkogel**, 2918 m

● **619** **Von der Erlanger Hütte,** 1—2 Std., unschwierig bis mäßig schwierig.

Von Weg R 616 auf den Wildgrat über den O-Grat oder über die W-Seite des Brechkogels zum Gipfel der blockigen Felspyramide.

## **Fundusfeiler**, 3080 m

● **620** **Von der Frischmannhütte,** 2—2½ Std., für Geübte unschwierig, rot bez. AV-Weg.

Von der Frischmannhütte westl. ins obere Funduskar bis unter die O-Abstürze des Grieskogels und steil durch eine Schlucht nördl.

über Geröll, Blöcke und Schnee auf die Feilerscharte westl. des Fundusfeilers; aus ihr über den Grat und Rücken des Berges auf den Gipfel.

● **621 Vom Lehnerjöchl über die Feilerscharte,** 2—2½ Std., für Geübte unschwierig, rot bez. AV-Weg.

Vom Lehnerjöchl (hierher R 594 und R 595) südöstl. ins Schwarze Loch und über dieses mäßig steil über Firnhänge auf die Feilerscharte, 1¼ Std. und weiter wie bei R 620.

● **622 Von der Erlanger Hütte,** 4 Std., blau bez. AV-Weg, für Geübte unschwierig.

Von der Hütte am Wettersee vorbei auf eine kleine Scharte im O-Kamm des Wildgrates, dann steil hinab ins oberste Leierskar. Dieses wird nach S unter dem Lehnerjöchl gequert, worauf man in Kehren ins Schwarze Loch gelangt, wo man Anstieg R 621 vom Lehnerjöchl trifft.

Weg R 620 und R 622 werden als Übergangsweg von der Erlanger Hütte zur Frischmannhütte benutzt.

## Grieskögel
## Südlicher, 3010 m, Mittlerer, 3030 m, Nördlicher, 3022 m

● **625 Vom Lehnerjöchl auf den Nordgipfel,** 1½ Std., unschwierig. Vom Lehnerjöchl weglos über den N-Grat zum Gipfel.

● **626 Von der Frischmannhütte auf den Südgipfel,** 2—2½ Std.

Auf dem Anstieg zum Fundusfeiler, R 620 bis zur Feilerscharte, 1¾—2¼ Std., und von hier unschwierig in ¼ Std. auf den Gipfel des Südlichen oder Mittleren Grieskogels.

Man kann über die SW-Flanke, mäßig schwierig, zuerst südl. über ein breites Geröllband, über die NW-Hänge unschwierig zum Hairlachersee absteigen.
Der Mittlere und Nördl. Grieskogel sind durch eine steil abfallende Gratschneide verbunden, die ausgesetzt (unschwierig) zu überklettern ist.

## Hairlacher Seekopf, 3055 m

● **627 Von der Frischmannhütte über die Südflanke,** 2½ Std., für Geübte unschwierig.

Von der Frischmannhütte in das hintere Funduskar, aus welchem man unschwierig zu der Einsattelung südl. des Hairlacher Seekopfes, 2 Std., gelangt. Über die plattige S-Seite des Berges unschwierig zum obersten Teil des O-Grates und über diesen zum Gipfel, ½ Std.

Ein Abstieg über den W-Grat zu den Weidehängen oberhalb des vorderen Pitztales zwischen Jerzens und Zaunhof ist unschwierig möglich.

### **Blockkogel, Südgipfel,** 3098 m, **Nordgipfel,** 3083 m

● **628 Von der Frischmannhütte über die Südwestflanke auf den Südgipfel,** 2½ Std. Für Geübte unschwierig, schöner Aussichtsberg.

Von der Hütte (R 596) ins oberste Fundustal und über grasige Hänge auf den Pluderferner, 1½ Std. Nun steil über Blockwerk durch eine Rinne oder rechts von ihr in die unschwierigen Felsen ausweichend, zur gut sichtbaren Scharte im S-Grat empor, jenseits über den SW-Hang des Berges zum S-Gipfel des Blockkogels.

● **629 Von St. Leonhard im Pitztal über den Wilden See,** etwa 4—4½ Std., für Geübte unschwierig. Durch das Schwarzenbergtal und über die Innere Schwarzenbergalm zum Wilden See und von ihm über die SW-Seite des Berges auf den S-Gipfel.

● **630 Übergang vom Südgipfel zum Nordgipfel,** ½ Std., mäßig schwierig. Den Verbindungsgrat bildet eine scharte Schneide, über die man mäßig schwierig,jedoch ausgesetzt klettert, wobei man den in der zwischen beiden Gipfeln eingesenkten Scharte stehenden schroffen Gratturm auf der O-Seite umgeht.

● **631 Von der Frischmannhütte über den Nordgrat,** 3½ Std., mäßig schwierig, bester Anstieg zum Nordgipfel.

Von der Hütte westl. ins Funduskar, wo man im hintersten Karwinkel sich südwestl. zum S-Winkel des Kares wendet. Nun über die nördl. am weitesten hinaufleitende Rinne, welche man von rechts angeht, mäßig schwierig zur tiefen Scharte und aus ihr erst in der W-Seite über die Blockfelsen, die den ganzen Berg bedecken und ihm seinen Namen gaben, und über den blockigen N-Grat in unschwieriger Kletterei auf den N-Gipfel des Blockkogels.

### **Felderkogel,** 2831 m

● **632** Unbedeutender Gipfel östl. des Pluderferners, jedoch seit Erbauung des Höhenweges Frischmannhütte — Hauerseehütte viel bestiegen, da er vom Felderjoch, 2800 m, in 15 Min. erstiegen werden kann.

● **633 Von der Frischmannhütte,** 2½ Std., zum größten Teil rot bez. AV-Weg, unschwierig.

Von der Frischmannhütte in zahlreichen Kehren südl. zum Pluderferner und über dessen Moräne (ohne Gletscherberührung) auf die Felderscharte. Hier hört die Markierung auf. Man gelangt auf dem SW-Grat in unschwieriger Blockkletterei in 1½ Std. zum Gipfel.

● **634 Von der Hauerseehütte,** 2 Std., unschwierig, größtenteils bez. AV-Weg.

Von der Hauerseehütte zunächst talaus, dann ins Kar hinab, welches nördl. zum Weißsee hinauf gequert wird. Von diesem steil (einige Sicherungen) zur Felderscharte hinauf und weiter wie bei R 633.

## Plattiger Kogel (Plattigkogel), 3092 m

● **635 Von der Hauerseehütte über den Südgrat,** 2 Std., unschwierige Kletterei, üblicher Anstieg. Auch von der Frischmannhütte. Von der Hauerseehütte nördl. in die großen Kare oberhalb der Innerbergalm und zum östl. des Berges gelegenen kleinen Langkarleferner. Aus ihm gelangt man durch eine Rinne auf den S-Grat und in schwieriger Kletterei auf den Gipfel.

● **636 Von der Frischmannhütte,** 2½ Std., am N-Grat teilweise III. von der Hütte (R 628) zum Pluderferner und aus diesem zur gut sichtbaren Scharte unter dem N-Grat des Berges. Aus ihr erreicht man in ausgesetzter Kletterei den Nordgrat und über dessen Plattenkante schwierig den Gipfel.

## Langkarlesschneid, 3018 m

● **637 Von der Schwarzenbergalm über den Südkamm,** 3 bis 4 Std., für Geübte unschwierig.

Von der Alm über die Weidehänge zu den Karen, aus welchen man unschwierig den S-Kamm des Berges erreicht. Hierher auch von O aus dem Felderkar. Über den S-Kamm unschwierig auf den Gipfel.

Der Verbindungsgrat Langkarlesschneid zum Plattigen Kogel nach N ist eine lange und exponierte Kletterfahrt.

**Breitlehner Felderkogel,** 3075 m

● **640 Von der Hauerseehütte über die Nordwestflanke,** 2 bis 3 Std., mäßig schwierig.

Auf den Hauerferner (hierher durch das Hauertal auch vom Weiler Oberried aus), aus dem man durch eine Rinne über die NW-Flanke mäßig schwierig den Gipfel gewinnt.

Man kann auch vom Weiler Astlen bei Längenfeld durch die Astlenrinne und über die Felsen der O-Seite den Gipfel des Felderkogels mäßig schwierig erreichen, ebenso von der Hauerscharte (hierher sowohl vom Hauerferner als aus dem Breitlehntal) mäßig schwierig den Gipfel erklettern.

**Luibiskogel,** Südl. 3112 m, Nördl. 3089 m

● **641 Von der Hauerseehütte über die Südostflanke,** 2 Std., für Geübte unschwierig.

Auf den Hauerferner bis unter die SO-Flanke. Über grasdurchsetzte gut gangbare Bänder zum südl. Endstück des S-Grates und über Blöcke unschwierig zum Gipfel.

Der N-Gipfel wird von der W-Seite aus dem Weibkar über die westl. Plattenwand erstiegen.

Der Verbindungsgrat zwischen N- und S-Gipfel ist eine schwierige Kletterei.

Man kann auch von der Innerbergalm (aus dem Wurmeskar) den N-Gipfel über den N-Grat sehr schwierig erreichen.

● **642 Von der Hauerseehütte über die Luibisscharte und die SO-Flanke,** 1½—2 Std., unschwierig bis mäßig schwierig.

Auf dem Hauerferner zur westl. eingeschnittenen Luibisscharte, ¾ Std. Aus ihr gegen NW über Geröllhalden zu den Felsen, die in der Fallinie des Südl. Gipfels liegen, empor. Nun wieder über grasdurchsetzte Bänder links auf den oberen Teil des S-Grates und unschwierig wie bei R 641 auf den Gipfel.

● **643 Von St. Leonhard über die Luibisscharte,** 2850 m, 6 bis 7 Std., für Geübte unschwierig, lohnend, da herrliche Aussicht.

Zum Weiler Piösmes in ½ Std. und durch Wald zur Luibisalm, 2077 m, 1½ Std. empor. Nun südöstl. über Weidehänge ins Luibiskar (etwa 2300 m) und aus ihm östl. empor auf die nördl. des Reiserkogels eingeschnittene, gut erkennbare Luibisscharte, 1¾ Std. Jenseits auf den Hauerferner ¾ Std. und wie bei R 641 zum Gipfel.

## **Reiserkogel,** 3090 m

● **644 Von der Hauerseehütte über die Reiserscharte,** 1½ Std. von der Scharte, mäßig schwierig.

Von der Hauerseehütte wie R 642 zur Luibisscharte und ins Luibiskar. Aus diesem auf die Reiserscharte südwestl. des Reiserkogels. Aus ihr über die SW-Seite des Bergs bis ans Gipfelmassiv. Nun auf einem plattigen Band zur W-Seite, über die man in kurzer Zeit zum Gipfel emporklettert.

Man kann auch von St. Leonhard über die Luibisscharte, 4 Std., R 643, und über den unmittelbar zu diesem herabstreichenden NW-Grat den Gipfel erreichen.

## **Hundstalkogel,** 2948 m (Nordgipfel), und 3073 m (Südgipfel)

● **645 Von der Reiserscharte über den Nordostgrat,** 2 Std. von der Scharte, schwierig. Von der Hauerseehütte wie R 644 zur Reiserscharte. Man umgeht einige Gratzacken, weicht in die blockige N-Flanke aus und steigt über den ziemlich breiten N-Hang zum nördl. Vorgipfel, 2948 m, 1½ Std. empor. Nun in ausgesetzter Kletterei über die Gratschneide südw. schwierig zum S-Gipfel.

Zur Reiserscharte gelangt man auch von St. Leonhard und Piösmes in etwa 4 Std.

● **646 Vom Breitlehnjöchl,** 1½ Std., kürzester Anstieg, schwierig.

Vom Breitlehnjöchl, R 599f., in das oberste Hundskar hinab und über dieses zur Gipfelwand. Man durchklettert diese über einige Grasbänder, zuletzt von rechts nach links auf einem Band empor und erreicht den Grat nahe am Gipfel.

● **647 Vom Breitlehnjöchl über die Scharte zwischen Sturpen und Hundstalkogel,** 2 Std., mäßig schwierig bis schwierig. Vom Breitlehnjöchl wie bei R 646 ins Hundskar und aus diesem in die tiefste Scharte zwischen Sturpen und Hundstalkogel. Von dieser Scharte über den Grat zum Gipfel.

● **648 Von der Hauerseehütte über das Luibiskar und den SW-Grat,** 4—5 Std., mäßig schwierig bis schwierig. Von der Hütte wie bei R 644 ins Luibiskar und aus ihm auf die Scharte im NW-Grat des Hundstalkogels unterhalb des Wildgartenkogels. Jenseits steigt man zum Meilandlsee hinab und von ihm über Schutt, zeitweise Schnee, zur höchsten Scharte im SW-Grat des Berges und über diesen zum Gipfel.

### Hohe Geige, 3395 m

● **649 Vom Breitlehnjöchl über den Breiten Kogel und die Nordseite,** schwierig, etwa 3—4 Std. Vom Breitlehnjöchl südöstl. über Geröll durch ein Kar auf ein Eisfeld, aus welchem man steil auf den Breiten Kogel gelangt, ½ Std. Von seinem Kamm zunächst in gleicher Höhe weiter, später sanft über Firnhänge zum Geigenkarleferner absteigend und aus ihm westl. zur tiefsten Scharte zwischen Hoher Geige und Kogel, ¾ Std. Aus dieser Scharte westl. über den Gletscher, sodann steil zu einem breiten Firnsattel auf die Grathöhe ansteigend. Über den Firnkamm (Achtung Spalten!), zuletzt über Fels zum Gipfel, 1¼—1¾ Std.

● **650 Von der Neuen Chemnitzer Hütte über die Südwestseite,** 3—3½ Std., für Geübte unschwierig, rot bez. AV-Weg. Meist benützter und günstigster Anstieg.

Von der Hütte auf dem Weg zum Weißmaurachjoch R 604 ins Weißmaurachkar, aus dem man zu einer zwischen Ampferkogel und Weißmaurachjoch herabziehenden Rippe gelangt. Von hier führt der Weg in die Felsabstürze, die von der Silberschneide hinabziehen. Über diese Abstürze unschwierig zur Firnhochfläche südl. der Hohen Geige und über diese, über Geröll und zuletzt Firn zum Gipfel.

### Hoher Kogel, 3296 m, Breiter Kogel, 3256 m

● **652** Beide Berge werden auf dem Anstieg vom Breitlehnjöchl, R 649, zur Hohen Geige mitbestiegen.

### Breitlehnkogel, 3163 m

● **653** Von der Breitlehnalm über die NO-Seite, schwierig, oder von der Pollestalalm, kürzer und etwas unschwieriger, über die S-Seite.

### Silberschneide, 3344 m

● **654 Von der Geigenhochfläche über den Westgrat,** 1½ Std., schwierig, jedoch leichtester Anstieg.

Wie bei R 650 oder R 651 auf die Geigenhochfläche und aus ihr über den brüchigen W-Grat zum Gipfel.

**Über den Südgrat,** schwierig. Wie bei R 604 ins Weißmaurachkar und durch eine Schneerinne zur Scharte südl. der Silberschneide empor, von der man über die W-Seite des S-Grates schwierig auf den Gipfel gelangt.

### **Weißmaurachkogel,** 3159 m

● **655** Unbedeutende Erhebung in der Einsattelung des Weißmaurachjoches.

● **656 Aus dem Weißmaurachjoch über den Weißmaurachkogel zum Ampferkogel.** Über den blockigen N-Grat zum Ampferkogel, III am N-Grat, 3—4 Std. von der Chemnitzer Hütte.

### **Puitkogel,** 3346 m

● **659 Von der Inneren Pollesalm über den Südgrat,** 3½ Std., für Geübte unschwierig. Von der Inneren Pollesalm (R 604) talein über die nächste Talstufe (rot bez. AV-Weg) zur Pollesau, ¾ Std. Von hier westl. über Grashänge, sodann über Geröll zu den Moränen des Grubenkarleferners und zu diesem (Gletscherkar zwischen Puitkogel und Wassertalkogel) in 1¼ Std. Man steigt über ihn zunächst westl., sodann weiter oben nördl. in Richtung auf die östl. vorgeschobene Schulter des S-Grates empor, welche über Firn und Schutt in 1 Std. erstiegen wird. Von ihr aus zu einer Einschartung im S-Grat und über diesen in unschwieriger Kletterei in ½ Std. auf den Gipfel.

● **660 Von der Braunschweiger Hütte über den „Mainzer Höhenweg“,** 9½ Std., schwierig.

Von der Hütte in anregender Kammwanderung über das Pitztaler Jöchl (hierher von Sölden bzw. Hochsölden R 670) und über den Wurmsitzkogel, 3080 m, Gschrappkogel, 3194 m, und Wassertalkogel, 3251 m (siehe R 419a in umgekehrter Richtung), von letztgenanntem Gipfel in die Mulde des Grubenkarleferners herunter, 4 Std., und wie bei R 659 auf die Schulter und zum Gipfel, 1½ Std.

● **661 Von der Neuen Chemnitzer Hütte über den Ostgrat,** schwierig. Vom Weißmaurachjoch R 604 zum Beginn des Ostgrates (hierher Zugang auch aus dem Pollestal über den Puitkogelferner). Zunächst auf die O-Schulter zur östl. Gratscharte empor und über den O-Grat auf den östl. Gipfelzacken. Über Blöcke zu einer Scharte hinab, an welche sich ein Firngrat schließt, über welchen man schwierig auf den W-Gipfel gelangt.

● **662 Von der Neuen Chemnitzer Hütte über den Nordwestgrat,** 5—7 Std., mäßig schwierig bis schwierig.

Von der Hütte ins Weißmaurachkar, bei der Abzweigung des AV-Weges zur Hohen Geige wendet man sich südl. über Blockhalden zum NW-Grat, den man steil ungefähr in der Mitte erreicht. Über den Grat, einigen Grattürmen ausweichend, in eine Scharte, sodann mäßig schwierig, jedoch steil, zum Schluß über Schnee (bei ungünstiger Witterung vereist) zu P. 3262 und weiter zum Hauptgipfel.

### **Wassertalkogel**, 3251 m, **Gschrappkogel**, 3194 m, **Wurmsitzkogel**, 3080 m

● **663** Unbedeutende Erhebungen nördl. des Pitztaler Jöchls und des Pollesjöchls, zumeist von der Braunschweiger Hütte über den „Mainzer Höhenweg" (R 419a in umgekehrter Richtung) begangen. An sich unschwierige Kammwanderung.

● **664 Von der Braunschweiger Hütte über das Pitztaler Jöchl,** unschwierig bis mäßig schwierig. Von der Hütte wie bei R 419a in umgekehrter Richtung auf das nördl. Pollesjöchl (hierher kürzer vom Silbergrubenkar knapp unter dem Pitztaler Jöchl unter den Felsen an die westl. Seite hinausquerend). Aus dem Pollesjöchl alle drei Gipfel über Blockwerk unschwierig bis mäßig schwierig, jedoch mühsam, zu erreichen. Auf dem Wassertalkogel steht das „Rheinland-Pfalz-Biwak" (siehe R 419a).

Man kann von Mittelberg aus oder auch vom Pollestal die drei Gipfel unmittelbar unschwierig bis mäßig schwierig, aber sehr mühsam ersteigen.

### **Söldener Grieskogel**, 2911 m

● **665 Von Hochsölden,** 3 Std., unschwierig, AV-Weg.

Auf teilweise bez. AV-Weg, zuletzt versichertes Steiglein, zum Teil verfallen, in 3 Std., über Wiesenhänge, sodann über die Schulter des Berges zum Gipfel.

Der Steig ist in letzter Zeit verfallen, teilweise schwierig zu begehen.

### **Schwarzkogel**, 3060 m

● **666 Von Hochsölden,** bez. Weg.

Über die Rotkogeljochhütte zum Schwarzsee (hierher auch von der Rettenbachalm weglos steil über Geröll). Vom S-Ufer des Sees über die N-Flanke (Geröll und Schrofen) zum Gipfel. 2½ Std.

Von der Bergstation der Rotkogel-Sesselbahn nur 1¾—2 Std.

**Polleskögel,** Nördl. 3035 m, Südl. 3005 m

● **667** Diese beiden Gipfel sind von Übergang R 606 von den Pollesjöchern unschwierig zu ersteigen.

Der O-Grat des südl. Gipfels ist schwieriger.

# 6. Weißkamm

## A. Übergänge

● **669 Von Sölden nach Heiligenkreuz im Venter Tal.**

Von Sölden durch Wald auf Saumweg südl. zur Geislacher Alm, 2 Std. (Alpengasthaus Sonnenplatte), und zum kleinen Dorf Geislach, 1793 m, hinab und weiter von hier abwärts zur Venter Straße; taleinwärts Heiligenkreuz.

**Pitztaler Jöchl,** 2995 m

Rot bez. Weg, sehr viel begangener und lohnender Übergang.

● **670 Von Sölden zur Braunschweiger Hütte** bzw. Mittelberg.

Von Sölden durch schütteren Wald durch das Rettenbachtal, immer am Bach entlang, zum Alpengasthof Falkner auf der Rettenbachalm, 1½—2 Std. Von hier weiter am nördl. Talhang auf die zweite Talstufe und zum Rettenbachferner ansteigend, zunächst diesen links lassend, dann über ihn zum felsigen Pitztaler Jöchl, 2—3 Std. Oder auf der neuen Fahrstraße. Schlepplift aufs Joch.

Auf neuem Weg links vom Jöchl (auf dem alten Weg bestehen die Sicherungen nicht mehr, und man müßte sich über eine 30 m senkrecht abbrechende Stufe abseilen!) in 20 Min. auf die Niedere Karlesschneide und in Kehren zur Braunschweiger Hütte hinab. Nach Mittelberg auf Weg R 422.

Zugang zum Rettenbachferner: Ötztaler Gletscherstraße (Maut).

**Seiterjöchl,** 3058 m

(Wird in Verbindung mit dem mit dem Pitztaler Jöchl bzw. Rettenbachjoch begangen.)

● **671 Von Heiligenkreuz zur Braunschweiger Hütte,** 5 Std. bis Pitztaler Jöchl, für Geübte unschwierig. Von Heiligenkreuz talaus zum Petznerbach, an dessen rechtem Ufer man zu dem zwischen Petznerferner und Seiterferner befindlichen Trennungskamm hinaufgelangt. Am O-Rand des Seiterferners emporsteigend erreicht man das Seiterjöchl. Jenseits auf den Rettenbachferner hinab und nördl. zum nordöstl. Felsvorsprung des Karleskogels. Sobald man diesen umgangen hat, trifft man auf den Anstiegsweg R 670 von Sölden zum Pitztaler Jöchl. Kürzer, aber etwas schwieriger vom Rettenbachferner (spaltenreich) zum Rettenbachjoch, ½ Std. Jenseits über Geröll auf den Gletscher hinab, über welchen man zur Braunschweiger Hütte gelangt, ½ Std.

### **Tiefenbachjoch,** 3234 m

● **672 Von Vent zur Braunschweiger Hütte,** 6 Std., mäßig schwierig, wenig begangen. Von Vent steigt man über Rasenhänge in den Muttboden im oberen kleinen Weißbachtal. Von hier erst nordöstl., dann nordwestl. zum Tiefenbachferner empor, über welchen man nordwestl. zum Tiefenbachjoch gelangt, etwa 5 Std. von Vent.

Man gelangt in das Weißbachtälchen auch unmittelbar von Heiligenkreuz. Vom Joch jenseits nordwestl. hinunter in die Einsattelung zwischen Schwarzer Schneide und Linkem Fernerkogel. Von dieser Scharte nördl. steil hinunter über den Hangenden Ferner zur Braunschweiger Hütte, 1½ Std.

### **Taufkarjoch,** 3218 m

● **673 Von Vent zur Braunschweiger Hütte,** 7 Std., mäßig schwierig. Zunächst auf dem Anstieg zur Breslauer Hütte, R 414. Rechts auf schlechtem Weg (die Felsen des Wilden Männle bleiben links) ins Taufkar, 2½ Std. Nun über Moränenschutt zum Taufkarferner, über den man in der Mitte bis zum obersten Gletscherbruch ansteigt. Aus diesem links steil zum Taufkarjoch. Jenseits auf den fast ebenen Mittelbergferner hinab und rechts an den Felsen in die tiefste Mulde des Ferners. Nunmehr zwischen Rechtem und Linkem Fernerkogel hindurch, an den Wänden des linken Fernerkogels und der Hinteren Schwarzen Schneide vorbei (Achtung Steinschlag!) zum Karlesferner, den man überschreitet und über dessen Moräne man nördl. in wenigen Schritten zur Braunschweiger Hütte, welche ab Taufkarjoch gut sichtbar ist, gelangt, 2½ Std.

● **674 Von der Breslauer Hütte zur Braunschweiger Hütte,** 4½ Std. Unschwierige, lohnende Gletscherfahrt. Von der Hütte nordöstl. ins Rofenkar. Man quert die Zunge des Rofenkarferners unterhalb des Absturzes und steigt jenseits auf gesichertem Steig zur „Wilden-Männle"-Scharte, 2950 m, empor. Von hier wieder Abstieg auf gesichertem Steig zum Taufkarferner, über welchen man nördl. steil zum Taufkarjoch gelangt, etwa 2 Std. Nun weiter wie bei R 673.

**Rofenkarjoch,** 3320 m

● **675 Von Vent bzw. Breslauer Hütte zur Braunschweiger Hütte,** 4½ Std., für Geübte unschwierig. Von der Breslauer Hütte nordöstl. sanft absteigend auf Steigspuren zum Rofenkarferner und nördl. über diesen (Achtung Spalten!) zum Rofenkarjoch, 1½ bis 2 Std. Hier wendet man sich rechts über den Felsengrat zum Taufkarjoch und weiter wie bei R 674 zur Braunschweiger Hütte.

● **678** **Mittelbergjoch,** 3166 m

siehe Anstiege auf die Wildspitze von der Braunschweiger Hütte und vom Taschachhaus R 709 und R 710.

Außerdem sei auf folgende Übergänge in Verbindung mit dem Mittelbergjoch hingewiesen:

● **679 Von der Vernagthütte über das Brochkogeljoch,** 3423 m, **und Mittelbergjoch zur Braunschweiger Hütte,** 5½ Std., mäßig schwierig.

Von der Vernagthütte steigt man auf der rechten Seitenmoräne des Großen Vernagtferners an. Dann überquert man rechts den Gletscher bis an den S-Fuß der Petersenspitze. Diese links lassend erreicht man über steilen Firnhang (zeitweise Eishang) das Brochkogeljoch, 2½ Std. Von diesem umgeht man eben die N-Seite des Hinteren Brochkogels und stößt auf die Führe vom Mittelbergjoch zur Braunschweiger Hütte R 709.

● **680 Von der Breslauer Hütte zur Braunschweiger Hütte über das Mitterkarjoch,** 3468 m, **und Mittelbergjoch,** lange Gletscherwanderung, bis zum Mittelbergjoch 3½—4 Std. Von der Breslauer Hütte auf bez. Wege nordwestl. ins Mitterkar und zum Ferner. Über diesen (rechts halten; Achtung Steinschlag!) in den hinteren Teil des Gletschers und nördl. über eine ziemlich steile Felswand (je nach Witterung schneebedeckt) in etwa 2½—3 Std. zum Mitterkarjoch zwischen Wildspitze rechts und Hint. Brochkogel links. Den großen Gletscherbruch, der vom N-Grat der Wilspitze herabzieht, von links nach rechts in einem Bogen umgehend, in das Blockfeld unterhalb des Mittelbergjoches und aus ihm durch eine Schuttrinne in die tiefe Einschartung des Mittelbergjoches, etwa 1 Std. und wie bei R 709 zur Braunschweiger Hütte.

### **Mitterkarjoch,** 3468 m

● **681 Von der Breslauer Hütte zum Taschachhaus über Mitterkarjoch und Mittelbergjoch,** siehe R 680 und 710.

### **Taschachjoch,** 3241 m

● **682 Von der Vernagthütte zum Taschachhaus,** 6½—7 Std., schwierig.

Von der Vernagthütte steigt man nordwestl. zur Zunge des Großen Vernagtferners, quert diesen und steigt, den S-Grat der Petersenspitze rechts lassend, zum Taschachjoch hinauf, 2½ Std. Jenseits steil hinab (Achtung Spalten!) unterhalb der Eisstürze der Hochvernagtwand westl., später im Bogen von Nordwest nach Nordost, die Eishänge des Pitztaler Urkunds umgehend, zur Zunge des Sexegertenferners, über die man zum Taschachhaus quert, 3½ Std.

### **Sexenjoch,** 3303 m

● **683 Von der Vernagthütte zum Taschachhaus,** bis zum Joch 3 Std., schwierig, teilweise sehr schwieriger Übergang durch Gletscherspalten. Von der Hütte auf die oberste Stufe der am Großen Vernagtferner gelegenen Firnhochfläche und von dieser nordwestl. (Achtung Spalten!) auf das zwischen Hochvernagtspitze und Hochvernagtwand gelegene Sexenjoch, 3 Std. Jenseits äußerst steil und schwierig (Achtung Spalten!) auf den Sexegertenferner zum Pitztaler Urkund, von hier weiter südl. um die Eishänge des Urkunds herum zum Taschachhaus.

Das Sexenjoch und das Taschachjoch sind auch in Verbindung mit dem Ölgrubenjoch als Übergänge vom Venter Tal in das Kaunertal benützbar, jedoch nur den Bergerfahrenen vorbehalten.

### **Gepatschjoch,** 3241 m

● **684 Von der Vernagthütte zur Rauhekopfhütte,** 4½ Std., viele Spalten, wenig begangen.

Die Verbindung Vernagthütte — Rauhekopfhütte führte in früheren Jahren gewöhnlich über das Kesselwandjoch mit dem Brandenburger Haus. Seit einiger Zeit ist der Kesselwandferner ebenfalls spaltenreich geworden, und man zieht die Verbindung Vernagthütte — Guslarjoch — Brandenburger Haus — Rauhekopfhütte vor.

Von der Vernagthütte steigt man neben und auf der rechten Seitenmoräne westl. der Zunge des Großen Vernagtferners etwa ½ Std. an und betritt dann diesen rechts. Nun wendet man sich nördl. im Bogen nach links, allmählich ansteigend, zum zwischen Fluchtkogel links und Schwarzer Wandspitze rechts gelegenen Gepatschjoch. Jenseits über einen sehr steilen Eisbruch hinunter in eine Mulde des Gepatschferners, den Sumpf. Man quert den Gletscher nordwestl. zur Rauhekopfhütte. (Im „Sumpf" ebenfalls derzeit große Spalten!), 2 Std. vom Joch.

Auch von der Breslauer Hütte gelangt man über das Brochkogeljoch zum Gepatschjoch in schwieriger Eiswanderung und setzt den Weg zur Rauhekopfhütte wie vorstehend fort.

### **Guslarjoch,** 3311 m

● **685 Von der Vernagthütte zum Brandenburger Haus,** 2½ Std., siehe Zugangsweg R 408.

● **686 Breslauer Hütte — Brandenburger Haus über Brochkogeljoch,** 3423 m, **Hintergrasljoch,** 3264 m, **Guslarjoch,** 3311 m, 7—8 Std. Sehr lange Gletscherwanderung. Wie bei R 679 Übergang zur Braunschweiger Hütte über das Mitterkarjoch an den Fuß des Hinteren Brochkogels, etwa 2½—3 Std. Diesen umgeht man links und gelangt durch eine flache Firnmulde zum Brochogeljoch, 3423 m, etwa 1½ Std. Zuerst steiler Abstieg zum Vernagtferner. Auf diesem bleibt man möglichst in gleicher Höhe (jedoch Achtung auf die großen Spalten!) und in einem Bogen nach rechts in Richtung auf das Gepatschjoch, etwa 2 Std. Unterhalb des Gepatschjoches quert man links (südöstl.) steile Firnhänge und gelangt zu dem zwischen Fluchtkogel rechts und Hintergraslspitze links gelegenen Hintergrasljoch, 3264 m. Nun durch die schroff abfallenden Ostabhänge des Fluchtkogels zum Guslarjoch, etwa 1 Std. Von hier aus quert man die oberste Firnmulde des Kesselwandferners zum Brandenburger Haus.

Das Guslarjoch wird auch vom Brandenburger Haus zur Verbindung mit dem Taschachhaus über Hintergrasljoch und Brochkogeljoch benutzt.

### Kesselwandjoch, 3222 m

● **687** Siehe Zugangswege Brandenburger Haus R 406.

### Ölgrubenjoch, 3013 m

● **688** Vergletscherter Jochübergang. Vom Taschachhaus zum Gepatschhaus. Touristisch sehr bedeutsam. Gesamtzeit 4 Std., in der Gegenrichtung 4½—5 Std.
Vom Taschachhaus auf bez. Steig talein und über die östl. Mittelmoräne des Sexegertenferners ansteigend (Weg in der AV-Karte nicht richtig eingetragen!), bis der Ferner eben wird und man zu einem großen Felsblock kommt. Am Felsblock roter Pfeil nach W. Rechtwinkelig von der Moräne weg über den Ferner, die westl. Mittelmoräne und weiter, bis man in der westl. Seitenmoräne wieder zu einem großen Felsblock kommt.

Am Felsblock roter Pfeil für die entgegengesetzte Wegrichtung. Hier setzt der Steig wieder ein und leitet über die, schon vom Taschachhaus aus sichtbare, rote Moräne zu einem kleinen See. Kurz hinter dem See zieht eine Geröllrinne, manchmal auch verfirnt, nach W. Am südl. Rand der Rinne erhebt sich bald ein kleiner Steilabbruch, den man auf schmalem Steig überwindet. Oben Steinmann! Nun durch das Firnbecken hinauf zum Jochkreuz (nicht die tiefste Einsattelung), 3050 m. Jenseits zunächst noch ein Stück fast eben über Geröll oder Firn und dann in leichtem Bogen nach rechts (N) in eine Schutt-, bzw. Schneerinne. Der Rinne nach S folgend, bis man das talwärts nach W führende Kar erreicht. Auf dem Steig durch das Kar abwärts bis auf den Almbodon hoch über dem Gepatsch. Nun in Serpentinen hinab zum Gepatschhaus.

### Höhenwege im Weißkamm

● **689** Im Gebiet des Weißkammes sind eine Reihe zum Teil versicherter Steige, welche die Hütten untereinander verbinden, leider derzeit nicht völlig intakt.

Der Seuffertweg (Verbindung Breslauer Hütte zur Vernagthütte), der Deloretteweg (vom Hochjochhospiz zum Brandenburger Haus) und der Brandenburger Steig (von der Vernagthütte zum Brandenburger Haus) sind unter R 413, R 406 und R 407 unter Zugangswegen aufgeführt.

● **690** **Rimlsteig:** Von der Vernagthütte über das Brochkogeljoch zum Taschachhaus, 5 Std., für Geübte unschwierig bis mäßig schwierig. Fast völlig verfallen.

Von der Vernagthütte zum Brochkogeljoch auf R 679, von hier in nördl. Richtung zur Taschachwand und durch diese teilweise gesicherter steiler Abstieg zum Taschachferner, welcher nach Westen auf die linke Seitenmoräne gequert wird. Von dort auf AV-Weg zur Hütte.

## B. Gipfel im Bereich des Weißkammes

### **Karleskogel,** 3107 m

● **691 Von der Braunschweiger Hütte über den Nordgrat,** 2 Std., schwierig. Der N-Grat wird von der Hütte über den Ferner östl. des Pitztaler Jöchls oder von diesem aus erreicht und über ihn schwierig zum Gipfel.

### **Linker Fernerkogel,** 3278 m

● **692 Von der Braunschweiger Hütte über den Hangenden Ferner,** 2 Std., mäßig schwierig.

Auf dem Wege zum Tiefenbachjoch R 672 bis zur Einschartung unterhalb des Joches zwischen Innerer Schwarzer Schneide und Linkem Fernerkogel, von welcher man westl. über Schutt und Geröll zum Gipfel gelangt.

● **693 Von der Braunschweiger Hütte über den Mittelbergferner,** mäßig schwierig, 2—2½ Std.

Auf den Mittelbergferner und in Schleife von Süden nach Norden über ihn, den Linken Fernerkogel umgehend in den nordöstl. Teil des Gletschers und zur bei R 692 erwähnten Scharte und weiter wie bei R 692.

### **Innere Schwarze Schneide,** 3369 m, Ostgipfel, 3336 m

● **696 Vom Tiefenbachjoch,** ½ Std., mäßig schwierig.

Vom Joch R 672 nordöstl. steil, aber mäßig schwierig über eine Felswand zum Gipfel.

● **697 Von der Braunschweiger Hütte über die Nordflanke,** 2 Std., mäßig schwierig.

Zum S-Grat des Karleskogels und auf das Rettenbachjoch, etwa 3000 m. Von diesem über den Rettenbachferner, zum Schluß äußerst steil auf den Gipfel.

## Äußere Schwarze Schneide, 3257 m

● **698 Vom Seiterjöchl über den SW-Grat,** 4½ Std. von der Braunschweiger Hütte, mäßig schwierig.

Wie bei R 671 zum Seiterjöchl, von wo man den SW-Kamm weiter verfolgt (zunächst am Rand der NW-Abstürze) und über ihn zum Gipfel gelangt.

Man kann von der Braunschweiger Hütte unmittelbar den SW-Grat erreichen, wenn man vom Pitztaler Jöchl R 670 nicht zum Seiterjöchl, sondern über den östl. Rettenbachferner zum obersten Teil des SW-Grates gelangt.

## Tiefenbachkogel, 3309 m

● **699 Vom Tiefenbachjoch,** ½ Std., unschwierig.

In Verbindung mit Besteigung des Linken Fernerkogels, da er in der Nähe des von diesem Berge herabziehenden Seitenkammes liegt, leicht zu machen. Besonders günstig ist der Anstieg R 693.

## Mutkogel, 3312 m

● **700** Über den Tiefenbachferner beim Anstieg auf den Linken Fernerkogel für Geübte unschwierig zu erreichen.

## Mittagskogel, 3162 m

● **701 Von der Braunschweiger Hütte über den Mittelbergferner,** 2½ Std., für Geübte unschwierig.

Von der Hütte südl. auf den Mittelbergferner und in dieser Richtung weiter, bis die rechten Felsen genau westl. stehen. Hier biegt man nach Westen zum nordwestl. Teil des Gletschers ab und nördl. zum Gipfel (AV-Anlage verfallen).

● **702 Von Mittelberg,** 4 Std. Mäßig schwierig, der alte Weg ist verfallen. Nicht empfehlenswert.

## Grabkogel, 3052 m

● **703** Aus dem Mittelbergferner geht der Gletscheranstieg über die Felsen der O- und S-Seite mäßig schwierig in 2 Std. zum Gipfel.

Der Gratübergang zum Mittagskogel ist unschwierig.

**Vorderer Brunnenkogel,** 3393 m
**Hinterer Brunnenkogel,** 3440 m

● **704 Von der Braunschweiger Hütte über den Mittelbergferner,** 3 Std., unschwierig bzw. schwierig.

Wie R 709 zum nordwestl. Teil des Mittelbergferners, von wo man südwestl. über zwei Eisterrassen in das kleine Gletschertal zwischen den beiden Gipfeln gelangt. Aus diesem auf den die beiden Berge verbindenden Firnrücken, von welchem man unschwierig auf den Vorderen Brunnenkogel, jedoch sehr steil und schwierig auf den Hinteren Brunnenkogel gelangt.

**Rechter Fernerkogel,** 3298 m

● **705 Von der Braunschweiger Hütte über den Weg zum Rofenkarjoch,** 3 Std., für Geübte unschwierig.

Wie R 675 in Richtung Rofenkarjoch, sodann in einer großen Schleife von Süden nach Nordwesten zum Verbindungsgrat zwischen Rechtem Fernerkogel und Hohen Wänden, über den man unschwierig den Gipfel erreicht.

● **706 Von der Braunschweiger Hütte über den Weg zum Mittelbergjoch,** unschwierig bis mäßig schwierig, etwas länger als R 705.
Wie bei R 709 in Richtung Mittelbergjoch, südöstl. abzweigend zum bei R 705 erwähnten Verbindungsgrat und weiter wie bei R 705.

Der N-Grat ist aus dem Mittelbergferner zu erreichen. Über ihn mäßig schwierig zum Gipfel.

**Weißer Kogel,** 3409 m

● **707 Von der Braunschweiger Hütte über das Taufkarjoch,** 3½ Std., schwierig.

Wie R 673 zum Taufkarjoch. Entweder aus diesem unmittelbar oder noch aus dem Mittelbergferner vor Erreichen des Joches schwierig über Fels und Firn (manchmal vereist) auf den Gipfel, selten begangen.

**Taufkarkogel,** 3367 m

● **708** Vom Taufkarjoch in ½ Std., vom Rofenkarjoch in ¼ Std. unschwierig für Geübte zu ersteigen (von der Breslauer Hütte 2½ Std., von der Braunschweiger Hütte 4 Std.).

## Wildspitze
**Nordgipfel,** 3772 m, **Südgipfel,** 3770 m

● **709 Von der Braunschweiger Hütte über das Mittelbergjoch und Mitterkarjoch,** etwa 5 Std. Je nach Schneeverhältnissen unschwierig bis mäßig schwierig. Die Wildspitze ist der höchste Gipfel der Ötztaler Alpen und Nordtirols.

Von der Hütte südl. auf den Karlesferner, unter den steilen W-Hängen des Linken Fernerkogels vorbei, den nördl. Ausläufer des Rechten Fernerkogels links lassend zur unteren weiten Firnmulde des Mittelbergferners, auf der man sanft zu den Felsen aufsteigt, die das kleine Gletschertal zwischen den Brunnenkögeln abschließen. (Hierher gelangt man auch auf dem Anstiegsweg zum Mittagskogel R 701, südl. quer durch die Firnmulde des Mittelbergferners ansteigend.) Am Hinteren Brunnenkogel vorbei wird die obere Firnmulde des Mittelbergferners erreicht, durch die man das Mittelbergjoch, 3166 m, gewinnt. Jenseits durch eine Schuttrinne auf die NO-Seite des Taschachferners hinab. Diesen quert man im Bogen über Süden nach Westen, an den von der Wildspitze-N-Wand herabziehenden Brüchen vorbei, bis unterhalb des Hinteren Brochkogels; steil in das Firnbecken nördl. des Mitterkarjochs (dieses bleibt rechts liegen) und östl. ansteigend in das höhere Firnbecken unterhalb des Gipfels; von hier
1. nach links zum Fuß des N-Grates (Firngrat), über den man steil auf den N-Gipfel gelangt.
2. nach rechts bis an die Kante und über diese unschwierig zum kreuzgeschmückten S-Gipfel.

● **710 Vom Taschachhaus über das Mittelbergjoch,** 4½ Std. Von der Hütte östl. über die Zunge des Taschachferners querend und über die rechte Seitenmoräne des Ferners empor, später ihn selbst betretend und östl. über ihn zur Mulde unterhalb des Mittelbergjoches ansteigend, von welcher man wie bei R 709 auf den Gipfel gelangt.

● **711 Vom Taschachhaus über das Gamsköpfle und die Rimlroute,** 3—4 Std. Vom Taschachhaus zumeist begangen, unschwierig für Geübte.

Von der Hütte steigt man westl. des Taschachferners in Richtung Pitztaler Urkund; oberhalb der Gletscherbrüche betritt man den Ferner und quert ihn östl. zum Gamsköpfle, 3084 m, dessen Kammhöhe man ersteigt. Über sie gelangt man auf die nächste Gletscherstufe des Taschachferners, über welche man steil südl. zur Höhe südl. der Taschachwand emporsteigt (hier Steigspuren der ehemaligen, durch Steinschlag verfallenen Rimlroute) und weiter östl. in die Firnmulde unterhalb des Hinteren Brochkogels und weiter wie R 709 zum Gipfel.

● **712 Vom Taschachhaus über das Taschachjoch.** Wie bei R 682 zum Taschachjoch. Jenseits über den obersten Teil des Vernagtferners auf den Westkamm der Petersenspitzen, 3484 m, und an der N-Seite des Kammes oder die Gipfel überschreitend weiter zum Brochkogeljoch. Aus diesem unter dem Hinteren Brochkogel im Bogen über Norden nach Süden zum Mitterkarjoch und weiter wie R 709.

● **713 Von der Rauhekopfhütte über das Gepatschjoch.**

Zum Joch siehe R 684 und aus ihm nordöstl. den Vernagtferner querend in Richtung Petersenspitzen und die südl. Ausläufer derselben umgehend, zum Brochkogeljoch, weiter wie bei R 712.

● **714 Von der Vernagthütte über das Brochkogeljoch.** 3½ bis 4 Std., schöne Gletscherfahrt.

Auf dem Wege zum Gepatschjoch, bis der Weg dorthin westl. abbiegt. Hier wendet man sich nördl. zum südl. Ausläufer der Petersenspitzen und weiter wie bei R 713 auf den Gipfel.

● **715 Von der Breslauer Hütte über das Mitterkarjoch,** 3 Std.

Kürzester und bester Anstieg auf die Wildspitze.
Auf R 680 auf das Mitterkarjoch und weiter wie bei R 709 auf den Gipfel.

● **716 Von der Breslauer Hütte über den Ötztaler Urkund,** 3556 m, 3 Std. Gletscherfreier Anstieg. Der ehemals hier bestehende versicherte Partschweg des Alpenvereins ist aufgelassen. Auf kleinem Steig nordwestl. auf den Felskamm des Ötztaler Urkunds. Der letzte Teil des Urkundgrates erfordert einige Kletterübung, da die Sicherungen des ehemaligen Partschweges zerstört sind. Vom Gipfel des Urkunds auf ebenem Grat (teils Schnee, teils Felsen) an den Fuß des S-Gipfels der Wildspitze, sodann durch eine ausgeprägte Rinne (Vorsicht Steinschlag!) über sehr brüchige Felsen zum Gipfel.

Die Wildspitze von Nordwesten,
im Vordergrund der zerrissene Taschachferner.

N.G.
S.G.
Brochkogel
spitze

● **717 Verbindung vom Südgipfel zum Nordgipfel,** je nach Schneeverhältnissen 10 Min. bis 1 Std., unschwierig bis schwierig. Firnwanderung über die die beiden Gipfel verbindende, etwa 300 m lange Firnschneide erfordert je nach Verhältnissen einige Vorsicht. Dieser Übergang wurde durch die Ausaperung schwieriger, da im Hochsommer manchmal in der Mitte ein Felsrücken herauskommt, der bei Vereisung schwierig sein kann.

### **Hinterer Brochkogel,** 3635 m

● **718** Die Zugänge zum Brochkogel sind bis auf die Gipfelanstiege die gleichen wie bei der Wildspitze.

● **719 Vom Mitterkarjoch über den Südostgrat,** 1 Std., mäßig schwierig.

Aus dem Mitterkarjoch zuerst nördl. des Kammes, sodann über diesen (Fels und Firn) ansteigend zum Gipfel.

● **720 Vom Brochkogeljoch,** 1 Std., mäßig schwierig.

Über den Fels- und Firngrat zum Gipfel.

● **721 Von der Vernagthütte über das Vernagtjoch,** 3400 m, 1 Std. vom Joch.

Auf dem Anstieg zum Brochkogeljoch R 679 bis zum Fuß der Peterspitzen und über den kleinen Vernagtferner nach rechts querend östl. zum Vernagtjoch empor.

Hierher auch von der Breslauer Hütte in Richtung Mitterkarjoch, jedoch aus der Mulde unterhalb desselben auf das Vernagtjoch.

Aus diesem über den kurzen S-Grat zum SO-Grat, über welchen die Spitze gewonnen wird.

### **Vorderer Brochkogel,** 3565 m

● **724 Von der Breslauer Hütte über dem Seuffertweg und die Ostflanke,** mäßig schwierig, 3½ Std.

Von der Hütte auf dem Seuffertweg, der zur Vernagthütte führt, bis an die Rippe, die vom Vorderen Brochkogel bis auf den Weg hinunterzieht. Über diese Rippe in anregender Gratkletterei zum Gipfel.

● **725 Vom Vernagtjoch über den Nordkamm,** 1 Std. vom Joch, für Geübte unschwierig.

Auch vom Vernagtferner kann der Gipfel unmittelbar über die W-Seite (Firnflanke) erreicht werden.

## Petersenspitze

Firngipfel, 3484 m, aperer Gipfel, 3479 m

● **726 Von der Vernagthütte über das Brochkogeljoch,** 2½ Std.

Zum Brochkogeljoch auf Anstieg R 679. Auf Steig zur linken Begrenzung des Joches, aus welcher die Petersenspitze herausragt. Den Gipfel erreicht man vom Joch in wenigen Minuten über Firn, unschwierig.

## Hochvernagtspitze, 3530 m

● **727 Von der Vernagthütte,** 3½ Std., mäßig schwierig.

Von der Hütte auf dem Weg zum Gepatschjoch R 684 in Richtung S-Flanke der Hochvernagtspitze. Man wendet sich in die Firnmulde zwischen dem S- und SO-Ausläufer des Berges und durch diese (Achtung Spalten!) auf die Hochfläche und auf den Gipfel.

● **728 Von der Rauhekopfhütte über Schwarzwandspitze,** 3467 m, 3 Std. Von der Hütte in Richtung Gepatschjoch, von wo man die Mulde zwischen dem Südkamm der Schwarzwandspitze und der ihr westl. vorgelagerten Schwarzen Wand erreicht. Aus ihr nördl. zu den Felsen der Schwarzwandspitzen und über diese zum Gipfel und weiter über den Verbindungsgrat zum Gipfel der Hochvernagtspitze, 3 Std.

## Schwarzwandspitze, 3467 m

● **729 Von der Rauhekopfhütte** siehe R 728.

● **730 Von der Vernagthütte,** 3 Std., für Geübte unschwierig.

Man erreicht den Gipfel aus der Firnmulde unterhalb der Hochvernagtspitze.

● **731 Über den Westgrat vom P. 3080,** mäßig schwierig, 5 Std. vom Gepatschhaus, 3 Std. von der Rauhekopfhütte. An die nördl. Begrenzung des Gepatschferners (hierher sowohl vom Gepatschhaus als auch von der Rauhekopfhütte) und am Gepatschferner entlang zum Beginn des Westgrates, über welchen man in mäßig schwieriger Kletterei über P. 2884 zum Gipfel gelangt.

## Hintere Ölgrubenspitze, 3296 m

● **732** Vom Ölgrubenjoch unschwierig in 1 Std., vom Wannetjöchl in ½ Std. über Firn und Blockhalden zum Gipfel.

Beliebte Gipfelfahrt in Verbindung mit dem Übergang Taschachhaus — Gepatschhaus über das Ölgrubenjoch.

● **733 Von der Rauhekopfhütte über den Südgrat,** unschwierig.

Der S-Grat wird von der Rauhekopfhütte beim Übergang zum Wannetjöchl aus dem Wannetferner gewonnen, ohne das Jöchl zu berühren; über den S-Grat unschwierig zum Gipfel.

### **Fluchtkogel,** 3500 m

● **734 Vom Brandenburger Haus,** 1 Std., für Geübte unschwierig. Vom Haus nordwestl. am Fuß der Kesselwände vorbei zu den steilen Firnhängen des Fluchtkogels, über die man emporsteigt. In Richtung auf den SW-Kamm des Berges und über diesen zum Gipfel.

● **735 Von der Vernagthütte über das Guslarjoch,** 3311 m, ¾ Std. vom Joch.

Von der Hütte zum Joch auf R 408. Nun geht man nördl. über Firn, dann steiler zum S-Grat und neben oder auf diesem zu den flachen Firnhängen, die zum Gipfel leiten.

● **736 Über den Nordgrat**

Der N-Grat ist vom Gepatschjoch mäßig schwierig über Fels und Firn zu erreichen.

R 734 und R 736 ist die unmittelbare Verbindung vom Brandenburger Haus zur Wildspitze ohne Berührung der Vernagthütte.

● **737 Von der Rauhekopfhütte über den Südwestkamm,** 2½ Std., unschwierig bis mäßig schwierig, je nach Schneeverhältnissen. Auf dem Anstieg zum Brandenburger Haus oberhalb der Gletscherbrüche westl. des Berges nach O abzweigend zum Beginn des Fluchtkogel-SW-Rückens, über den man je nach Schneeverhältnissen unschwierig bis mäßig schwierig zum Gipfel gelangt.

### **Ehrichspitze,** 3425 m, **Dahmannspitze,** 3401 m

● **738** Vom Brandenburger Haus erreicht man die Ehrichspitze entweder über die Dahmannspitze und über den Grat oder aus dem Kesselwandferner durch Schnee- und Felsrinnen, schwierig.

Vordere Ölgrubenspitze (links), Ölgrubenkopf und Ölgrubenscharte, rechts Hintere Ölgrubenspitze über dem hinteren Kaunertal.

● **739** Auf die Dahmannspitze führt vom Brandenburger Haus ein Steig unschwierig in ½ Std.

### **Kesselwandspitze,** 3414 m

● **740 Vom Brandenburger Haus über das Guslarjoch,** 1½ Std., mäßig schwierig.

Vom Haus zum Joch siehe R 408. Aus ihm ersteigt man über Firn und brüchige Felsen mäßig schwierig den Gipfel.

● **741 Vom Brandenburger Haus über den Ostgrat,** 2½ Std, mäßig schwierig. Über den O-Grat sowie über die Firnhänge vom Kesselwandferner kann die Kesselwandspitze ebenfalls über Firn, dann über teilweise brüchige Felsen erstiegen werden.

● **742 Von der Vernagthütte über den Brandenburger Steig und den Ostgrat,** 2 Std. Günstigster Anstieg.

Auf den Brandenburger Steig und von ihm über den verfallenen AV-Steig über den O-Grat zum Gipfel.

### **Hintergraslspitze,** 3325 m

● **743 Von der Vernagthütte,** 1½ Std., schwierig. Auf teilweise verfallenem AV-Steig (Drahtseil unbrauchbar) zum Hintergrasleck empor, den Hintergraslturm, 3270 m, umgeht man nördl. und erreicht in 1½—2 Std. schwierig den Gipfel der Hintergraslspitze. Oder weglos (I) über die N-Flanke (auch im Abstieg).

### **Guslarspitzen**
### **Vordere,** 3118 m, **Mittlere,** 3126 m, **Hintere,** 3151 m

● **744 Von der Vernagthütte.** Auf dem Wege zum Brandenburger Haus bis zum Beginn des Brandenburger Steiges. Hier quert man in den Guslarferner nach links und ersteigt über steilen Firn die Mulde zwischen Nock und Hinterer Guslarspitze, 2½ Std. Weiter zur Mittleren und in nördl. Richtung zur Vorderen Guslarspitze, 1 Std. Sehr schöne und schwierige Gratwanderung.

Von der Vorderen Guslarspitze aperer Abstieg über den N-Grat auf die Moräne des Guslarferners in 2½ Std. möglich.

Weißseespitze von Norden.

## Hintereisspitzen

**Vordere,** 3437 m, **Mittlere,** 3451 m, **Hintere,** 3486 m

● **745 Vom Brandenburger Haus,** mäßig schwierig bis schwierig. Vom Brandenburger Haus in südl. Richtung auf die Einsattelung zwischen Vorderer und Mittlerer Hintereisspitze. Die Vordere Hintereisspitze bleibt links. Von diesem Sattel über den Fels- und Firngrat nach Norden zur Vorderen, ½ Std. vom Joch, nach Süden zur Mittleren Hintereisspitze, ½ Std. vom Joch. Von der Mittleren Hintereisspitze führt der ziemlich schwierige Fels- und Firngrat als Verbindung zur Hinteren Hintereisspitze, etwa 1 Std.

● **746 Vom Hochjochhospiz,** 5 Std., mäßig schwierig.

Vom Hochjochhospiz dem Deloretteweg folgend auf den Kesselwandferner. Diesen überquert man in südwestl. Richtung und kommt zwischen Mutspitze und Vorderer Hintereisspitze in eine Firnmulde des nördl. Hintereisferners. Von hier auf den Sattel zwischen Vorderer und Mittlerer Hintereisspitze und weiter wie bei R 745.

## Hochvernaglwand, 3435 m

● **749 Vom Brandenburger Haus,** 1¼ Std., für Geübte unschwierig.

Vom Haus über den Gepatschferner südwestl., sodann sanft südl. ansteigend unschwierig über Firn zum Gipfel, der nur wenig über den Firn hinausragt.

● **750 Vom Hochjochhospiz über das Langtauferer Joch,** mäßig schwierig, 5 Std.

Vom Hochjochhospiz zum Joch auf R 761. Steile Eiskletterei auf den Gipfel.

● **751 Von der Rauhekopfhütte,** 2½ Std., je nach Schneeverhältnissen unschwierig bis mäßig schwierig

Auf dem Weg zum Brandenburger Haus oberhalb des Sumpfes südl. abbiegend zum Gipfel.

## Weißseespitze, 3526 m

● **752** Leichte schöne Gletscherfahrt, besonders geeignet für Sommerskilauf, schöner Aussichtsberg.

● **753 Vom Brandenburger Haus,** 2 Std., unschwierig.

Vom Haus auf den Gepatschferner und auf diesem immer westl. haltend (die Zinne bleibt links) sanft ansteigend, zum Schluß mit einem Bogen nach rechts zum Gipfel.

● **754 Von der Rauhekopfhütte,** 2¼ Std., unschwierig.

Von der Hütte südwestl. über die sanft ansteigenden Gletscherterrassen zum Gipfel.

● **755 Vom Gepatschhaus über die Nordseite,** 4 Std., schwierig.

Vom Haus südwestl. ins Krummgampental, bis die Zunge des Weißseeferners östl. bleibt. Hier steigt man steil über Schutt, Geröll und Fels zur Eisflanke auf und erreicht über sie schwierig den Gipfel.

Die Gipfelfläche der Weißseespitze kann man auch zwischen der Zunge des Gepatschferners und dem Großen Nörderberg mäßig schwierig erreichen und erspart dadurch 1 Std. Umweg über die Rauhekopfhütte.

## 7. Weißkugelkamm

### A. Übergänge

**Hintereisjoch,** 3471 m, **Höllerschartl,** 3280 m

● **756 Vom Hochjochhospiz zur (zerstörten) Höllerhütte,** 2652 m, **und ins Matscher Tal.**

Auf dem Weg zum Weißkugeljoch zur Wegteilung am Fuß der Weißkugel siehe R 762. Nun links steil emporsteigend (zum Schluß Randkluft!) über steile Firnhänge zum Hintereisjoch und weiter wie bei R 758 zur zerstörten Höllerhütte (Matscher Hütte, Rifugio A. Diaz).

● **757 Vom Wirtshaus „Schöne Aussicht" zur Höllerhütte über das Oberettesjoch,** 3244 m, 3—4 Std. Schöne Gletscherwanderung. Auf dem Weg nach Kurzras bis zur Wegteilung und rechts auf bez. AV-Weg westl. zum Teufelsegg, von wo der Weg zum Steinschlagferner führt. Nun in südwestl. Richtung, zum Schluß steil auf das zwischen Schwemserspitze links und Äußerer Quellspitze rechts gelegene Oberettesjoch, jenseits rechts über den Oberettesferner zu den Seitenmoränen und über diese auf AV-Weg zur Höllerhütte.

● **758 Vom Brandenburger Haus zur Höllerhütte über das Vernaglwandjoch, Weißkugeljoch, Hintereisjoch und Höllerschartl,** 6½ Std., mäßig schwierig.

Vom Haus zum Vernaglwandjoch, 3065 m. Von hier führt der Vernaglwandsteig (teils verfallen) auf den Langtauferer Ferner durch Felsen hinab in Richtung auf die Weißkugel und über den Langtauferer Ferner allmählich zum Weißkugeljoch, 3362 m, ansteigend, 1¾ Std. Von diesem südöstl. hinunter auf den Hintereisferner bis zum Weißkugel-SO-Grat. Von diesem geht man nach rechts (westl.) durch einen Firnbruch und quert schließlich die Randkluft zum Hintereisjoch, 1½ Std. Jenseits des Joches betritt man den Matscher Ferner, der südl. in Richtung auf das im O-Grat der Inneren Quellspitze gelegene Höllerschartl begangen wird, ½ Std. Von diesem jenseits südl. über Firn und Geröll auf den Oberettesferner absteigend, auf dessen rechter Seitenmoräne man den AV-Steig trifft, der südwestl. zur Höllerhütte hinabführt.

● **759 Vom Brandenburger Haus über das Weißkugeljoch und Steinschlagjoch zur „Schönen Aussicht“,** 5½ Std., mäßig schwierig.

Zum Weißkugeljoch wie bei R 758 und von hier in den Gletschertrog hinunter bis unterhalb des Hintereisjoches. In den Hängen der Inneren Quellspitze waagrecht ins Steinschlagjoch, 3238 m. Von diesem auf AV-Steig auf die S-Seite über das Teufelsegg und über Karböden in das oberste Schnalsertal, bis man auf den von Kurzras zur Bellavista führenden Weg trifft; diesem folgend in 20 Min. zur Hütte.

● **760 Vom Brandenburger Haus zur Weißkugelhütte,** 3½ Std.

Vom Haus auf den Gepatschferner und über diesen südwestl. am besten gerade haltend auf die Zinne (Felsriff) zu. Nun auf die tiefste Einsattelung im Grat, welcher von der Weißseespitze nach Süden zieht. Dort beginnt ein AV-Weg (Richterweg — derzeit verfallen), der über die 100 m hohe Felswand hinableitet zu einem breiten Weg, der sanft absteigend mit einer Kehre zur Weißkugelhütte (Rifugio Palla Bianca), 2544 m, im Langtauferer Tal führt.

### **Langtauferer Joch,** 3172 m

● **761 Vom Hochjochhospiz zur Weißkugelhütte** (Rifugio Palla Bianca), 2544 m, ital. im Langtauferer Tal.

Die Weißkugel mit Hintereisferner und Hintereisjoch.

Über den Hintereisferner, neben und auf der nördl. Seitenmoräne auf den Langtauferer Jochferner, über den man unter den Felsabstürzen der Hochvernaglwand zum Langtauferer Joch ansteigt, 3½ Std. Jenseits steil neben den Felsen in die östl. Firnbucht des Langtauferer Ferners, über diesen weiter westl. in die Mitte des Gletschers hinunter, zuletzt rechts über die Moräne zur Weißkugelhütte. Von der Weißkugelhütte 3 Std.

### **Weißkugeljoch**, 3362 m

**● 762 Vom Hochjochhospiz zur Weißkugelhütte.**

Wie bei R 761 auf den Hintereisferner und in die Mitte des Ferners (große Spalten!) und über die obere breite Firnbucht zum Fuß der Weißkugel (knapp 4 Std.). Nun bei der Wegteilung (links zum Hintereisjoch) rechts haltend und steiler nordwestl. über den Gletscher empor zum Weißkugeljoch. Jenseits über die Mitte des Langtauferer Ferners hinab auf das rechte Ufer der Seitenmoräne, von wo man über einen Steig die Weißkugelhütte erreicht. Von der Weißkugelhütte 3 Std.

## B. Gipfel im Bereich des Weißkugelkammes

### **Weißkugel**, 3739 m

**● 763 Vom Brandenburger Haus über das Weißkugeljoch und Hintereisjoch,** 1 Std. vom Hintereisjoch, bei guten Schneeverhältnissen unschwierig.

Wie bei R 758 zum Weißkugeljoch und Hintereisjoch. Aus diesem steigt man über den Firnkamm zuerst sehr steil, dann ganz flach in eine Firnmulde im SW-Hang der Weißkugel, von welcher man den südl. Vorgipfel erreicht. Von diesem unschwierig über den Felsgrat zum Gipfel.

**● 764 Vom Brandenburger Haus über Weißkugeljoch und die Nordostflanke,** 2 Std. vom Joch. Zum Joch auf Weg R 758. Von hier unmittelbar auf die firndurchsetzte NO-Flanke zum Gipfel. Bei guten Schneeverhältnissen wird dieser Weg als bester Abstieg zum Brandenburger Haus benützt, bei Ausaperung jedoch sehr schwierig.

Die Weißkugel von Nordosten.

Weißkugel
764
Weißkugeljoch

**● 765 Vom Hochjochhospiz** lassen sich auf den Übergängen R 761 und R 762 die Anstiege R 763 und R 764 erreichen. Das gleiche gilt für Bellavista, bei der man vom Übergang über das Steinschlagjoch und Hintereisjoch R 759 die Weißkugel gewinnen kann.

### **Langtauferer Spitze**, 3529 m

**● 768 Über das Langtauferer Joch,** 1 ¼ Std. vom Joch, 4 Std. vom Brandenburger Haus.

Von der Hütte über den Vernaglwandsteig R 758 auf den Langtauferer Ferner hinab, wo man den vom Hochjochhospiz zur Weißkugelhütte führenden Weg R 761 trifft und nahe an den Felsabstürzen der Hochvernaglwand zum Langtauferer Joch ansteigt.

### **Innere Quellspitze**, 3516 m
### **Äußere Quellspitze**, 3385 m

**● 769 Über das Hintereisjoch,** ½ Std. vom Joch zur Inneren Quellspitze, mäßig schwierig. Von Bellavista zum Hintereisjoch. Von hier über den Nordgrat in mäßig schwieriger Kletterei zum Gipfel der Inneren Quellspitze.

**● 770 Aus dem Steinschlagjoch,** etwa 5 Std. Man geht von Bellavista bis unter das Steinschlagjoch R 759, hält sich dann am nördl. Gletscherende in Richtung Oberettesjoch südwestl. weitergehend und erreicht das Quelljoch, 3273 m, das zwischen beiden Quellspitzen liegt. Entweder wie bei R 769 über den N-Grat zur Inneren Quellspitze oder südl. schwierig auf die Äußere Quellspitze.

### **Im hintern Eis**, 3270 m

**● 771 Vom Wirtshaus „Schöner Aussicht“,** 1½ Std. Der Anstieg beginnt unmittelbar bei der Hütte und ist durch eine Reihe von Steinmännern gut gekennzeichnet.

**● 772 Vom Hochjochhospiz,** 1½—2 Std. Auf das Hochjoch, und von hier nordwestl. über Geröll zum Latscher Ferner und auf österreichischem Gebiet zum Gipfel.

### **Schwemserspitze**, 3456 m

**● 773 Vom Wirtshaus „Schöne Aussicht“ über das Oberettesjoch,** 1 Std. vom Joch. Wie bei R 757 zum Oberettesjoch, und aus ihm über Fels und Firn schwierig in 1 Std. zum Gipfel.

# 8. Kaunergrat

## A. Übergänge

### Ölgrubenjoch, 3013 m

● **774 Vom Taschachhaus zum Gepatschhaus,** etwa 4 Std.

Zum Sexegertenferner und über dessen S-Rand auf die Moräne, später über eine Zunge bis zu den Brüchen. Unterhalb dieser Brüche westl. den Ferner querend zu den großen Schutthalden unterhalb des Ölgrubenferners, den man kaum mehr berührt und über W nach SW zum Joch, 2½ Std. Jenseits über apere Hänge auf gutem Steig zum Gepatschhaus, 1½ Std. Durch die Ausaperung des Ölgrubenferners wurde der Jochübergang wesentlich leichter.

### Wurmtaler Joch, 3119 m

● **775 Von der Riffelseehütte zum Gepatschhaus oder nach Feichten.** Von der Riffelseehütte südl. des Riffelbaches gegen den SO-Rand des Riffelferners und an dessen Rand in großer Kehre nach Westen zur nördlichen Einschartung des Wurmtaler Joches. Über Blockhalden jenseits zunächst westl., dann südl. ins Wurmtaler Kar in Richtung auf einen mitten im Tal befindlichen begrünten Kopf, von wo Steigspuren über Schutt und Rasen zu einem Rücken leiten, der nördl. des Wurmtales zur Waldgrenze hinabführt. Oberhalb des Waldes nördl. steil zur Habmesalm über Weidehänge hinab. Kurz vor dem Wald erreicht man eine Mulde, aus welcher ein kleiner Weg durch den Wald in kurzen Kehren ins Kaunertal zum Jägerhaus im Habmeswald, 2½ Std., und weiter abwärts nach Feichten 2 Std., aufwärts zum Gepatschhaus 1½ Std. führt.

### Rostizjoch, 3081 m

● **776 Von der Riffelseehütte nach Feichten,** mäßig schwierig.

Vom Riffelsee in südwestl. Richtung talein und westl. zum Löcherferner aufsteigend. Dieser wird erst westl., dann nordwestl. zum Rostizjoch gequert, 5 Std., jenseits steil über Eis, dann über Schutt und Geröll oder über Firnhänge hinab, den S-Fuß eines Felsvorsprunges umgehend und über Blockhalden auf die Talsohle. Über Weidehänge zum Steilabbruch ins Tal, von dem links ein Steiglein in Kehren ins Kaunertal hinableitet, 2½ Std., bis Feichten 1¾ Std.

Auf der Talsohle des Rotsizbaches kann man auch auf gutem Pfad ins Wazebachtal absteigen, von wo der Abstieg über die Wazehütte ins Kaunertal führt.

### **Madatschjoch,** 3010 m

● **777 Von der Kaunergrathütte zur Verpeilhütte.** Rot bez. AV-Weg bis auf die Gletscherstrecke häufig begangen, nur für Geübte ratsam.

Von der Kaunergrathütte auf den Moränenrücken nördl. des Planggeroßferners, welcher südwestl. in Richtung Madatschjoch auf den Ferner und zuletzt steil auf das Joch verfolgt wird (Achtung große Querspalten!). Früher führte ein Übergang höher als die tiefste Jochsenke zu einer Scharte im S-Grat des Schwabenkopfes. Jenseits über den Ferner in Richtung Madatschspitze, später zur N-Seite des Madatschferners (spaltenreich!) und aus ihm in die Scharte zwischen Madatschspitze und Schwabenkopf-Westgrat. (Hierher auf dem alten Weg über Geröll nördl. des Madatschferners.) Weiter über Blockhalden ins Kar nördl. der Madatschspitze und durch diese zur Verpeilhütte, 1¾ Std.

### **Verpeiljoch,** 2829 m

● **778 Von Trenkwald im Pitztal zur Verpeilhütte und nach Feichten,** 5 Std. Bis auf die Gletscherstrecke rot bez. AV-Weg, teilweise verfallen, mühsam, selten begangen.

Von Trenkwald über die Ache und sehr steil nordwestl. in Richtung des nördl. von Trenkwald gelegenen Seebachtales ansteigend und in zahlreichen Kehren, an Hütten vorbei zum Talboden, der über Wiesen gequert wird. Man überschreitet den Bach und steigt an seinem linken Ufer durch eine felsige Talschlucht, sodann nordwestl. über die Talhänge zu den Moränen und auf den kleinen Neururer Ferner (Seebachferner der AV-Karte), über den man an seinem nördl. Rand unterhalb eines kleinen Felskammes, zuletzt über Schutt zum Verpeiljoch gelangt, 3½—4 Std. Jenseits steil über Geröll und Schutt zur Moräne des Verpeilferners in das „Hinterverpeil" (auch Inner-Verpeil genannt), einem Hochtal unterhalb des Verpeilferners, an dessen nördl. Talhängen man entlangquert, um später steil über Geröll und Rasenhänge zum Abfluß des Schweikertferners und in den Talschluß des Verpeiltales und am Bach entlang zur Verpeilhütte zu gelangen.

### Pillerhöhe (Pillersattel), 1558 m

**• 780 Von Jerzens bzw. Wenns nach Kauns bzw. Landeck.**

Von Wenns auf Kehren südwestl. durch Wald und Wiesen, ¼ Std. vor der Kirche vom Fahrweg rechts abbiegend auf Fußweg durch Wald zur Ortschaft Piller, 1349 m (Gasthaus Sonne) empor, beliebte Sommer- und Winterfrische. Bester Zugang zum Venetberg. Auf Fahrweg (mit Pkw befahrbar) weiter durch Wald und durch Moorgegend zur Pillerhöhe (Pillersattel) am „Gachen Blick" (Felskanzel mit schöner Aussicht) vorbei, wo sich die Wege teilen. Links auf schönem Höhenweg über Wirtshaus „Mayrhofen" am Kauner Berg nach Kauns, rechts nach Fließ, 1 Std. und in 1½ Std. nach Landeck. Die Straße nach Kauns wurde für Pkw befahrbar gemacht.

## B. Gipfel im Bereiche des Kaunergrates

**Anmerkung:** Die Gipfel des Kaunergrates sind ausgesprochene Kletterberge mit fast durchwegs schwierigen Anstiegen. Sie können von Bergunerfahrenen auf keinen Fall führerlos erstiegen werden.

### Vordere Ölgrubenspitze, 3456 m

**• 781 Vom Gepatschhaus,** 4 Std., mäßig schwierig.

Wie R 774 zum Ölgrubenjoch 1½ Std. Nordöstl. durch das Schafkar und steil über Firnrinnen zur südl. des Gipfels gelegenen Scharte, aus welcher man mäßig schwierig über Felsenbänder und Rinnen zum Gipfel gelangt, 2½ Std.

**• 782 Vom Taschachhaus über den Ölgrubenkopf,** 3½ Std., mäßig schwierig.

Wie bei R 774 auf dem Weg zum Ölgrubenjoch bis zum südl. Ölgrubenferner, welcher zum Gipfelmassiv des Ölgrubenkopfes gequert wird. Leicht über Fels und Firn auf den Ölgrubenkopf, 3392 m und von ihm mäßig schwierig zu der bei R 781 erwähnten Scharte südl. des Gipfels und weiter wie bei R 781.

### Bliggspitze, 3454 m

**• 785 Vom Taschachhaus über das Bliggschartl und die Westflanke,** 3 Std., mäßig schwierig.

Über den Ölgrubenferner auf das Bliggschartl und aus ihm über Firn auf den Bliggferner, der schräg zur W-Seite des Gipfels gequert wird und (je nach Schneeverhältnissen) über Geröll und Schnee bzw. Eis zum Gipfel.

**Eiskastenspitze,** 3373 m

● **786 Vom Taschachhaus,** 3½ Std., mäßig schwierig bis schwierig.

Kurz talaus, dann steil über die Talhänge zum Mittleren Eiskastenferner, auf dessen obersten Teil und durch eine steile Firnrinne (bzw. Eisrinne) zum Gipfel.

**Löcherkogel,** 3326 m

Dieser gehört zu den unschwierigsten Gipfeln des Kaunergrates.

● **787 Vom Rostizjoch,** ¾ Std., für Geübte unschwierig.

Wie R 776 zum Rostizjoch und in ¾ Std. über den Grat, über einige Felsköpfe unschwierig auf den Gipfel.

● **788 Aus dem Riffelferner,** etwa 1 Std. vom Gletscher.

Aus dem Riffelferner unschwierig über Schutt und Firn zum Gipfel.

Ebenfalls unschwierig sind die Anstiege über den SO-Grat (aus dem Riffelferner) sowie die NO-Seite (aus dem Löcherferner).

**Rostizkogel,** 3407 m

● **789 Vom Rostizjoch,** 1 Std., mäßig schwierig bis schwierig.

Zum Joch R 776 und den nördl. vom Joch aufsteigenden Felskopf östl. umgehend zum S-Fuß des Berges, der in der Fallinie des Gipfels steil über Felsen und zuletzt durch eine Firnrinne östl. der S-Wand erstiegen wird.

● **790 Von der Riffelseehütte,** 4—5 Std., mäßig schwierig bis schwierig.

Zum „Schneidigen Wandl", nordwestl. des Sees vor der S-Wand des Seekogels liegender Felskopf, und südl. von ihm auf dem Löcherferner neben der S-Wand des Seekogels empor. Man gelangt aus ihm zum Firnsattel nördl. des Rostizkogels und über den schwierigen scharfen Firn- bzw. Eisgrat zum Gipfel.

**Seekogel,** 3358 m

● **791** Von allen Seiten sehr schwierig; siehe Spezialführer.

### **Seekarlesschneid**, 3208 m

● **792 Von der Kaunergrathütte über den Westgrat**, 4 Std., mäßig schwierig.

Auf dem Weg in Richtung Madatschjoch R 777 zum südl. Planggeroßferner, aus welchem man südöstl. abbiegend zur Einmündung des Wazespitze-O-Grates gelangt. Dieser wird zum großen Gletscherboden des Planggeroßferners umgangen. Südl. nahezu eben über diesen zu dem den Gletscherboden gegen Norden begrenzenden Eisbruch (welchen man je nach Eisverhältnissen entweder am Rand der Felsen oder durch Überklettern schwierig überwindet). Weiter südwestl. über den Gletscher, zuletzt sehr steil zum Beginn des W-Grates der Seekarlesschneid; über diesen mäßig schwierig zum Gipfel.

### **Waze(spitze)**
### **Hauptgipfel**, 3533 m, **Südgipfel**, 3505 m

● **793 Gletscheranstieg von der Kaunergrathütte**, schwierig bis sehr schwierig.

*Zugang:*

Auf dem Wege zum Madatschjoch R 777 südl. auf den Planggeroßferner, welcher südöstl. zunächst bis an den Fuß des O-Grates der Wazespitze gequert wird. Von hier steigt man in die Gletscherbucht unterhalb des riesigen Eisbruches (Fortsetzung des zwischen den zwei O-Graten des Berges herabführenden Hängegletschers). Man wendet sich südöstl. zu dem den Ferner begrenzenden Eisbruch und überwindet diesen schwierig. Weiter südöstl. über einen Eisrücken auf die nächste Gletscherterrasse. Von hier westl. über einen Eisrücken zwischen den beiden O-Graten zu einer kleinen Gletscherbucht, aus welcher man durch eine Eisrinne steil neben einer riesigen Eishöhle zum obersten Gletscherboden zwischen den beiden felsigen Gipfeln des Berges gelangt.

Von hier führen weiter vier Anstiege:

1. Über die Scharte zwischen den beiden Gipfeln (ältester Anstieg) mit — je nach Schneeverhältnissen — Wächtendurchstieg, sodann unschwieriger über Fels zum Hauptgipfel oder auch unschwierig aus der Scharte zum S-Gipfel. (Gesamtzeit 4—6 Std., sehr schwierig.

2. Ein Blockrinne östl. des Hauptgipfels wird sehr schwierig durchklettert (im oberen Drittel in die Flanke ausweichen). Man gelangt

zum letzten Abschnitt des O-Grates und über diesen zum Gipfel. Gesamtzeit 3—5 Std., sehr schwierig.

3. Vom Rand der obersten Gletscherbucht nördl. zu den S-Felsen des O-Grates, über welche man auf den Grat und über diesen in schwieriger Kletterei zum Gipfel gelangt. 3—5 Std., schwierig.

4. Aus der Gletscherbucht südwestl. zu den N-Felsen des S-Gipfels (brüchiges Gestein) und durch sie (Achtung Steinschlag!), in halber Höhe den Rücken zwischen S-Gipfel und Scharte erreichend, südl. oder nördl. zu den beiden Gipfeln. 3—5 Std., sehr schwierig.

● **794 Von der Kaunergrathütte über den N-Pfeiler,** 2—4 Std. vom Madatschjoch, kürzester, hervorragend schöner, eisfreier Anstieg, jedoch sehr schwierig. Wie bei R 777 zum Madatschjoch und über brüchiges Gestein zur ersten Felsterrasse des N-Pfeilers. Man gewinnt durch eine kleine Scharte den Fuß des steilen Absturzes, unter welchem man zum W-Grat gelangt. Auf diesem unschwierig zum Gipfel.

## **Schwabenkopf,** 3379 m

● **795 Von der Kaunerhütte,** 2½ Std., schwierig.

Wie bei R 777 auf dem Weg zum Madatschjoch zum alten Moränenkamm, vor dessen Ende man nordwestl. zu einer Schneemulde absteigt. Diese wird im Bogen zu ihrer Nordseite gequert, an welcher man zur östl. Begrenzung des nördl. Teiles des Planggeroßferners aufsteigt. Über diesen nach Norden zum Schwabenjoch (zwischen Schwabenkopf und Verpeilspitze gelegen).

Vom Joch kann man entweder unmittelbar durch einige steile Rinnen einen Vorgipfel im S-Grat erreichen und über ihn den Gipfel gewinnen, oder

südwestl. über Schnee und Geröll sowie durch kurze Rinnen zum S-Grat unterhalb des vorerwähnten Vorgipfels und diesen auf dessen S-Seite auf Schuttbändern umgehend, durch Rinnen zum Gipfel gelangen.

● **796 Von der Verpeilhütte über den Südgrat,** 4 Std., schwierig. Wie bei R 777 auf dem Weg zum Madatschjoch zum unteren Teil des Madatschferners, von wo man östl. zu den Felsen, welche den

Schwabenkopf und Verpeilspitze im Kaunergrat.

Rotenkarlferner begrenzen, gelangt. Auf diese durch eine Geröllrinne, die von der Gratscharte zur Mitte des Ferners herabführt. Man benutzt sie zum Aufstieg zur Gratscharte, aus welcher man den Planggeroßferner erreicht und über diesen den Fuß des S-Grates. Nunmehr schwierig über den S-Grat zum Gipfel.

### **Verpeilspitze,** 3425 m

● **799 Von der Kaunergrathütte über die Südwestseite und den Südostgrat,** 2½—3 Std., mäßig schwierig bis schwierig.

Wie beim Anstieg zum Schwabenkopf R 795 in die Schneemulde vor dem nördl. Winkel des Planggeroßferners, aus welcher man nordöstl. über Schutt und Geröll zum Eckpfeiler des SO-Grates gelangt. Nun am S-Rand der SW-Wand durch eine Firnrinne (bzw. Eisrinne), sodann über ein mit losem Geröll bedecktes Band zum SO-Grat, über welchen man an das Massiv der Gipfelwand gelangt. Man weicht in die Westseite aus und wieder auf den SO-Grat zurück, über welchen man jetzt den Gipfel gewinnt.

### **Rofelewand,** 3354 m

● **800 Von der Verpeilhütte,** 5—6 Std., schwierig.

Talein und nördl. an der linken Bachseite über Blockwerk von Westen auf den Schweikertferner. Über diesen südöstl. zum östlichsten Teil querend und zur Scharte nördl. von P. 3208. Jenseits quert man unter den Felsen des Totenkarköpfels zum südl. Teil des Lawinenkars in der S-Wand des O-Gipfels der Rofelewand. Die Eishänge, die zum Firnrücken hinaufleiten, werden westl. überstiegen. Den Kamm nördl. verfolgend, zuletzt durch einen Firnbruch und über Fels zur Gipfelscharte, aus welcher man über die Gratkante den Gipfel gewinnt.

● **801 Von der Kaunergrathütte,** 4½—6 Std., mäßig schwierig bis schwierig.

Von der Hütte nordöstl. sehr steil über Geröll zu einer Scharte im SO-Grat der Verpeilspitze (P. 3058) empor und jenseits über einen sehr steilen Eishang (die Randkluft überwindend) zum südl. Abschnitt des spaltenreichen Neururerferners. Vom Neururerferner in kurzem Abstieg zum Seebachferner. Nun über Schnee in die Scharte zwischen P. 3124 und P. 3198 der Sonnenkögel empor und aus ihr zur bei R 800 erwähnten Scharte nördl. P.3208 und weiter wie bei R 800.

### Gsallkopf, 3278 m

● **802 Von der Verpeilhütte über die Westwand,** 6 Std., sehr schwierig.

Von der Hütte zum Schweikertferner und auf diesem unter die tiefste Einsenkung im Grat Hochrinneck zum Gsallkopf. Über Schutt und Rinnen in diese Einsenkung und jenseits über den Gsallferner zum Fuß der W-Wand. Diese wird sehr schwierig durch Eisrinnen und über Plattenschüsse durchklettert bis unterhalb der überhängenden Gipfelwand, welche auf einem schmalen Band umgangen wird; von rechts auf den Gipfel.

● **803 Von St. Leonhard über die Tiefentalalm und den Nordgrat,** 4 Std. von der Alm, schwierig.

Auf Almsteig zur Tiefentalalm und von hier auf den Tiefentalferner, aus welchem man die Gratscharte beim ersten steilen Abbruch des N-Grates erreicht. Zunächst sanft, später steiler über die Gratfelsen ansteigend, sodann über eine steile Firnschneide zum Gipfel.

### Hohe Aifenspitze, 2786 m

● **804** Schöner Aussichtsberg (für jedermann begehbar).

a) **Von Prutz über Kauns,** 3 Std., unschwierig.

Von Kauns zur Aifner Alm (hierher gelangt man auch von Fuchsmoos auf dem Piller Sattel). Nun über steile Weidehänge entweder unmittelbar auf den Gipfel oder zur sanfter ansteigenden Schulter und über sie auf den Gipfel.

b) **Von Wenns im Pitztal,** 3½ Std., unschwierig.

Von Wenns von der O-Seite her zur Straßberger Alm und auf das Kreuzjöchl, 2525 m (auch Aifensattel) und zum Gipfel.

### Venet, 2513 m

● **805** Berühmter Aussichtsgipfel, gilt als einer der schönsten Aussichtsberge der Ostalpen.

a) Von Landeck rot bez. Weg über den Schatzerwald und Grabberg, 5 Std., unschwierig.

b) Von Fließ über die Goglesalm, 3—4 Std.

c) Von Zams über den Zamser Berg mit der Venethütte (Privathütte) und die Zamser Alm. Venet-Seilbahn: Talstation an der Bundesstraße zwischen Landeck und Zams. Bergstation am Krahberg, 2208 m.

d) Von Piller, 3 Std.

e) Von Wenns bzw. Arzl über die Hochastner Almen, 4—5 Std. Von Wenns ist eine Straße auf den Venetberg ausgebaut. Es handelt sich um eine Wirtschaftsstraße. Für Pkw befahrbar. — Venetalm (nur Almprodukte). Von hier 2—2½ Std. auf den Gipfel auf Fußweg über Almgebiet, ab- und aufsteigend, zuletzt über den Bergrücken zum Gipfel.

## 9. Westlich des Kaunertales

### A. Übergänge

**Weißseejoch**, 2960 m

● **812** **Vom Gepatschhaus nach Melag im Langtauferer Tal,** größtenteils bez. Weg, für Geübte unschwierig.

Abstieg nach Melag derzeit nicht gestattet.

Vom Haus etwa 500 m leicht fallend nach S. Bei der Verzweigung rechts und über eine Brücke zur Gepatschalm. Von hier steil empor auf die Ochsenalm und mit leichtem Höhenverlust zum Rifflbach und an den Beginn des Krummgampentales. Dieses südl. verfolgend zum Weißen See unterhalb der Zunge des Weißseeferners. An mehrenen kleinen Lacken vorbei südwestl. über Blockwerk zum Joch, 3½ Std. Jenseits über Firn und Geröll in das trümmererfüllte Kar, aus dem man westl. in den Talschluß des Melagtales und südwestl. über Karrenfelder steil und mühsam am rechten Bachufer hinab zur Abzweigung am Ausgang des Melagtales gelangt, und rechts zum Weiler Melag im Langtauferer Tal, 2 Std.

Talaus erreicht man von dort in ½ Std. Hinterkirch im Langtauferer Tal, talein in 2 Std. die Weißkugelhütte, ital. Rifugio Palla Bianca.

● **813** Man kann auch die Weißkugelhütte erreichen, indem man von der Abzweigung am Ausgang des Melagtales links (östl.) auf Steigspuren zur Falgin-Schäferhütte über den Falginbach und östl. weiter zur Weißkugelhütte gelangt.

## Glockturmjoch, 3005 m

● **814 Vom Gepatschhaus zum Hohenzollernhaus,** 4 Std.

Wie bei R 812 auf dem Wege zum Weißseejoch ins Krummgampental, das bis zum Talschluß unterhalb der Moränen des Krummgampenferners vefolgt wird. Über diese Moräne zunächst empor, sodann westl. zum Glockturmjoch querend, 3 Std. Jenseits über Geröll bzw. Schnee und den Hinteren Hennesiglferner, über welchen man nach Westen möglichst weit hinabsteigt, bis sanft geneigte Schutthänge nördl. zum Talschluß des Radurscheltales hinführen. Über diese ins Tal hinab und talaus zum Hohenzollernhaus, 1 Std.

## Radurschelschartl, 2872 m

● **815 Vom Hohenzollernhaus nach Hinterkirch im Langtauferer Tal,** 3½—4 Std. Abstieg nach Hinterkirch derzeit nicht gestattet.

Durch das Radurscheltal in den hintersten Talschluß und über die Moränen-Schutthänge des Hinteren Hennesiglferners auf den westl. Winkel des Gletschers. Man quert nun den Ferner südwestl. zum Schartl, 2—2½ Std. Jenseits steil südöstl. gerade über Geröllfelder hinab zu den Schafbergseen, 2626 m, und über steile Weidehänge links am Bach entlang und durch Wald steil in Kehren nach Hinterkirch im Langtauferer Tal, 1½—2 Std.

## Riffljoch, 3147 m

● **816 Vom Gepatschhaus zum Hohenzollernhaus,** 7½ Std. Für Geübte unschwierig, sonst mit Führer; bez.

Wie bei R 814 in den Talschluß des Krummgampentales und nordwestl. über den Krummgampenferner zur nordwestl. Ecke des Gletschers, aus welcher man die Einschartung südöstl. des Glockturmes erreicht. Von dieser über den Rifflferner (Spalten!) nördl. zum Joch. Jenseits nördl. hinab über den Hinterkarferner und westl. unterhalb der O-Abstürze vom Bruchkopf vorbei, sodann steil südwestl. über Blockhalden und steile Rasenhänge zur Alplalm und zum Hohenzollernhaus, 1½—2 Std. vom Joch, etwas weiter, aber nicht so mühsam wie R 817.

● **817** Vom Gepatschhaus ins Riffltal, jedoch an der Mündung des Krummgampenbaches vorbei, weiter das Riffltal verfolgend, stets nördl. des Baches bleibend, zuletzt über Moränen westl. auf den Rifflferner und aus ihm nordwestl. zum Joch empor. 5 Std. Nun weiter wie bei R 816 zum Hohenzollernhaus.

### **Hinterkarjoch,** 3050 m

**● 818 Vom Hohenzollernhaus zum Jägerhaus im Kaunertal bzw. Gepatschhaus,** 5—6 Std., für Geübte unschwierig.

Über die Alplalm steil zum Hinterkarferner (siehe R 816) welcher jedoch nicht betreten wird. Unterhalb der Felsen des Roten Schragens gelangt man am N-Rand des Ferners zum Joch, 2½ bis 3 Std. Jenseits über die Quellbäche des Kaiserbaches unterhalb der Kaiserseen in den Talschluß und am S-Ufer des Baches talaus. Bevor der Bach steil abstürzt, überschreitet man diesen und gelangt nordöstl. zur Nassereiner Alm und schräg über Weidehänge abwärts zum Jägerhaus im Kaunertal, 2 Std.

Wenn man zum Gepatschhaus kommen will, biegt man nicht zur Nassereiner Alm ab, sondern bleibt am Rand der oberen steilen Waldhänge und quert über diese südl. zur Planggeroßalm, bis man unschwierig ins Tal gegenüber dem Gepatschhaus absteigen kann. 2½ Std. vom Joch, rot bez. eisfreier Übergang.

### **Kaiserjoch,** 2937 m

**● 819 Vom Hohenzollerhaus bis zum Gepatschhaus.**

Von der Radurschelalm talein zur Einmündung des Kaiserbaches und südl. des Baches steil, zunächst durch Wald, in östl. Richtung ins Kaisertal und zu dessen Talschluß.

Vom Hohenzollernhaus hierher über einen Jagdsteig unterhalb der Westhänge des Bruchkopfes. Etwas empor und weiter oben südl. des Westspornes der Kaiserspitze in Richtung Roter Schragen ansteigend, sodann östl. über Geröll, Blöcke und Schutt, zuletzt Schnee zum Joch, 3 Std. Jenseits mäßig steil über Geröllhalden zu den Kaiserseen hinab und weiter wie bei R 818 zum Jägerhaus bzw. Gepatschhaus.

### **Pfroslkopfjoch,** 2052 m

**● 820 Von Tösens im Oberinntal nach „Am See“ im Kaunertal,** 7½—8½ Std. Über Klettach und Langhaus zur Unteren Bergleralm, von wo man das Berglertal bis zur Einmündung des Rehgrabens (von Osten her) verfolgt. Am Rehbach aufwärts, zuletzt über Geröll und Schutt zum Joch, 5 Std. und jenseits über Geröll ins Fißladtal und zur Fißladalm hinab, 2 Std. Von hier ins Kaunertal nach „Am See“ in ½ Std. und in einer weiteren Stunde nach Feichten.

## Plattigjöchl, 2999 m

● **821 Von Tösens im Oberinntal über Plattigjöchl und Kaisertal zum Gepatschhaus,** etwa 8—10 Std., für Geübte unschwierig. Ungeübte nur mit ortskundiger Führung, da schwer zu finden! Von Tösens durch das Platzer Tal auf Güterweg aufwärts zu den Tscheywiesen (Gruppich), 2—2½ Std. (bis hierher mit Pkw befahrbar) und auf Almweg weiter aufwärts zur Platzer Alm, 2120 m. Von hier aus südl. zuerst über Weidehänge, sodann über Blockwerk zum Platzer Ferner, welcher südl. zum Platzer Jöchl gequert wird, 1½—2 Std.

Dort südl. zur Scharte zwischen Kaiserspitze links und Platzer Spitze rechts. Nun weiter in südöstl. Richtung abwärts zu den Kaiserseen (½ Std.) und wie bei R 818 weiter zum Gepatschhaus, etwa 3½ Std.

● **822 Übergang Anton-Renk-Hütte — Gepatschhaus auf Höhenweg über das Kreuzjöchl,** 2524 m, 9 Std. Bez. mangelhaft, AV-Weg, zum Teil verfallen, langwierig, jedoch unschwierig und landschaftlich sehr schön.

Von der derzeit unbewirtschafteten Hütte erst südl., später südöstl. zum Rifflfernerkar, aus dem man den Sattel nördl. der Äußeren Rifenkarspitze erreicht. An deren SO-Hängen südl. hinab ins Obere Fißladtal und östl. zum Kreuzjöchl hinauf. Jenseits hoch über dem Wald zur Nassereiner Alm hinab und ins Kaiserbergtal und weiter zum Gepatschhaus.

## Sadersjoch, 2410

● **825 Vom Radurscheltal nach Nauders,** 4½ Std.

Vom Forsthaus Wildmoos ins Radurscheltal. Über die Brücke ins Nauderer Tscheytal, und etwa nach ¼ Std. westl. den Bach überschreitend zur Sattelalm. Sanft zunächst westl. über Weidehänge, sodann nordwestl. um P. 2212 herum auf die oberste Talstufe des Saderbaches ansteigend, die westöstl. verläuft, und diesem entlang zum Schluß etwas steiler auf das Joch, 2½ bis 3 Std. Jenseits auf rot bez. Weg (der von Pfunds über den Schmalzkopf hierherführt) südwestl. weniger steil zur Labaueralm und durch Wald zur Jausenstation Partischhof (auf Güterstraße erreichbar). Bis zur Labauneralm 1 Std. ab Partischhof, mit Blick ins Engadin, sodann auf Saumweg südl. nach Nauders hinab, 2 Std.

Bis zum Partischhof befahrbar.

## Tscheyjoch, 2605 m

**● 826 Vom Radurscheltal nach Nauders, 5¼ Std.**

Wie bei R 825 zur Tscheyalm im Nauderer Tscheytal, 1¼ Std. Man geht etwa ¼ Std. talein, sodann rechts auf Steig durch Wald und über Wiesen südwestl. zum Tscheyjoch aufsteigend, 1½ Std. Westl. über einen begrünten Rücken auf Weg zur Pienger Alm, 1900 m, und zuerst am linken, sodann am rechten Ufer des Arsangsbaches zum Talausgang bei den Pienger Höfen nördl. nach Nauders umbiegend, 2½ Std.

**● 826a Nauderer Höhenweg.** Der insgesamt 11 km lange Höhenweg führt in etwa 2000 m ohne große Höhenunterschiede von der Bergstation der Bergkastelbahn zum Bergkastelboden und über die Almen zur Labaunalm. Gesamte Gehzeit 5 bis 6 Std. Von der Labaunalm auf bequemem Weg in 1 Std. zu Tal.

Dazwischen bestehen Abstiegsmöglichkeiten im Piengtal, im Valdafne, auf dem Stablesboden und im Gamortal.

## Tscheyer Schartl, 2807 m

**● 827 Vom Radurscheltal nach Hinterkirch im Langtauferer Tal,** 5—5½ Std. Abstieg nach Hinterkirch derzeit nicht erlaubt.

Vom Forsthaus südl. in das Nauderer Tscheytal und durch Wald zur Tscheyalm. Weiter talein (der Weg über das Tscheyjoch nach Nauders bleibt rechts) zum Talschluß und im Bogen nach rechts in eine Blockmulde, aus welcher man zum Tscheyer Schartl gelangt, 3—3½ Std. (ital. Grenze). Jenseits auf einen breiten Kamm, welcher westl. gequert wird, und zu den Schwemmseen hinab. Weiter auf Pfadspuren über Weidehänge südl. einen horizontal verlaufenden Weg kreuzend zu den Wiesen oberhalb der Waldgrenze und in Kehren durch Wald zum Talgrund des Langtauferer Tales hinab, das man 10 Min. außerhalb von Hinterkirch, bei Pratzen erreicht, 1½ 2 Std.

# B. Gipfel westlich des Kaunertales

## Hennesiglspitze, 3144 m

**● 828 Vom Hohenzollernhaus aus dem Hinteren Hennesiglferner,** 5—6 Std., schwierig. Wie bei R 815 auf den Ferner und aus diesem auf die tiefste Senke in der SW-Flanke des Berges. Aus ihr erreicht man über eine Schuttrinne den S-Grat, welcher zum Gipfel verfolgt wird.

### **Wildnörderer,** 3015 m

● **829 Vom Hohenzollernhaus,** 2½ Std., für Geübte unschwierig. Südwestl. zum östl. des Wildnördererkopfes gelegenen Kar hinauf, durch welches man zu den Felsen des Gipfels gelangt und über diese unschwierig zum Gipfel.

Auch über den SW-Grat, welchen man vom Hohenzollernhaus über das Vordere Bergkar oder vom Tscheytal über Rasenhänge bzw. vom Radurschelhaus aus der Mulde zwischen Wildnördererkopf und Muttlerkopf erreicht, ist der Gipfel unschwierig zu besteigen.

Der N-Grat ist zwar ziemlich brüchig, jedoch unschwierig gangbar. Nur der letzte Teil des Gipfelaufbaus wird durch Umgehung durch eine Rinne rechts bezwungen.

### **Seekarköpfe**

● **830 Südlicher,** 3059 m, **Mittlerer,** 3063 m, **Nördlicher,** 3003 m.

Diese nördl. der Nauderer Hennesiglspitze gelegenen scharfen Felszahne sind schwierig bis sehr schwierig zu erklettern.

### **Nauderer Hennesiglspitze,** 3045 m

● **831 Vom Hohenzollernhaus,** 3 Std., für Geübte unschwierig.

Über den von N hinaufziehenden Kamm auf den Gipfel. Der Gipfel kann auch vom Radurschel- und dem Tscheyerschartl unschwer erreicht werden.

### **Hennesiglköpfe, Östlicher,** 3119 m, **Westlicher,** 3100 m

● **832 Vom Hohenzollernhaus,** 4 Std., mäßig schwierig bis schwierig.

Wie R 815 zum Hinteren Hennesiglferner, 2 Std. und den Östl. Hennesiglkopf auf dessen S-Seite über Blockwerk unschwierig umgehend in schwieriger Kletterei auf den Gipfel des Östl. Kopfes und weiter schwierig über den Verbindungsgrat zum Gipfel des Westl. Hennesiglkopfes.

### **Glockturm,** 3355 m

● **833 Vom Gepatschhaus über die Scharte im Südostkamm,** 3¾ Std., für Geübte unschwierig. Zur Scharte im SO-Kamm siehe

R 816, aus welcher man über den Kamm unschwierig zum Südgipfel und zum Hauptgipfel gelangt.

● **834 Vom Hohenzollernhaus über das Riffljoch,** 6 Std., schwierig.

Wie bei R 816 zum Joch und entweder wie bei R 833 zum Gipfel oder unmittelbar aus dem Joch über Firn und Eis nahe dem NO-Rücken des Berges auf den Gipfel.

● **835 Vom Hohenzollernhaus über den Matternturm** (P. 3221), 5 Std., schwierig. Östl. ins Glockturmkar, aus welchem man südöstl. auf den Glockturmferner und über diesen sehr steil in dessen südöstl. Teil, von wo man zum Schluß über Felsen zum Matternturm, 3220 m, gelangt. Nun verfolgt man den Blockgrat zum Gipfel.

### Riffljochturm, 3237 m

● **838** Aus dem Riffljoch R 816 in 20 Min., in schwieriger, aber des festen Gesteins wegen genußreicher Kletterei auf den Gipfel (die schwierigsten Stellen östl. umgehend).

### Rifflkarspitze, 3219 m

● **839 Aus dem Riffeljoch,** ¼ Std., unschwierig.

Aus dem Joch über Schutt zur Spitze.

### Höhlenspitze, 3202 m

● **840 Aus dem Rifflferner,** ¾ Std., schwierig.

Am NO-Rand des Ferners über ein kleines Schuttkar und über plattige Wände zum höchsten Gipfel.

### Rotschragenspitze, 3113 m

● **841 Vom Kaiserjoch,** 1 Std., mäßig schwierig bis schwierig.

Vom Joch R 819 entweder in die O-Seite des Berges und über diese auf den letzten Abschnitt des N-Grates, über welchen man zum Gipfel gelangt, oder vom Joch in ausgesetzter Kletterei über die Gratschneide zum Gipfel.

Der Glockturm, im Hintergrund die Ortlergruppe.

**Bruchkopf,** 3013 m

● **842** Schöner Aussichtsberg, von allen Seiten unschwierig, jedoch mühsam. Vom Hohenzollernhaus, unmittelbar in 2—2½ Std. zu erreichen. Durch das Kaisertal 1 Std. länger.

**Kaiserspitze,** 3090 m

● **843** **Aus dem Kaiserjoch über den Südgrat,** 1 Std., schwierig.

Aus dem Joch in 1 Std. über den S-Grat (gut gestufter Blockgrat) und über Platten zum Gipfel.

**Platzerspitze,** 3106 m

● **844** Aus dem Scharten westl., südl. und östl. des Berges ist dieser mäßig schwierig in ¼—½ Std. zu erklettern. Diese Scharten werden unschwierig von Westen aus dem Kaisertal und von Osten aus dem Kaiserbergtal über den Kaiserjochweg nordöstl. bzw. nordwestl. der Platzerspitze gewonnen.

**Plattigkopf,** 3174 m

● **845** **Vom Kaiserbergtal,** schwierig.

Aus dem obersten Kaiserbergtal in das steile Kar, welches vom Plattigkopf durch den östl. herabziehenden Rücken getrennt ist. Durch dieses erreicht man über Firn nördl. des Plattigkopfes das Plattigjöchl und aus ihm über den N-Grat, sodann in die NW-Seite und über den W-Grat schwierig zum Gipfel.

**Fißladkopf,** 3113 m, **Berglerfernerkopf,** 3104 m

● **846** Für Geübte unschwierig. Ungeübte nur mit Führer.

Über den Fißladferner und den O-Kamm auf den Fißladkopf, 3 Std. Die Kammüberschreitung zum Berglerfernerkopf erfordert 1 Std. Zeit. Von Westen her können beide Gipfel aus dem Platzer Tal (von Tösens über Untergiggl zum Bergwerk, 4 Std.) durch die obere Rehgrube bzw. über das Schönjöchl und den Berglerferner von Geübten unschwierig erreicht werden.

**Glockhaus,** 3101 m

● **847** Von der Fißladalm R 820 vor Erreichen des Pfroslkopfjoches unter den Hängen des Taufererkopfes auf den Taufererferner und über diesen zum Gipfel, 3½ Std., unschwierig bis mäßig schwierig.

Auch der Übergang über den Verbindungsgrat zum Berglerfernerkopf ist unschwierig.

### Pfroslkopf, 3148 m

● **848 Vom Pfroslkopfjoch**, 1 Std. Aus dem Joch kann man den Berg über den S-Grat in 1 Std. gewinnen. Sowohl vom Rehgraben als auch vom Fißladtal kann man den S-Grat vor Erreichen der Jochsenke ersteigen.

● **849 Von der Anton-Renk-Hütte**, etwa 3 Std., mäßig schwierig.

In den Talschluß und auf den Riffenferner, über den man entweder unmittelbar zum Gipfel ansteigt oder südwestl. querend zur breiten Einsattelung am Ende des NW-Grates und über diesen mäßig schwierig zum Gipfel.

### Kuppkarlesspitze, 2992 m

● **850 Von der Anton-Renk-Hütte über den Riffelferner**, 3 Std., unschwierig bis mäßig schwierig.

Wie R 849 zum Riffenferner, über dessen östl. Teil man zur SW-Flanke des Berges und durch eine Rinne zum Gipfel gelangt.

### Feichtener Karlspitze, 2918 m

● **851** Von der Anton-Renk-Hütte sowie von Fendels über die Fendleralm, Zirmskopf und Schlanderkopf in 4 Std. zu erreichen, ebenso von Feichten über den Hof Oegg und über die SO-Seite, beides nur für Geübte anzuraten!

### Roter Schrofen, 2704 m

Schöner Aussichtsberg.

● **852 Von Fendels**, 3 Std., unschwierig.

Über die Fendleralm und die SW-Seite unschwierig auf den Gipfel.

● **853 Von Feichten über Hof Oegg**, 3½ Std., mühsam.

Durch ein kleines Tal in Richtung Roten Turm ansteigend, unter ihm nördl. vorbei über die O-Seite auf den Gipfel.

### **Schmalzkopf**, 2726 m

● **854** Schöner Aussichtsberg.

Aus dem Tscheyjoch auf R 826 von Nauders über den Partischhof (bis hierher befahrbare Straße, Jausenstation) und die Labaunalm. Auch von Pfunds auf rot bez. AV-Weg über Almgelände in 4—5½ Std., unschwierig zu erreichen.

### **Großer Schafkopf**, 3000 m

● **855** Aussichtsberg, knapp westl. des Tscheyer Schartls, Übergang R 827 gelegen.

Zum Schartl und aus diesem unschwierig über den O-Grat oder aus dem Piengerkar über den W-Grat erreichbar.

### ● 856 **Bergkastelspitze**, 2915 m

Aus dem Winkel zwischen Langtauferer Tal und Reschen-Scheideck zu dem gegen Westen offenen schutterfüllten Gaisloch und unschwierig über die Schuttkare zu den Gipfeln.

● **857 Von der Bergstation der Bergkastelbahn** gerade über die Hänge zum breiten NW-Rücken des Gipfels. Über den bald scharfen Fels- und Grasgrat über einige kleine Scharten hinweg zu einem steilen Felsaufschwung. Bis unter die glatten Felsen empor, dann rechts auf einem sehr guten Band um die Ecke und wieder zum Grat. Den letzten Aufschwung unter dem Gipfel umgeht man ebenfalls rechts in der ersten, steilen Grasrinne, 2½ Std. von der Bergstation.

### ● 858 **Plamorderspitze**, 2985 m

Wildzerschartetes Felskastell südl. der Bergkastelspitze, mit hohen, zerfurchten Flanken nach Norden und Süden abstürzend und vielen Felszacken und Nadeln. Westgipfel (mit neuem Kreuz), Mittel(Haupt-)gipfel (mit trigonometrischem Zeichen, 2985 m), Ostgipfel (2960 m).

● **859 Ostgrat**, I, einige Stellen II, teilweise zerborstener Fels, nicht leicht zu finden, 2 Std. vom Goldsee. Vom oberen Goldsee (Ganderbildtal) genau nach Süden in die tiefste Scharte, 2814 m. Über den blockigen Grat zur ersten Turmgruppe, die man ziemlich hoch oben an der Südseite in die folgende, sehr scharfe Lücke umgeht. 20 m über den Grat, dann in der rechten Flanke schräg empor in die Lücke hinter der zweiten, wildesten Turmgruppe und zum nahen Ostgipfel. Meist etwas links der Schneide in die 50 m tief eingeschnittene Scharte hinab und über den Grat zum Hauptgipfel.

● **860 Nordflanke.** Bei guten Schneeverhältnissen oder im aperen Zustand (Steinschlag!) kann die Scharte zwischen Ost- und Nordgipfel von Norden durch die breite Rinne aus dem Nauderer Geißloch erreicht werden (rascher Abstieg). Gipfelgrat I—II.

## Bilderverzeichnis

# Register

(Die Zahlen bedeuten ausschließlich die Randzahlen, nicht die Seiten! — f. = folgt eine Zahl, ff. = folgen mehrere Zahlen. — Bezeichnungen wie Große(r,s), Kleine(r,s), Vordere(r,s), Hintere(r,s), u. dgl. sind nachgestellt)

# Hotel Panorama

DAS HAUS MIT TIROLER GASTLICHKEIT
RESTAURANT BAR TANZKLAUSE

**A-6460 Jerzens, Tel. 00 43 - 54 14 - 352**

**im sonnigen, ruhigen Jerzens.**

Es erwartet Sie ein neuerbautes Haus mit unvergeßlichem Panoramablick auf das Pitztal. Sportlich – gemütlicher Flair. Ausgangspunkt zahlreicher Bergtouren und Wanderungen auf das Pitztaler Sonnenplateau. Hochzeiger-Sessellifte (Bergstation in 2450 m) in Hausnähe.

Unser Hotel liegt in 1450 m Höhe, verfügt über Zimmer mit jedem Komfort (Bad oder Dusche, WC), Fernsehanschluß, großer Parkplatz, gemütliche Aufenthaltsräume, Seppl-Klause für vergnügliche Abendstunden. Von unserer weitum bekannt guten Küche werden auch Sie begeistert sein.

Vollpension ab DM 29,– bis DM 44,–
Halbpension ab DM 24,– bis DM 39,–

Kinderermäßigung bis 2 Jahre frei, von 2–7 Jahre 50 %, von 8–12 Jahre 30 %. Wir würden uns freuen, Ihre geschätzte Anfrage zu erhalten.

Fam. Reinstadler

Längenfeld · Oetztal

**PFUNDS/Oberinntal, 970 – 1400 m**

Ausgangspunkt in die westlichen Ötztaler Alpen; durch das Radurscheltal (Bild) zum Hohenzollernhaus und Glockturm (3350 m) usw. – Wanderparadies, über 100 km Wander- und Bergwanderwege, geführte Wanderungen der Bergwacht von Mai bis Oktober; mildes Klima, niederschlagsarm, ausgedehnte Nadelwälder, außerordentliche Vielfalt an Blumen, sehr wildreich. Dreiländereck: Ausflüge nach Meran, St. Moritz und Innsbruck (je ca. 100 km), usw.

# Schmetterlinge und Falter unserer heimatlichen Berge

**Bild: Josef Rehle, Werner Zepf (Alpenapollo); Text: Dr. Wolfgang Dierl**

In unseren Alpen gibt es eine Anzahl von Schmetterlingsarten, von denen sich einzelne sogar noch auf kahlen Stellen in der Schneeregion finden. Viele Arten kommen auch im Flachland vor und steigen bis über die Baumgrenze empor. Andere können nur in den Tälern gefunden werden und eine weitere Gruppe, die die eigentlichen alpinen Arten umfaßt, fliegt nur von der Nadelwaldregion an aufwärts bis zu den obersten besiedelbaren Höhenstufen. Schließlich gibt es noch eine Gruppe von Faltern, die als Wanderer weit herumfliegen und gelegentlich bis in große Höhen gefunden werden können, dort aber nicht auf Dauer zu existieren vermögen. Der Bergwanderer wird hauptsächlich die Arten der Tagfalter beobachten, die die Wärme der Sonne lieben. Es gibt aber unter den sogenannten Nachtfaltern auch tagfliegende Arten, von denen einige hier aufgenommen wurden.

In den Begleittexten werden Höhenverbreitung und Lebensstätten genannt. Die römischen Ziffern bedeuten die Monate der Flugzeit (z. B. IV—X bedeutet April bis Oktober). Wenn von Überwinterung gesprochen wird, bedeutet das, daß die Falter in einem Versteck den Winter überdauern und im nächsten Frühjahr nochmals erscheinen.
(m = Männchen, w = Weibchen).

**Schwalbenschwanz** (Papilio machaon). Auf offenem Gelände bis 2000 m, V—X.

**Alpenapollo** (Parnassius phoebus). In den Hochalpen über der Baumgrenze, VII—VIII.

**Alpenkohlweißling** (Pieris bryoniae), (m). Wiesen und Matten über 1000 m, V—VIII.

**Kleiner Kohlweißling** (Pieris rapae), (m Auf offenem Gelände bis über die Baumgrenze, IV—X.

**Zitronenfalter** (Gonepteryx rhamni), (m). Wald und Waldnähe, bis 2000 m, VI—IX, nach Überwinterung IV—V.

**Aurorafalter** (Anthocharis cardamines), (m). Waldränder und Wälder bis 2000 m, V—VI.

**Gelbbindiger Kernaugen-Mohrenfalter** (Erebia meolans). Bergwiesen und Matten, VII—VIII.

**Schachbrett** (Melanargia galathea). In Paarung. Wiesen der Täler, VI—VII.

**Braunauge** (Lasiommata maera). Trockene Fluren in Waldnähe bis 1000 m, V—IX.

**Waldbrettspiel** (Pararge aegeria). Laubwälder, V—IX.

**Kleines Wiesenvögelchen** (Coenonympha pamphilus). Wiesen, V—IX.

**Admiral** (Pyrameis atalanta). Offenes Gelände, als Wanderfalter bis in große Höhen, VI—IX.

**Distelfalter** (Cynthia cardui). Offenes Gelände, als Wanderfalter bis in große Höhen, VI—IX.

**Pfauenauge** (Inachis io). Off. Gelände, im Sommer bis über Baumgrenze, VII—IX, nach Überwinterung III—V.

Kleiner Fuchs (Aglais urticae).
Offenes Gelände, wandert im Sommer bis 3000 m, IV—IX (überwinternd).

**C-Falter** (Polygonia c-album). Wald u. Waldnähe, als Wanderfalter b. über Baumgr., VI—IX, überwinternd bis V.

**Veilchenscheckenfalter**
(Euphydryas cynthia), (m).
Krummholz und Matten, V—VIII.

**Perlmutterfalter**
(Boloria pales).
Mattenregion, VII—VIII.

**Veilchen-Perlmutterfalter**
(Clossiana euphrosyne).
Wiesen bis 2000 m, IV—VIII.

**Großer Perlmutterfalter**
(Mesoacidalia aglaja). Waldwiesen bis zur Baumgrenze, V—VIII.

**Kaisermantel**
(Argynnia paphia), (m).
Waldwiesen, VI—IX.

**Brauner Feuerfalter**
(Heodes tityrus), (w). Wiesen bis zur montanen Stufe, IV—IX.

**eller Alpenbläuling**
ılbulina orbitulus), (m). Hochalpen
ber der Baumgrenze, VII—VIII.

**Silbergrüner Bläuling**
(Lysandra coridon). Bis 2000 m auf
trockenen Kalkhängen, VII—VIII.

**rdeichel-Blutströpfchen**
ygaena filipendulae), in Paarung.
Viesen, VI—VIII.

**Wegerich-Bär**
(Parasemia plantaginis), (w).
Wiesen im Bergland, V—VII.

**Gammaeule** (Autographa gamma).
Als Wanderfalter weit verbreitet
in offenem Gelände, V—IX.

**Gelbgebänderter Flachstirnspanner**
(Psodos quadrifaria).
Bergwälder, VII.

**Gelber Fleckenspanner**
(Venilia macularia).
Waldwiesen, V—VI.

**Schwarzbindiger Blattspanner**
(Cidaria montanata).
Wälder, V—VI.